라디오 글쓰기를 통해 본 –

# 미디어 글쓰기

|김정우 지음|

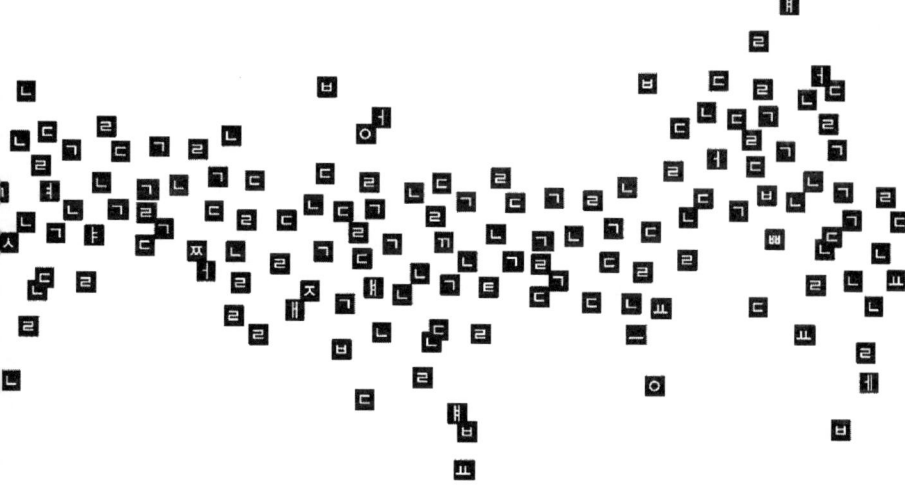

보고사

우리에게 필요한 것은
미디어에 대한 연구가 아니라
미디어 글쓰기에 대한 연구이다.

미디어가 갖는 사회적인 영향력은 이미 감당할 수 없을 정도로 거대해졌다. 미디어에서 쏟아내는 수많은 정보들은 우리의 생활 양식을 규정하고, 우리의 사고를 지배한다. 거대 자본과 대규모 인원이 뒷받침되어야 하는 매스 미디어의 경우, 그 수용자들은 무차별적으로 쏟아지는 정보들을 그저 힘없이 받아들일 수밖에 없다.

그러나 그러한 상황을 한없이 받아들이기만 해야 할 것인가.

바꿔 생각하면 새로운 기회가 보인다. 미디어의 엄청난 위력에 세상 전체가 휘둘리고 있는 이때에, 미디어를 능동적으로 활용할 수 있다면 자신의 경쟁력도 함께 높아질 수 있는 것이다. 따라서 미디어에 대한 연구를 하는 것도 중요하지만, 미디어를 어떻게 적극적으로 활용할 것인가를 연구하는 것이 더 중요하다고 하겠다. 그렇게 미디어를 적극적으로 활용하는 연구를 글쓰기라는 측면에서 시작해본 것이 이 책의 시작이다.

또한, 최근에는 미디어를 통해 전달되는 수많은 콘텐츠들이 빠르게, 그리고 광범위하게 전파되고 있다. 좋은 콘텐츠는 그 어떤 공산품보다도 많은 수익을 낼 수 있으며, 그 사회적, 예술적 가치 역시 탁월하다. 오늘날까지의 콘텐츠에 대한 연구는 기존에 생산된 콘텐츠를 분석하는 데 그쳐 있었다. 그러나 콘텐츠의 연구가 영구성을 가지려면 오히려 콘텐츠 생산에 대한 연구가 있어야 한다. 좋은 콘텐츠를 생산할 수 있어야 콘텐츠에 대한 좋은 연구가 가능해지기 때문이다. 콘텐츠의 제작에 대한 연구를 미디어와 글쓰기를 통해서 시작해본 것이 이 책을 시작하게 된 또 하나의 동기이다.

이 책에 수록된 내용들 전부가 이 책을 쓰기 위해 새롭게 쓴 것들은 아니다. 일부는 그 동안의 연구 과정에서 쓴 글들을 책의 목적에 맞도록 고치고 재정리한 것들이다.

총 1장~6장의 글들 중 1장의 '1. 왜 글쓰기인가?'는 저자가 한성대학교의 교양필수 교재인 『사고와 표현』을 위해 쓴 '자기표현의 시대와 글쓰기'의 일부를, 또 '3. 왜 라디오인가?'는 저자의 박사학위 논문인 "광고 언어의 전달구조 연구" 중 서론의 일부를 맥락에 맞도록 수정한 것이다. 2장는 저자가 한국사회언어학회에서 발행하는 『사회언어학』 12권 2호에 수록한 연구논문인 "라디오 광고 언어사용의 변천양상"을 기반으로 하여 그것을 라디오 글쓰기라는 측면에서 변용한 것이다. 3,4,5장 역시 저자의 박사학위 논문인 "광고 언어의 전달구조 연구"를 기반으로 새로운 목차를 통해 재구성한 것이다.

한 가지 분명한 것은, 이 책에 인용된 저자의 박사학위 논문을 비롯한 각종 글들과 이 책은 서로 다른 목적으로 쓴 것들이라는 점이다. 박사학위 논문과 학술논문은 철저하게 광고의 카피를 언어학적 측면에서 고찰해보기 위해서 썼다. 하지만, 이 책은 광고 언어에 대한 연구서가 아니라, 미디어 글쓰기라는 기술적인 분야에 대한 실용적 목적을 갖고 쓴 것이다. 목적이 다른 글이었지만, 이 책에서 전하고 싶었던 미디어 글쓰기의 한 양상을 잘 보여준다는 면에서, 그 글들을 기반으로 삼았으며, 그들을 그대로 전재하지 않고 이 책이 추구하는 전체적 맥락에 맞도록 변용, 수록하였다.

광고의 현장에서 광고 언어를 직접 생산하는 카피라이터로 시작하여, 그것을 연구하는 연구자의 입장으로, 그리고 그것을 가르치는 입장으로 변모해오면서, 광고와 말과, 그것을 전달하는 미디어에 대해 참으로 다양한 생각을 하게 되었다. 이 책은 그렇게 다양한 생각들 중 겨우 정리된 극히 일부만을 담고 있을 뿐이다. 훗날, 라디오에 국한된 미디어 글쓰기와 관련된 논의를 다른 미디어까지 확대하여 종합적인 미디어 글쓰기에 관한 논의의 틀을 만들어 볼 수 있을 것을 기대한다.

성글지만, 이 책을 마무리 지으면서 감사해야 할 분들이 너무나 많다. 저자를 학문의 길로 이끌어주신 고려대학교 인문대학 국어국문학과의 이기동 교수님, 광고인으로서 눈을 뜨게 해주신 국민대학교 테크노디자인 대학원의 변추석 교수님, 그리고 늘 많은 기회를 열어주시는 한성대학교 한국어문학부 교수님께 감사드린다. 아울러, 이 책에 인용된 수많은 광고들을 만든 광고인 여러분, 그리고 늘 격려를 아끼지 않으시는 부경대학교 국어국문학과의 박영준 교수님께도 감사드린다. 마지막으로, 늘 바쁜 남편과 아빠를 싫은 내색 않고 반겨주는 가족들에게도.

2007. 4.
김 정 우

# 제1장
## 미디어 글쓰기의 배경

– 미디어 글쓰기의 필요성과 라디오 글쓰기

# 1. 왜 글쓰기인가?

라 디 오 글 쓰 기 를 통 해 본 미 디 어 글 쓰 기

## 드러냄의 시대 - 자기표현이 경쟁력이다

많은 사람들이 인터넷상에 미니홈피, 혹은 블로그라 불리는 자신만의 공간을 갖고 있을 것이다. 심지어 자신의 연락처를 다른 사람에게 이야기할 때 휴대폰 번호나 이메일 주소를 주고받는 데서 벗어나, 자신의 미니홈피나 블로그 주소를 주고받는 일도 흔해지고 있다. 미니홈피나 블로그는 휴대폰이나 이메일과는 분명히 다른 성격을 갖고 있음에도 불구하고, 서로간의 유용한 연락수단으로 사용되고 있다. 휴대폰이나 이메일처럼 개인에게 메시지를 전달하기 위한 목적으로 개발된것이 아니라, 뭔가를 채워 넣기 위해 개발된 미니홈피나 블로그가 연락의 수단으로 사용되고 있다는 것은 무엇을 의미하는 것일까. 그것은 그만큼 사용자들이 그것을 자주 들여다보고, 또 관리하고 있다는 뜻이다.

미니홈피나 블로그를 관리하는 사용자들이 가장 신경 쓰는 것이 무엇인가. 좋은 글인가? 내가 멋지게 나온 사진인가? 산뜻한 디자인인가? 사람에 따라 조금씩 다를 수는 있다. 그러나 일반적으로 사용자들

이 신경을 가장 많이 쓰는 것이 있다. 그것은 하루 방문자수이다. 하루에 자신의 미니홈피나 블로그에 몇 사람의 방문자가 왔다갔는가에 따라 기분이 좋아지기도 하고 우울해지기도 한다. 그 방문자들은 자신의 미니홈피나 블로그의 주소를 아는 사람이기도 하고, 우연히 인터넷 서핑 중에 들어온 사람이기도 하다. 어쨌든 오늘 몇 사람이 방문했는가, 그리고 누적된 방문자수가 얼마나 되는가가 미니홈피나 블로그를 잘 관리했는가 아닌가를 가리는 중요한 척도가 되고 있다. 방문한 그들이 누구인지가 중요하지는 않다. 그렇기 때문에 심지어는 무조건 그 방문자수를 높이기 위해 포털 사이트에서 불특정 다수에게 자신의 미니홈피나 블로그 주소를 밝히는 경우도 심심치 않게 본다.

방문자수가 많다는 것은 그만큼 자신이 타인에게 드러났다는 뜻이다. 미니홈피나 블로그의 경우, 자신의 관심사나 일상을 중심으로 엮어지는, 그래서 전적으로 개인적인 공간이다. 그곳을 방문한 사람들은 자신의 인사를 남길 수는 있지만, 내용을 좌우할 수 있는 글을 올리지는 못한다. 따라서, 방문자수가 많을수록 더 많은 사람들이 운영자의 생활이나 생각, 심지어는 감정까지도 엿보았다는 뜻이 된다.

여기에서 볼 수 있는 것은, 이 시대가 '드러냄'의 시대라는 점이다.

이제 더 이상 얌전히 자신을 감추고 앉아 있는 것이 미덕인 시대는 지났다. 자신을 능동적으로 표현하고, 남들과의 차별성을 스스로 만들어가는 드러냄의 시대가 된 것이다. 미니홈피나 블로그는 '자신의 일상', 혹은 '자신의 관심사'라는 소재를 통해 자신을 드러내려는 시도이다.

자신을 드러내는 행위가 바로 자기표현이다. 드러냄의 시대가 되면서, 자기표현의 방법도 다양해지고, 자기표현이라는 행위를 보는 시각도 많이 달라졌다. 예전에는 '자기표현이 강하다'라고 하면, 고집이 세거나 자꾸 앞에 나선다는 뜻으로 받아들였다. 그리 좋은 어감은 아니었다. 하지만, 요즘은 적극적이고 밝은 성격을 가졌다는 뜻으로 받아들여지는 것 같다. 그만큼 자기표현이 긍정적으로 받아들여지고 있는 것이다. 요즘은 취업을 위해 면접을 보는 과정에서도 점잖게 앉아 있는 사람보다 자신의 장점을 적극적으로 드러내는 사람이 후한 점수를 받는다. 사람마다 장점이 없는 사람은 없다. 그러나 그것을 남에게 인정받는 사람과 그렇지 않은 사람이 있다. 그것은 바로 자기표현 능력의 차이이다.

한 사람의 자기표현 행위가 사회에서 인정받으려면, 그것이 사회와 커뮤니케이션 되어야 한다. 커뮤니케이션 되었다고 말하려면, 전달하는 사람의 의도를 전달받는 사람이 그대로 이해되어야 한다. 따라서 한 사람이 자기표현을 통해 드러내려 했던 모습을 다른 사람들이 그 의도 그대로, 가능하면 긍정적으로 받아들일 수 있어야 한다. 이것이 바로 자기표현을 통한 커뮤니케이션 능력이다.

현대 사회는 수많은 정보가 넘쳐난다. 사회 속에서 살아가는 사람들은 자신이 하루에 도저히 처리할 수 없을 정도의 많은 정보를 받아들인다. 사람들은 그 중에서 자신에게 의미 있는 것, 자신의 관심을 끈 것들만을 선별적으로 기억한다. 그것은 주변 사람에 대한 정보도 마찬가지다. 인터넷 뉴스만 보아도, 우리는 수많은 사람들에 관한 정보를 볼 수 있다. 연예인들의 시시콜콜한 소식부터, 세계적인 영향력이 있는 사람들의 근황까지 다양한 정보들이 우리에게 손짓하고 있다. 그러나 그들 중에서 우리의 기억에 남는 것은 몇 개 되지 않는다.

자기표현을 통한 커뮤니케이션 능력은 그렇게 넘쳐나는 사람들에 대한 정보 속에서 '나'라는 정보를 다른 사람들에게 잘 드러내는 능력을 말한다. 그것이 넘실대는 정보의 사회 속에서 '경쟁력 있는 나'를 만드는 핵심 역량인 것이다.


## 자기표현을 통한 커뮤니케이션 – 그 완성은 글이다

그렇다면 자기표현을 통한 커뮤니케이션의 방법은 무엇이 있을까? 실제로 그 방법은 무궁무진하다.

예술가들은 작품을 통해 자기표현을 한다. 화가는 그림으로, 사진작가는 사진으로, 작가는 시나 소설로 자신이 갖고 있는 예술세계를 표현하고, 그것을 통해 관객이나 독자들과 소통하고자 한다.

그런데 여기서 이 점을 생각해보자.

그림, 사진, 시, 소설 가운데서 작가의 의도가 비교적 쉽게 이해되는 것은 어떤 것일까.

작가의 의도를 정확히 이해하려면 넷 다 쉽지는 않다. 그런데 비교적 쉽게 이해될 수 있는 것은 아무래도 시나 소설 쪽이다. 그림이나 사진은 보는 사람에 따라 다르게 이해될 수도 있기 때문이다.

그런 차이가 있는 것은 그림이나 사진의 표현방식이 어떤 규칙에 따르지 않기 때문이다. 화가가 그림을 그리고, 사진가가 사진을 찍는데 있어 이런 표현을 하려면 이렇게 그리거나, 이렇게 찍어야 한다는 규칙은 없다. 화가는 대상을 보면서 거기에 자신의 느낌을 담아 그림을 그리는 것이고, 사진가는 대상을 자신이 필요한 만큼 앵글에 담아 표현한다. 특별히 규정된, 이를테면 교통표지판처럼 특정한 의미를 담기 위한 그림이 아니라면, 그림이나 사진에서 어떤 의미를 표현하기 위한 특별한 규칙은 없다고 봐도 무방하다.

그런 반면에, 시나 소설은 '글'이라는 도구를 사용한다. 글이란 사회적인 약속이다. 우리가 '학교에 다니면서 공부를 하는 사람'을 '학생'이라고 하는 것도, '학생'을 'ㅎ, ㅏ, ㄱ, ㅅ, ㅐ, ㅇ'이라는 문자들을 사용하여 표기하는 것도 다 사회적인 약속이다. 그렇기 때문에 그 글이 사용되는 사회적 약속체계를 이해하고 있는 사람들 사이에서는 글로 표현된 내용이 잘못 전달될 가능성이 비교적 적다. 그렇기 때문에 작가의 의도를 독자들은 비교적 명확하게 알아차릴 수 있는 것이다.

물론, 모든 시나 소설이 독자들에게 쉽게 이해되는 것은 아니다. 작가가 자신의 예술적 감성을 얼마나 짙게 개입시켰는가, 혹은 독자들이 갖고 있는 문해력의 높고 낮음에 따라 그 이해의 정도는 달라질 수 있다. 그러나 모든 사람들이 그런 글을 써야 하는 것은 아니다.

작가는 글을 통해 자신의 예술세계를 표현한다. 하지만, 일반적인 사람들에게 필요한 글쓰기는 자신이 갖고 있는 생각, 자신이 갖고 있는 지식, 그리고 자신이 지니고 있는 가치를 상대방에게 명확하고 설득력 있게 전달할 수 있으면 되는 것이다. 그것은 작가들의 글에 비해 훨씬 객관적인 글이다. 누구나 쉽게 그 글을 이해할 수 있고, 그리고 그 안에 자신이 하고 싶은 말을 충분히 담았다면, 일반인이 쓰는 글로는 가장 이상적인 수준이라고 말할 수 있다.

그렇다면, 어떻게 하면 그런 글을 잘 쓸 수 있을까?

글을 잘 쓰는 방법에 대해 생각해보려면, 우선 글이란 것이 본래 무엇인가를 생각해봐야 한다. 글의 본질을 알아야 그것을 잘 쓸 수 있는 방법을 찾아낼 수 있기 때문이다.

글이란 것이 본래 무엇인가? 글은 말을 담는 그릇이다. 말과 글 중 어느 것이 먼저 생겨났을까는 어린 아이들도 쉽게 알 수 있다. 단지, 말은 공간과 시간의 제약을 받는다. 지금 이 자리에서 하는 말을 멀리 떨어진 사람이 들을 수 없고, 오늘 한 말을 내일 들을 수 없다. 말이 갖는 공간과 시간의 제약을 해소하는 방법은 글을 통해 기록하는 것이다. 따라서 말과 글은 서로 통하는 법이다. 말을 잘 하는 사람은 글을 잘 쓸 수 있는 가능성이 높다. 단지, 말은 어려서부터 자연스럽게 익힌 능력이지만, 글을 쓰는 것은 약간의 '훈련'이 필요하다는 점에서 차이가 있다.

## 글쓰기 훈련 – 그 시작은 관심이다

글쓰기에 대한 '훈련'과 관련하여, 흔히 이야기되는 것이 구양수(歐陽脩)의 '삼다훈(三多訓)'이다. 좋은 글을 쓰기 위해서는 '많이 읽고, 많이 생각하고, 많이 쓰라.'는 것이다. 남이 쓴 글들을 많이 읽고, 그것에 관해 많이 생각하고, 그 생각을 바탕으로 많이 쓰다 보면 좋은 글을 쓰게 된다는 말이다.

아주 당연한 말이다. 그러면서도 참으로 해내기 어려운 말이기도 하다.

사실, 글쓰기에만 '많이 읽고, 많이 생각하고, 많이 쓰는' 일이 유용한 것만은 아니다. 세상 모든 일을 잘 하려면 그 과정을 거친다. 내가 뭔가를 잘 하게 되었다면, 그 과정을 가만히 생각해보라. 저 과정에서 크게 어긋나 있지 않을 것이다.

예를 들어, 내가 어떤 가수의 노래를 배워서 잘 불러봐야겠다고 생각했다고 하자. 그러려면 가장 먼저 해야 하는 것은 무엇인가. 우선 그 가수의 노래를 잘 듣는 것이다. 멜로디며 가사를 완벽하게 외울 수 있을 때까지 들어야 한다. 그 다음은 가수가 부르는 노래를 분석한다. 가수는 단순히 멜로디만을 따라 부르는 것이 아니다. 필요에 따라 소리를 강하게 내기도 하고, 약하게 내기도 한다. 감정을 표현하기 위해서 그런 강약을 두는 것이다. 실제로, 그런 강약이 잘 반영된 노래는 그렇지 않은 노래보다 훨씬 듣기가 좋다. 그렇기 때문에 가수들이 그런 강약을 사용하는 것이다. 멜로디와 가사를 완전히 파악하고, 가수가 실제로 그 노래를 부를 때 사용하는 기교들도 완벽하게 이해했다고 하자. 그러면 그 노래를 잘 부르기 위해 그 다음으로 해야 하는 것은 무엇일까. 당연히 연습이다. 자신이 익힌 멜로디와 가사 그대로, 그리고 자신이 분석한 가수의 기교 그대로 연습을 해야 한다. 그리고 어느 정도 연습의 시간이 지나면 최소한 그 노래만큼은 잘 부른다는 소리를 들을 가능성이 높다.

이런 과정을 앞에서 이야기한 삼다훈과 비교해서 생각해보라. 무엇이 다른가. 다른 것이라고는 글은 읽어야 한다는 것이고, 노래는 들어야 한다는 것뿐이다.

그런데, 그 과정이 같다고 해서 모든 일을 똑같이 잘할 수 있을까?

그렇지는 않다. 만일 그렇다면 세상 사람들은 모두 만능이 될 것이다. 하지만, 세상 사람들이 갖고 있는 능력들은 천차만별이다. 그 차이는 어디에서 오는 것일까. 그것은 바로 관심에서 온다. 어떤 일에 관심이 있느냐, 없느냐에 따라 그 일에 필요한 능력을 가질 수 있느냐, 없느냐가 판가름 난다.

사람들이 어떤 일에 관심을 갖는 것은 크게 두 가지 이유이다.

하나는 그 일이 재미있기 때문이다. 이를테면 컴퓨터 게임 같은 경우가 그렇다. 일정 수준 이상 하려면 많은 시간과 노력이 든다. 그럼에도 불구하고 많은 사람들이 거기에 매달려 있다. 그 이유는 단 하나이다. 그것이 재미있고, 그것을 통해 자기 나름대로 뭔가를 이루어간다는 성취감이 있기 때문이다.

다른 하나는 필요하기 때문이다. 학창 시절, 공부가 즐거워서 하는 사람은 많지 않다. 공부를 잘 하는 사람이라고 해서 항상 공부가 즐거운 것은 아니다. 그러나 공부를 즐거워하지 않으면서도 잘 하는 사람은 공부가 자신에게 필요하다고 생각하기 때문이다.

재미있다고 느끼는 것, 그리고 자신에게 필요하다고 느끼는 것, 그것이 바로 모든 일의 시작이 된다.

글쓰기도 마찬가지이다.

스스로 글쓰기를 즐겁게 생각하는 사람이라면 아무런 문제가 없다. 구양수의 삼다훈에서 주장하고 있는 것처럼 많이 읽고, 많이 생각하고, 많이 쓰면 좋은 글을 쓸 수가 있다. 그렇지만, 글쓰기가 별로 즐겁지 않은 사람이라면 먼저, 필요성을 느껴야 한다. 그래야 관심을 갖게 될 것이고, 관심을 갖게 된 사람만이 많이 읽을 수도, 많이 생각할 수도, 많이 쓸 수도 있기 때문이다.

# 2. 왜 미디어 글쓰기인가?

라 디 오 글 쓰 기 를 통 해 본 미 디 어 글 쓰 기

## 지금, 미디어에 대한 적응이 필요하다

한 사람의 삶이란, 결국은 끊임없이 자신의 정체성을 확인하고, 또 자신이 꿈꾸는 정체성을 획득하기 위해 노력하는 과정이다.

자신의 정체성을 확인하는 것은 다른 사람들과 끊임없이 커뮤니케이션함으로써 이루어진다. 인간은 사회적 동물이기 때문에 사회를 벗어나서는 살 수 없는데, 단순히 사회 속에 포함되어 사는 것만을 의미하지는 않는다. 사회 속에서 아무런 존재감 없이 사는 것은 스스로의 사회적 정체성을 포기하고 사는 것과 같기 때문이다. 한 인간이 사회 속에서 자신의 사회적 정체성을 확보하려면, 다른 사람들과의 커뮤니케이션을 지속해야 한다. 예를 들어 대학생이라면, 학생증이나 재학증명서 등 공식적인 서류를 통해 자신이 대학생임을 증명할 수 있으나, 대학생으로서의 자신의 정체성을 파악하기 위해서는 그러한 서류에 의존하기보다는 동료, 선후배, 교수 등 주변 사람들과의 커뮤니케이션을 통해야 한다. 또 그런 과정을 통해 자신의 명확한 정체성을 입증할

수 있다.

또한 자신이 목표로 하는 사회적 정체성을 설정해놓고, 거기에 다가가기 위해 노력하기도 한다. 이를테면 대학을 졸업하여 취업을 한다든지, 상급학교에 진학하여 공부한다든지 하는 것들이 그것이다. 그것은 기본적으로 개인의 노력이 뒷받침되어야 하는 것들이지만, 이미 그러한 정체성을 획득하고 있는 사람들과 아무런 커뮤니케이션도 없이 이루어지기는 쉽지 않다.

결국, 한 사람의 삶이란 늘 커뮤니케이션함으로써 이루어진다. 지금의 나를 확인하는 것도, 내일의 목표로 하는 나를 완성시키는 것도 커뮤니케이션 없이는 불가능하다. 그렇기 때문에 커뮤니케이션의 폭이 넓을수록 자신의 정체성을 확인하고, 자신의 정체성을 확립해나가는 것이 용이해지는 것이다.

그렇다면 이 복잡다단한 사회를 살아가는 개인은 어떻게 사회와 커뮤니케이션하는가.

커뮤니케이션에서 가장 효율적인 것은 역시 대인간의 커뮤니케이션일 것이다. 사람과 사람이 만나 얼굴을 맞대고 커뮤니케이션한다면 오해의 가능성도 적고, 서로 간에 인간적인 친밀감을 쌓을 수 있어 좀더 쉽게 커뮤니케이션이 이루어질 수 있다. 그러나 한 개인이 직접 커뮤니케이션할 수 있는 범위는 제한적이다. 직접 만나거나, 전화 통화를 하거나, 메신저나 메일을 통해 안부를 주고받을 수 있는 사람들은 극히 일부에 불과하다. 커뮤니케이션의 폭을 넓히려면, 자신이 모르는 수많은 사람들과도 커뮤니케이션할 수 있어야 한다. 그렇게 하기 위해서는 어떻게 해야 할까.

내 주변에 있는, 나와 친한 사람들 사이에는 큰 간극이 없다. 대체로 자주 만나는 사람들이기 때문에 시간적인 거리도, 공간적인 거리도 거의 없는 법이다. 그러나 그렇지 않은 사람들과는 늘 시간적인, 그리고 공간적인 거리가 있다. 이 거리를 메울 수 있어야 그들과 커뮤니케이션이 가능하다. 그 역할을 미디어가 해준다.

멀리 떨어져 있는 사람과 통화하기 위해 전화를 한다. 오늘 들은 이야기를 며칠 뒤에 다시 기억하기 위해 녹음기에 녹음한다. 이 모두 공간적 거리와 시간적 거리를 메우기 위한 노력이다. 그렇기 때문에 커뮤니케이션의 범위를 넓히고자 하는 사람들에게 미디어에 대한 이해는 필수적이다.

그런데, 미디어는 늘 미디어의 관점에서만 모든 것을 보여준다. 미디어가 보여주는 모든 것들을 변치 않는 진실이라고 믿을 수는 없다. 미디어 역시 한정된 전달용량 때문에 모든 것을 다 보여줄 수 없고, 따라서 자신의 판단에 따라 내용을 정하고, 그 분량을 정하고, 그에 대한 해석을 가한다. 그렇기 때문에, 미디어를 통해 세상을 보는 것은 세상의 참모습을 보는 것이라기보다는 미디어가 보여주는 세상만을 보는 것이다.

그렇기 때문에 우리는 미디어에 대한 적응이 필요하다. 미디어가 세상 사람들을 어떻게 이어주는가를 파악하는 것도 중요하지만, 미디어에 의해 세상 사람들의 생각과 관계가 어떻게 바뀌는가도 명확히 알아야 한다.

미디어 리터러시가 각광받고 있는 것도 그런 이유 때문이다. 미디어를 비판적인 측면에서 바라보고, 그것을 잘 활용함으로써 사회와 원활하게 커뮤니케이션할 수 있는 능력이 바로 미디어 리터러시 능력이다. 쉽게 말해, 미디어에 대한 적응이라고 할 수 있겠다.

그런데 내가 미디어에 적응하는 것보다 더 중요한 것이 있다. 그것은 내가 미디어를 잘 이용하는 것이다. 앞에서 '드러냄의 시대'라고 언급한 바 있는데, 그 드러냄을 도와주는 가장 적절한 도구가 바로 미디어인 것이다.

따라서, 오늘날 우리 사회에서 미디어가 갖는 영향력이나, 그 이면의 진실을 파악하고자 하는 노력도 중요하지만, 더욱 중요한 것은 자신이 미디어를 어떻게 활용할까 하는 점이다.

그렇기 때문에 미디어 글쓰기를 연구해야 하는 것이다.


## 미디어 글쓰기의 목표는 미디어 바이러스가 되는 것

더글라스 러쉬코프(1994, 2002)는 '미디어 바이러스'라는 개념을 제안하였다. 오늘날, 우리 사회에서 미디어가 갖는 강력한 영향력으로 인해, 사람들은 모두 미디어에서 제공하는 수많은 정보들 안에서만 사고하고 행동하게 되었다. 다시 말하면, 미디어를 잘 활용하는 소수의 사람들에 의해 사람들의 사고와 행동이 조종되는 것이다.

그에 의하면, 미디어의 메시지는 트로이의 목마처럼 숨어서 들어온다고 한다. 그들이 우리 가정에 들어오는 형태는 한 가지이지만, 일단 안쪽에 들어오면 예상보다 훨씬 다양한 방식으로 작용한다. 그들은 우리의 관심을 끄는 사건이나 발명, 기술, 사고 체계, 음악, 시각적 이미지, 과학 이론, 섹스 스캔들, 의복 스타일, 또는 팝 스타까지도 될 수 있다. 이러한 미디어 바이러스들은 인기 문화에서 들러붙기 쉬운 대중문화의 구석과 틈을 찾아서 들러붙는다. 일단 들러붙으면 좀더 많은 감추어진 안건을 이데올로기적 코드—일반 유전자 정보는 아니지만 개

념적으로는 똑같은 것으로 '밈meme'이라고 부른다−의 형태로 데이터
의 흐름에 흘려 넣는다. 이러한 밈들은 실제 유전자 물질처럼 우리의
사업 및 교육 방식, 상호 작용 방식, 그리고 현실을 이해하는 방식에까
지 침투한다.(러쉬코프, 1994, 2002:12~15)

　이러한 진술만 놓고 보면, 미디어는 매우 강력한 영향력을 갖고 있
으며, 나아가 매우 강력한 조종력을 갖고 있음을 인식할 수 있다. 우리
의 삶은 우리가 주체적으로 이해하고 선택하는 것 같지만, 알고 보면
미디어가 정해주는 범위 안에서, 미디어가 제안하는 방식대로 살아가
는 삶이 되기 쉬운 것이다. 그래서, 일반 질병의 바이러스보다도 미디
어에 의해 전염되고 감염되는 미디어 바이러스는 그만큼 무서운 결과
를 낳을 수도 있다.

　그러나 여기에서 생각해봐야 할 것이 하나 있다.

　미디어에 의해 확산되는 미디어 바이러스가 그렇게 강력한 힘을 가지
고 있다면, 오히려 스스로 미디어 바이러스가 될 필요가 있지는 않은가?

　미디어가 갖고 있는 사회적 영향력이 그만큼 크다면, 미디어를 잘
활용하는 사람의 사회적 영향력도 크다는 뜻이다. 그렇다면 반대로,
한 사람의 사회적 영향력을 키우기 위해서는 미디어를 잘 활용할 수
있어야 하는 것이다. 어떻게 미디어를 잘 활용할 수 있을 것인가.

　모든 사람들이 연예인처럼 텔레비전의 스타가 될 수는 없다. 또 요
즘 갑자기 유행하는 UCC 스타가 되는 것도 사실 쉬운 일은 아니다.
그러나 모든 사람들의 삶이 그렇게 대단한 스타가 되는 것이 목표는
아닌 것이다. 남들보다 좀더 나은 삶을 살고, 남들보다 경쟁력을 쌓아
남들에게 주목받는 삶을 살아가고 싶은 것이다.

　그러기 위해서는 미디어 글쓰기가 필요하다. 미디어 글쓰기를 통해

자신을 표현하고, 그럼으로써 다른 사람들에게 자신의 존재를 인식시킬 수 있다. 그 과정이 되풀이되면, 자신은 미디어를 잘 활용하여 이 사회 안에서 자신이 원하는 정체성을 확보할 수 있을 것이다.

그러므로, 미디어 글쓰기를 통해 나 스스로가 미디어 바이러스가 되어야 한다. 그럼으로써 사람들의 마음에 안착하여 나의 가치를 드러낼 수 있어야 한다. 그것이 반복되면, 결국은 많은 사람들의 마음속에 내가 원하는 정체성을 주입시킬 수 있게 되는 것이다. 러쉬코프는 미디어 바이러스라는 개념을 제안하면서, 다소 부정적인 의미를 담았다. 하지만, 여기에서는 긍정적인 의미의 미디어 바이러스가 되어야 한다고 생각한다.

어차피 세상은 경쟁을 피할 수 없는 것이고, 커뮤니케이션 경쟁의 중심에는 미디어가 있으므로.

# 3. 왜 라디오인가?

라 디 오 글 쓰 기 를 통 해 본 미 디 어 글 쓰 기

 

본서에서 미디어 글쓰기에 관해 논의하면서 집중적으로 탐구하고자 하는 것은 라디오에서의 글쓰기이다. 그 중에서도 라디오 광고 쓰기에 중점을 둔다.

특별한 경우를 제외하고, 모든 광고에서는 글쓰기가 적용된다.[1] 따라서 모든 미디어의 광고는 미디어 글쓰기 연구의 대상이 될 수 있다. 그럼에도 불구하고 유독 라디오 광고의 글쓰기를 연구 대상으로 삼는 것은 다른 미디어 광고의 글쓰기에 비해 라디오 광고의 글쓰기는 미디어 글쓰기 연구 대상으로서의 가치가 높기 때문이다.

라디오 광고의 글쓰기가 다른 미디어의 광고에 비해 미디어 글쓰기 연구 대상으로서의 가치가 높은 것은 다음의 두 가지 이유 때문이다.

---

[1] 고의적으로 광고의 주체를 숨기거나 시각적 이미지만을 보여줌으로써 소비자들의 궁금증을 증폭시키는 티저(teaser) 광고의 경우에는 언어가 사용되지 않는 경우도 있다.

## 말의 비중이 절대적이기 때문에 라디오이다

첫 번째로, 라디오 광고는 다른 미디어의 광고에 비해 말이 차지하는 비중이 절대적이다.

신문이나 잡지 등 인쇄매체 광고들은 글과 함께 사진이나 그림, 색깔 등이 함께 의미를 창출해낸다. 또, 텔레비전에서 방영되는 전파매체 광고들은 메시지 전달을 위해 글과 함께 동영상, 음악, 음성, 음향효과 등이 사용된다. 광고에서 이러한 시각적 요소들이 사용되는 이유는 그들이 소비자의 정신적 영상을 자극하는 능력이 뛰어나서 언어보다 기억에 더 용이하고, 의미의 표현력 측면에서 언어보다 월등히 우월한 능력을 지니고 있기 때문이다(이현우, 1998:135~137). 화려한 시각적 요소들이 사용된 광고는 확실히 그렇지 않은 광고에 비해 강한 인상을 준다. 현란한 영상을 사용한 광고 역시 그렇지 않은 광고에 비해 눈에 쉽게 들어온다. 그렇기 때문에 일반적으로 광고에서 소비자들의 눈이 가장 먼저 가는 곳은 헤드라인과 같은 언어적 요소가 아닌 그림이나 영상과 같은 시각적 요소이다.

물론, 시각적 요소들이 이렇게 유용하기만 한 것은 아니다. 분명히 시각적 요소가 갖고 있는 단점도 있다. 그것은 바로 주관적 해석에 의한 오해 가능성이다. 언어 기호는 그 해석이 대체로 한 가지 방향으로 고정되어 있지만, 시각 기호의 경우에는 함축적이면서 모호하다는 특성을 지니고 있기 때문에(이석주 외, 2002:206) 언어에 비해 명확한 의미를 전달하는 데는 다소 어려움이 있을 수 있다는 것이다. 또한, 보는 사람들의 개인적 취향에 따라 같은 시각 기호도 다른 느낌으로 받아들여질 수도 있다. 따라서, 시각적 요소가 상징하고 있는 것이 모호하거나, 또는 시각적 요소에 대한 소비자들의 호오(好惡)가 모호할 경우에는 오히려 의미를 전달하는데 저해가 될 수도 있다.

결국 신문 광고, 잡지 광고, 그리고 텔레비전 광고는 그림을 포함한 시각적 요소들의 장점과 또 의미전달이 비교적 명확하다는 언어의 장점을 모아 소비자들에게 더욱 효율적이고 명확하게 메시지를 전달하고 있는 것이다.

하지만 라디오의 경우는 다르다. 라디오는 인쇄 광고들이나 텔레비전 광고와 달리 시각에 의존하지 않는다. 라디오는 오로지 청각에만 의존한다. 인쇄 광고에서는 디자인과의 관계, 텔레비전 광고에서는 동영상과의 관계 속에서 말이 사용되지만, 라디오 광고에서는 비록 음악과 효과음 같은 것들이 존재한다고 하나 그 중심은 어디까지나 '말'이다(植條則夫, 1991:178). 그림이나 영상처럼 시각적인 자극을 제공하는 요소들이 없어 독자들의 주의를 빼앗기지 않고, 청각에 집중할 수 있기 때문에 라디오 광고에서 말의 역할은 절대적이라고 말할 수 있다.

비록, 광고 산업 전체에서 라디오 광고가 차지하고 있는 비중이 크지 않아[2] 광고 그 자체를 연구한다고 할 때는 주요한 연구 대상으로 받아들여지지 않을 수도 있다. 하지만 광고 글쓰기의 연구, 나아가 미디어 글쓰기 연구라는 관점에서 볼 때는 다른 미디어의 광고에 비해 말이 차지하는 비중이 크므로, 아직까지 구체적인 이론적 방법론이 갖춰지지 않은 미디어 글쓰기 연구의 우선적 대상으로서 가치가 있다고 생각된다.

---

2) 2006년도 광고비 통계를 보면, TV, 라디오, 신문, 잡지 등 4대 매체의 총 광고비는 6조4백억 원 수준이다. 이 중, TV는 2조 1천 6백억 원, 라디오는 2천 3백억 원, 신문은 3조 3천 2백억 원, 잡지는 3천 1백억 원이다. 전체에서 라디오 광고가 차지하고 있는 비중은 3.86%에 불과하다. – www.adic.co.kr

## 표현의 풍부함이 남다르기 때문에 라디오이다

두 번째로 라디오 광고의 글쓰기는 그 표현의 풍부함으로 인해 가치를 인정받는다.

예를 들어, 텔레비전 광고는 영상을 통해 광고에서 표현되는 상황, 제품의 모습 등 각종 정보들을 보여줄 수 있다. 굳이 말로 설명하지 않아도 눈으로 볼 수 있기 때문에 쉽게 전달될 수 있는 것이다. 신문이나 잡지 광고도 글에 많이 의존하기는 하지만, 사진이나 그림을 통해 제품을 보여줄 수 있다. 또 별도의 이미지를 보여줌으로써 소비자들이 좀 더 쉽게 유추할 수 있는 여지를 제공하기도 한다. 그러나 라디오 광고의 경우는 그렇지 않다. 라디오라는 매체의 특성상, 시각의 사용이 원천적으로 봉쇄되어 있기 때문에 오로지 말을 통해 모든 것을 표현해야 한다. 그만큼 다른 미디어의 광고에 비해 라디오 광고는 언어표현이 풍부해질 수밖에 없다.

표현이 풍부해진다는 것은 단순히 라디오가 갖는 한계를 극복하기 위해 시각적으로 보여줄 수 없는 것을 말로 잘 묘사해낸다는 뜻은 아니다. 라디오는 '마음의 극장(the theater of the mind)'이라고 불릴 정도로(김병희, 2000:250) 청취자들의 마음과 상상력에 호소한다. 라디오 광고에서 말은 눈으로 보여줄 수 없다는 약점을, 눈 대신 마음으로 느끼게 해줌으로써 극복할 수 있어야 한다. 그런 면에서 볼 때, 라디오 광고의 글쓰기는 다른 미디어의 광고에 비해 그 언어표현의 풍부성에서 월등하다고 말할 수 있다. 그렇기 때문에 라디오 광고의 글쓰기는 다른 미디어 광고의 글쓰기보다 미디어 글쓰기 연구의 대상으로 적합하다고 볼 수 있는 것이다.

미디어 글쓰기를 연구하기 위한 기초적인 작업으로써 라디오 광고의 글쓰기를 연구하기 위해서는 자료의 수집이 우선되어야 한다. 본서에서는 기존에 방송된 라디오 광고들을 수집, 분석함으로써 라디오 광고의 글쓰기가 갖고 있는 특질을 살펴보고자 한다.

그런데, 다른 미디어의 광고들과는 달리, 라디오 광고의 경우에는 연구대상이 될 자료의 수집에서부터 어려움을 겪는다. 신문이나 잡지, 텔레비전의 광고들은 거의 전체 광고들이 보관되고, 서비스되고 있으나[3], 라디오 광고의 경우에는 그러한 경우가 거의 없는 형편이다. 광고주에 따라 홈페이지에서 제공하고 있는 광고듣기 기능을 활용하거나, 아니면 직접 녹음을 해야 한다. 하지만, 광고듣기 기능을 제공하는 광고주들 역시 텔레비전 광고나 신문 광고에 비해서는 제공하고 있는 광고의 숫자가 아주 미약하고, 일일이 녹음을 하는 것도 간단한 일이 아니다. 심지어, 직접 방송을 한 방송국에서조차 보관이 이루어지지 않고 있는 실정이다.[4]

본서에서 분석 대상이 된 라디오 광고들은 몇 가지 자료를 통해 수집되었다. 먼저, 초창기의 라디오 광고 자료는 김소림(1964)의 『라디오 CM』을 통해 수집하였다. 우리나라 라디오 광고 초창기에는 방송국 내에 광고를 만드는 팀이 별도로 있었는데, 저자인 김소림은 우리나라 최초의 상업 라디오 방송국인 부산MBC의 PD로, 자신이 광고를

---

3) 신문광고는 OTTO사에 의해 『AD Brain』이라는 이름으로 그 달의 새로운 광고들이 영인되어 월별로 출간되고 있다. 텔레비전 광고 역시 OTTO사에 의해 월별로 새로 방영된 광고들이 녹화되어 판매되고 있다. 그리고 www.adic.co.kr을 비롯한 다양한 광고관련 인터넷 사이트를 통해 텔레비전 광고를 볼 수 있다.
4) 자료수집을 위해 개인적인 친분이 있는 방송국 라디오 프로듀서에게 문의해 본 결과, 방송기간만 끝나면 모든 라디오 광고물들은 폐기된다는 대답을 들었다.

만든 경험을 바탕으로 광고 제작 안내서인『라디오 CM』을 저술하였는데, 그 안에 실제 방송된 라디오 광고들을 수록하고 있다. 또한, 채동근·한국환(1989)의『라디오·TV CM제작론』에서도 일부 초창기의 라디오 광고들을 볼 수 있다. 1970년대의 라디오 광고들은 한국광보문화연구원(1977)에서 발간한『CM라이브라리』와 역시 같은 한국광보문화연구원(1978)에서 발간한『한국광고연감』에서 수집하였다. 1980년대의 라디오 광고는 거의 보관되어 있는 것이 없는데, 매년 연말에 시상하는 광고대상 수상작들을 한국방송광고공사에서 발간한『광고정보』를 통해 수집하였다. 1990년대 이후의 라디오 광고는 한국광고업협회에서 발행한『한국광고작품연감』에 수록된 것들이다. 이 책은 한국광고업협회에 가입된 광고 회사들이 자체 선정한 우수 광고작품들이 수록되어 있다.

그러므로 본서를 쓰기 위해 수집한 라디오 광고들이 우리나라에서 방송된 모든 라디오 광고들은 아니다. 게다가, 음성파일이 아닌 텍스트 형태로 수록되어 있어 라디오 광고의 본래 모습대로 들을 수 없다는 아쉬움이 있다. 하지만, 본서가 라디오 광고의 글쓰기에 대해 탐구하는 것에 초점을 두고 있고, 또 그것을 이용하는 것이 비교적 다른 방법에 비해 다양한 자료를 확보할 수 있다는 면에서 현실적인 최선의 방법이 아닌가 생각된다.

# 제2장

# 미디어 글쓰기의 변천

– 라디오 광고에서 언어사용의 변천과정

# 1. 왜 변천과정을 살펴보는가?

## 내일을 알기 위해 과거를 탐구하다

과거는 내일을 바라보는 창이다. 어떤 일이든, 과거로부터 현재까지 변천해온 과정을 살펴보면, 그것이 앞으로 어떻게 변천해나갈지를 짐작할 수 있다. 역사를 탐구하는 가장 근본적인 이유가 거기에 있다. 단순히 지나간 시간에 대한 호기심 때문만은 아닌 것이다.

미디어 글쓰기 역시 역사를 갖는다. 미디어 글쓰기의 역사는 크게 두 가지 방향에서 이루어져왔다.

첫 번째는 새로운 미디어가 개발되고, 그 영향력이 커짐에 따라 거기에 맞는 새로운 글쓰기 방법이 탄생하는 것이다. 하나의 미디어가 탄생된다는 것은, 기존의 미디어가 갖는 한계를 극복한다는 것을 의미한다. 그것은 곧, 기존의 미디어가 사용자들에게 준 불편을 어떤 형태로든지 해소해준다는 것을 말한다. 발화되는 즉시 사라지고 마는 말의 한계를 극복하기 위해 문자가 발명되었다. 따라서 문자를 통한 기록은 인간 기억의 한계를 극복해주었다. 그러한 기록이 보편화되어가면서,

...
**33**

보다 신속하면서도 보다 저렴한 비용으로 기록을 하는 방법을 생각해 내게 되었다. 그것이 바로 인쇄술이다. 필경사들이 손으로 베껴 만드는 필사본에 비해 훨씬 효율적으로 기록할 수 있는 책을 만들어낼 수 있게 된 것이다. 책은 개발된 이래 아직까지도 막강한 영향력을 지니고 있는 미디어이다. 따라서 책이라는 미디어에 맞춘 글쓰기의 방법들도 그에 따라 발달해왔다.

그러나 단순히 눈으로 보는 것만으로는 불충분하였던 사람들은 더 많은 사람들에게 동시에 전파될 수 있는 라디오를 개발하였다. 저술이 끝난 이후, 인쇄, 제본, 배송 등의 과정을 거치므로 많은 시간이 필요한 책과는 달리, 프로그램이 방송되면 그 즉시 많은 사람들이 들을 수 있는 라디오는 신속성이라는 측면에서 책이 갖는 한계를 극복하였다. 라디오가 각광받는 미디어가 되자, 라디오에 걸맞는 글쓰기 방법론들이 개발되기 시작하였다. 따라서 다른 미디어와는 또 다른 글쓰기 방법론이 라디오라는 미디어 안에서 정착되기 시작한 것이다.

다른 하나는 기존의 미디어가 갖고 있는 영향력의 변화에 따라 미디어 글쓰기의 양상이 변해가는 것이다. 새로운 미디어가 등장하게 되면, 처음에는 당연히 기존 미디어의 글쓰기 방법이 적용되게 된다. 그 미디어를 통해 어떻게 전달하는 것이 효율적인지를 명확하게 이해하지 못 하기 때문이기도 하고, 또 과연 이 새로운 미디어에는 어떤 글쓰기 방법론이 적합한 것인가를 판단하지 못 하였기 때문이기도 하다. 그 미디어가 사회적인 지지를 받아 자신만의 영역을 확보하게 되면, 미디어 글쓰기 역시 그 자신만의 방법을 확보하게 된다. 그것은 곧 새로운 미디어 글쓰기의 방법론이 정착했음을 의미한다.

위의 두 가지 방향은 별개의 것은 아니다. 새로운 미디어의 개발이 선행되고, 거기에 맞게 미디어 글쓰기 방법론이 개발되는 것이며, 또한 그 미디어가 사회적으로 어떤 위치를 갖느냐에 따라, 그리고 그것이 어떻게 변해가느냐에 따라 미디어 글쓰기의 방법론도 바뀌어갈 수 있는 법이다. 그것이 어떻게 변해가든, 중요한 것은 그 변천과정을 살피는 과정에서 특정 미디어에서 유용한 미디어 글쓰기의 방법론을 찾아내고, 또 그 미래까지 예측할 수 있다는 점이 중요하다고 하겠다.

흘러간 과거는 다양한 의미를 갖는다. 이 책에서 살펴보고자 하는 흘러간 과거의 광고들은 마케팅적으로는 더 이상 아무런 가치가 없는 것일지도 모른다. 하지만, 그 안에 담긴 '말의 사용법'은 여전히 유효하다. 그것은 지나간 시절의 재미있는 말장난을 보는 것에 그치지 않고, 앞으로도 오랫동안 생명력을 이어갈 라디오라는 미디어 안에서 말의 사용이 어떻게 변화해갈 것인가를 예측하는 단초가 될 수 있기 때문이다.

## 라디오의 탄생, 그리고 영광과 극복의 역사

인쇄 매체가 독점하고 있던 대중 커뮤니케이션의 영역에 전파 매체인 라디오가 등장한 것은 1920년대의 일이었다. 세계에서 처음으로 라디오 방송 전파가 발사된 것은 1920년 1월 미국 워싱턴의 아나고스티아 해군 비행장으로부터의 군악대 연주 방송으로 알려지고 있다. 우리나라에서는 1925년 최초로 시험적인 무선 방송이 실시되었고, 1926년 11월 조선총독부에 의해 서울특별시 중구 정동에 최초의 라디오 방송국인 사단법인 경성방송국이 설립되었다.

미국의 경우, 1930년대가 라디오의 전성기였으며(Charles Panati,

1991:98), 우리나라의 경우에는 1960년대와 70년대가 라디오의 전성기였다(이두원, 2002:17). 이 시기는 각 나라에 텔레비전이 등장하기 직전이라는 공통점이 있다. 이 시기의 라디오는, 마치 지금의 텔레비전이 그러하듯이, 저녁 식사 후 온 가족이 함께 둘러 앉아 듣는 미디어였다. 청취자들은 이후에 등장한 텔레비전 드라마보다 감정이입이 더 사실적인 라디오 드라마5)를 들으며 생활하였다(정영탁, 1998:4).

그러나 선발 미디어인 라디오는 텔레비전의 등장에 의해 청취율에 영향을 받게 되고, 텔레비전에 대한 대항 매체적인 프로그램의 편성과 포맷 상의 변화를 가져오게 되었다. 대체로 그 시기는 미국의 경우 대략 1954년부터, 그리고 우리나라의 경우는 대략 전국에 텔레비전 보급이 200만 대를 기록한 1974~1975년으로 볼 수 있다(이정춘, 1996:211).

하지만 조병량(1989:10)의 지적대로 라디오가 미디어로서의 텔레비전에게 주도권을 내어준 것은 사실이지만, 그렇다고 해서 우리 주변에서 사라진 것은 아니다. 실제로, 아직도 많은 청취자들이 라디오를 듣고 있으며, 라디오에 신청곡 및 사연을 보내는 청취자들도 많다. 자신이 신청한 음악이 나오는 기쁨, 자신이 쓴 사연이 방송되는 기쁨을 누리는 사람들이 많은 것이다.

이것은 무엇을 뜻하는가. 라디오가 텔레비전과의 경쟁에서 나름대로의 영역을 유지하기 위해 변신했음을 말해준다. 라디오는 텔레비전과 대비하여 주로 청취되는 시간대, 놓이는 장소, 대상층과 프로그램 형식에서의 변화를 통해 새로운 방향을 모색함으로써 여전히 중요한

---

5) 당시의 대표적인 드라마로는 "아차부인 재치부인", "전설 따라 삼천리", "방랑시인 김삿갓" 등이 있다.

미디어로 존재하고 있다. 라디오는 이제 텔레비전에 종합적인 방송 미디어의 자리를 넘겨주고 개인적이며 오락성이 높은 미디어로의 변신을 이루어냈다(장소원 외, 2002:27).

## 변천과정을 살펴보는 기준 − 시대구분

통시적인 관점에서 그 변천과정을 살펴보는 데 있어 가장 중요한 것은 시대의 구분이다. 시대의 구분은 광고사를 보는 관점과 연관되어 있다. 남인용(2002)은 광고사를 광고사적인 관점에서 보아야 한다고 주장한 바 있다. 광고사 연구에 관한 자료들이 광고사적인 관점에서 파악되는 것이 아니라 미디어사적인 관점에서 파악되는 것이 문제라는 것이다. 이는 곧 광고를 광고가 집행되는 미디어에 부속되는 것으로 보고 있어 광고 자체의 역사와는 관점이 다르다는 입장이다.

광고 전체의 역사를 파악해본다고 하면 이러한 관점이 맞을 수 있다. 하지만, 광고에서 언어사용의 변천과정을 살펴보는 데는 미디어와의 연관성을 파악해보는 것이 더욱 효과적이라고 본다. "미디어는 메시지다(The midium is message.)."라는 맥루한(Mcluhan)의 주장처럼(2001), 미디어는 메시지의 변화에 직접적인 영향을 미치기 때문이다. 그 메시지의 중심에 말이 있음은 물론이다. 그런데 여기에서 미디어의 문제는 단순히 그 미디어 자체의 문제만은 아니다. 그 미디어와 경쟁할 다른 미디어와의 상대성이 작용하게 되는 것이다. 유력한 영향력을 가지고 있던 미디어도, 더 강력한 영향력을 지닌 미디어가 일반화되면 스스로의 자리를 잃고 마는 것이다.

그런 관점에서 조성식(1985)에서는 '라디오에 대한 경쟁 미디어의 출현'과 '이에 대한 라디오 광고의 대응'이라는 관점에서 시기를 구분하였다. 그 구분은 다음과 같다.

1. 라디오 초창기 (1959년 4월 ~ 1964년 말)
2. 흑백TV시대 (1964년 말 ~ 1980년 말)
3. 컬러TV 등장 및 TV 아침방송 재개

또한, 최현철·한진만(2004)은 기존의 시대구분들이 소유사와 정치사 등 라디오 외적인 측면의 기준으로 나누어졌으며, 그 또한 일관성이 없다고 지적하면서, 라디오의 커뮤니케이션적 위치를 중심으로 다음과 같이 우리나라의 라디오 방송의 역사를 몇 개의 단계로 나누었다.

1. 라디오 독점기 (1927~1961)
2. 라디오간 경쟁시대 (1962~1972.9)
3. 라디오 위기시대 (1972.10~1992)
4. 전환기의 라디오 (1993~현재)[6]

첫 번째 단계인 라디오 독점기(1927~1961)로, 우리나라에서 라디오 방송만이 존재하던 기간을 일컫는다. 두 번째 단계는 라디오간 경쟁시대(1960~1972.9)로, 상업 라디오 방송의 출현으로 청취율 경쟁이 가속화되던 시기를 말한다. 이 시기에 청취율 경쟁의 핵심에는 연속극이 있었다. 세 번째 단계는 라디오 위기시대(1972~1992)이다. 텔

---

6) 조성식(1985)과 최현철·한진만(2004)의 시대구분에서 각각의 기점(起點)이 다른 것은 조성식(1985)는 라디오 광고를 고려한 시대구분이며, 최현철·한진만(2004)은 라디오 방송을 바탕으로 한 시대구분이기 때문이다.

레비전의 보급 확대, 전국적인 지상파망의 완성 등으로 텔레비전이 전
성기를 맞이하면서, 상대적으로 라디오에 위기가 찾아온 것이다. 네
번째 단계는 전환기의 라디오(1993~현재)이다. 뉴미디어, 인터넷 등
다양하고도 새로워진 방송환경에 적응할 수 있도록 다양한 대안을 마
련하는 시기이다.

이렇듯 라디오는 독점적인 미디어로서의 위치를 누리던 시대, 전성
기, 그리고 상대적인 쇠퇴기 등을 거쳐왔다.

이러한 구분을 좀 더 정밀화하여, 여기에서는 라디오 광고를 중심으
로 다음과 같이 시대를 구분해보기로 한다.

1. 라디오 독점시대 (1959년~1964년)
2. 라디오 우위시대 (1964년~1980년)
3. 라디오 개성화시대 (1981년~1991년)
4. 제1차 라디오 영역 확립시대 (1991년~1999년)
5. 제2차 라디오 영역 확립시대 (1999년~현재)

라디오에서, 특히 라디오 광고에서 말의 사용의 변천을 살펴보기 위
해 위와 같이 5개의 시대로 구분한 것은 다음과 같은 이유 때문이다.

우리나라에서 라디오 광고가 시작된 것은 1959년 4월 15일 부산
MBC 라디오가 개국하면서부터이다. 1956년 5월 12일 HLKZ-TV가
국내 최초의 민간 상업방송으로 개국하여 TV 광고방송이 라디오 광고
방송을 앞질렀으나 1961년 12월 2일 한국 문화방송이 개국하고 1963
년 4월 25일 동아방송 개국, 1964년 5월 9일 라디오 서울 개국 등(조
성식, 1985)이 이어지면서 라디오 광고방송이 활발하게 이루어졌다.
KLKZ-TV는 우리나라 최초의 전파광고를 방송한 것은 사실이지만,

불과 3년 만에 화재로 소실되고 재생에 실패함에 따라(김충기, 1995) 1964년 12월 4일 TBC-TV가 개국하기 전까지 텔레비전 광고는 공백 기였다. 따라서 이 시기를 라디오의 독점시대라고 명명하였다.

1964년부터 1980년 말까지를 라디오 우위시대로 명명한 것은 이 시기가 라디오의 전성시대(이두원, 2002)로 일컬어지기 때문이다. 마치 지금의 텔레비전이 그러하듯, 이 시기의 라디오는 가족 모두가 둘러앉아 듣는 공용 매체였다. 드라마를 중심으로 한 라디오의 막강한 위력은 광고에서도 그대로 발휘되었다. 따라서 이 시기를 라디오 우위시대로 명명하였다.

1974년을 전후하여 전국에 텔레비전이 200만대 이상 보급되면서, 라디오는 라디오가 갖고 있는 고유한 매체적 특성을 살려나가기 시작히었다(이두원, 2002). 거기에 1980년 12월 말부터 텔레비전의 컬러 시험방송이, 1981년 1월부터 컬러 방송이, 그리고 1981년 4월 1일부터 컬러 광고가 시작되면서(조성식, 1985) 라디오는 일대 위기를 맞이하였고, 그 돌파구를 라디오만의 개성화에서 찾아가기 시작하였다. 이러한 변화에 따라 이 시기를 라디오 개성화시대로 명명하였다.

1991년은 1980년 언론 통폐합 이후 사라졌던 민영 텔레비전 방송이 다시 시작된 해이다. 따라서 공영방송 체제에 익숙해져 있던 라디오는 상업성을 추구하는 민영 텔레비전 방송과 새로운 경쟁을 하게 되었다. 공공의 이익을 추구하는 공영방송과는 달리, 상업성을 기반으로 하는 민영방송은 프로그램을 통한 시청자의 흡인력도 이전과는 다를 수밖에 없다. 물론, 민영방송이 텔레비전만이 개국한 것이 아니라 라디오도 함께 개국하게 되었으므로 그만큼 그 가능성이 넓어진 것도 사실이지만, 민영방송의 개국은 더욱 강력해진 텔레비전의 흡인력을 통해 라디오의 위기를 또 한 번 가져왔고, 라디오만의 영역을 개척하려는 노력이 필요하게 되었다. 그런 이유로 이 시기를 제1차 라디오 영역 확립시대로 명명하였다.

라디오가 또 다른 경쟁자를 만나게 된 것은 1999년부터 일반화되기 시작한 초고속 인터넷이다.[7] 초고속 인터넷의 등장은 강력한 개인적인 미디어의 지위를 라디오에서 컴퓨터로 대체시켰다. 디지털 기술을 기반으로 한 인터넷은 채널 선택권 이외에는 아무런 선택권이 없었던 소비자들을 정보소비에 능동적으로 개입할 수 있는 소비자로 변모시켰고, 메시지의 전송방식과 소비방식을 변화시킴으로써 소비자들은 정보의 선택적 활용이 가능하게 되었다(성동규 · 라도삼, 2000). 그로 인해 라디오는 개인적인 미디어로서의 위치도 인터넷에게 빼앗기는 현실에 직면하게 되었다. 따라서 이렇게 새로운 경쟁자가 생긴 라디오는 또 한 번 라디오만의 영역을 확보해야 할 필요성을 갖게 된다. 따라서 이 시기를 제2차 라디오 영역 확립시기로 명명하였다.

이상과 같은 시대구분을 통해 각 시대별로 라디오 광고에서 말의 사용양상을 살펴보기로 한다.

---

7) 우리나라의 초고속 인터넷 보급은 1999년 두루넷에 의해 시작되었고, 정부에 의해 1999년 추진된 인터넷PC의 보급은 초고속 인터넷 확산에 많은 역할을 하였다. 현재 우리나라 국민의 인터넷 사용률은 2004년 6월 현재 68.4%이지만, 남자 6~39세, 여자 6~29세까지는 90%가 훨씬 넘는 사용률을 보인다. 특히 남20대의 경우는 96.3%의 사용률을 보이고 있어 거의 모두가 사용하고 있다고 해도 과언이 아니다. - 20c.itfine.or.kr, isis.nic.or.kr

# 2. 시대별 변천양상

라 디 오 글 쓰 기 를 통 해 본 미 디 어 글 쓰 기

## 라디오 독점시대 – 라디오만의 개성이 드러나지 않다

라디오 독점시대의 특징적인 현상은 문어체의 긴 문장들이 많다는 점이다. 라디오는 그 성격상 구어의 사용이 유용할 것임에도 불구하고, 당시의 광고에는 문어체의 긴 문장들이 많았다. 그런 만큼 설명적일 수밖에 없다. 예를 들어 살펴보기로 하자.

(1)
[여] 쥬스는 삼미. 삼미 도마도 쥬스.
[남] <u>삼미 도마도 쥬스는 맛좋고 시원하며</u>
<u>영양가가 풍부할 뿐만 아니라 소매가격이 20원입니다.</u>
[여] 영양보충이나 미용에 좋은 삼미 도마도 쥬스.
[남] 외국인도 마셔보고 원더풀하는 삼미 도마도 쥬스.
〈삼미 도마도 쥬스〉

(2)
타올의 촉감이 이렇게 부드러울 수 있을까?

까칠한 타올을 써 보신 분이 송월타올을 써 보시고 말씀한답니다.
가정주부께서 화장하실 때도 물론, 송월타올.
<u>송월타올의 특징은 우량한 품질과 표준 싸이즈로서 선사용, 기념용,</u>
<u>그리고 세면용, 침구용으로 120종류나 갖추고 있습니다.</u>
소나무 가지에 걸린 보름달, 송월, 송월타올.　　　　　　〈松月타올〉

(3)
(SE : 종이 만지는 소리)
[남]　이게 또 무슨 광고야?
　　　김장할 때도 조미료 미왕이라…
　　　여보! 김장을 하는데 맛나니 미왕은 왜 들어가지?
[여]　철이 엄마가 그러는데요, 김장을 담그는데
　　　맛나니 미왕을 넣으면 김치 맛이 싱싱하고 좋을 뿐 아니라
　　　영양가도 높아진답니다.
[남]　오, 그렇군. 그럼 김치의 영양가도 훨씬 높아질테고.
　　　여보! 우리도 김치 담그는데 미왕을 넣읍시다.
[여]　주부 여러분! 김장철입니다.
　　　올 겨울 김장을 담그실 때는 잊지 마시고 맛나니 미왕을
　　　넣어보세요. 그러면 싱싱하고 맛좋은 김치를 한겨울 동안
　　　잡수실 수 있습니다.
[남]　<u>미왕은 현대적 시설과 과학적인 방법으로 만들어졌기 때문에</u>
[여]　<u>외국산에 비해 조곰도 손색이 없는 이상적인 조미료랍니다.</u>
[남]　가정마다 조미료는 미왕.　　　　　　　　　　　　〈미왕〉

　예로 든 광고들을 보면서 처음으로 느낄 수 있는 것은 그 길이가 요
즘 광고에 비해 월등히 길다는 점이다. 현행 라디오 광고는 20초 중심
으로 방송되는데, 그 당시의 광고들은 그러한 제약으로부터 비교적 자
유로웠던 것으로 보인다.
　(1)에서는 제품의 특징과 가격을 길게 나열하고 있다. '맛 좋고 시원

하며 영양가가 풍부'하다는 것은 제품의 특징이며 '소매가격은 20원' 은 제품의 가격이다. 각각의 메시지를 정확히 전달해 주기 위해서는 문장을 끊어서 전달하는 것이 효과적이다. 그러나 그 모든 내용을 한 문장에 담아내고 있다. 이는 '전달해야 한다.'는 개념이 없기 때문이라 고 말할 수 있다. 다시 말해 청이성(聽易性)을 고려하지 않았다는 뜻이 다. 소비자에게 잘 전달되는 것이 중요한 것이 아니라, 전하고 싶은 내용을 다 담는 것이 중요한 것이다. 그러한 현상은 (2)에서도 마찬가 지이다. 품질, 크기, 종류 등 3가지 정보를 한 문장 안에 담음으로써 전달의 효율을 훨씬 떨어뜨리고 있다. (3)은 긴 문장을 전달하는 방법 의 발전을 보여준다. 별도 표시된 부분의 문장이 길긴 하지만, 두 사람 이 나누어 발화하도록 함으로써 지루함을 덜어주고 있다. 그러나 그런 방법도 일시적으로는 모르되 결국은 문장이 길다는데서 오는 전달효 율의 저하를 극복할 수는 없다.

  이 시대의 또 다른 특징은 외국어의 남용이다. 예를 들어 보기로 하자.


  (4)
  오랜 전통과 신용을 바탕으로 우리나라 최고의 시설과
  특수한 기술진을 자랑하는 태평양화학공업사에서는
  이번에 드디어 ABC 파라솔크림을 여러분 앞에
  내놓게 됐습니다. ABC 파라솔크림의 에레간트한 향기와
  씩크한 디자인은 시중에 나오자마자 곧 선풍적인 인기를
  모으고 있습니다.
  손수 써 보시지 않은 분은 ABC 파라솔크림에
  언급할 자격이 없다는 정평처럼 써보신 분에 한해서
  그 진가가 알려진 새로나온 ABC 파라솔크림.
  〈ABC파라솔크림 / 태평양화학공업사〉

(5)

[남] 간장은 몽고, 몽고간장.

[여] 40여 년의 전통을 자랑하는 마산의 명산물 몽고간장은
영양이 있고 위생적인 미각의 **멧센져**입니다.
국제 박람회에 당당히 출품돼서 호평을 받은 간장, 몽고간장.
우리 식탁을 즐겁게 하는 몽고간장, 몽고간장.      〈몽고간장〉

(4)와 (5)에서 사용된 외국어인 '에레간트(elegant)', '씩크(chic)',
'멧센져(messenger)' 중 현행 광고심의규정에서 허용가능한 말은 없
다.8) 이런 말들이 사용 가능했던 것은 당시에는 광고심의가 없었기
때문이다. 광고에 있어 언어사용의 기준이 없었기 때문에 외국어를 사
용하여 이국적인 이미지를 풍김으로써 제품의 이미지를 높이려고 한
것으로 생각된다.

같은 맥락에서 이 시대 라디오 광고 언어의 또 다른 특징은 과장 표
현이 많고, 외국과의 비교가 많다는 점이다. 예를 들어 본다.

(6)

[남]   여보, 왜 이렇게 밥상이 허전할까?

[여]   아이 당신두 잔소리...

[남]   아냐, 뭐가 **빠진** 것 같애서...

[여]   아이참, 조미료 미원을 잊었군요.

[여 Na] 식욕은 곧 건강을 의미합니다. 여러분의 단란한 식탁에
조미료 미원을 잊지 않으셨어요?
<u>국내 최고의 조미료 미원</u>은
우리들 가정의 훌륭한 요리삽니다.

---

8) 단, '엘레강스'는 허용되고 있으며, '메신저'는 인터넷을 통한 대화 프로그램의 의
미로 쓰일 때만 한정적으로 허용되고 있다. - www.karb.or.kr

[남 Na] 그리고 조미료 미원은 <u>영양가치가 풍부한 영양소일 뿐더러</u>
<u>뇌신경 발육에 특효가 있어 건뇌제로서도</u>
<u>사랑을 받고 있습니다.</u>
식탁에는 언제나 조미료 미원.
음식맛을 낼 때에는 신선로표 미원.
<u>일제 아지노모도를 능가하는 조미료 미원.</u>            〈미원〉

(7)
(SE: 로키트 발사음)
[Na] 우주를 나는 로키트. 호남전기의 로키트표 건전지는
<u>서독의 최신 자동제조기</u>에 의해 제조돼서
<u>미국 A.S.A와 일본 J.I.S 공업규격에 합격하고</u>
<u>미8군에 납품하는 최우수 건전집니다.</u>
건전지는 로키트, 로키트표.            〈로키트 건전지〉

(6)에서는 '국내 최고'의 조미료라는 것이 과장된 표현이다. 그리고 음식의 맛을 더해주는 조미료인 미원에 '건뇌제'로서의 특효가 있다는 사실까지 광고하는 것은 또 하나의 과장된 표현이 아닐 수 없다. 미원의 본질은 조미료이지 약이 아니기 때문이다. 설사 건뇌제로서의 효능이 있다고 하더라도 그것을 '특효'라고 표현하기에는 무리가 있다고 본다. 또한 '일제 아지노모도를 능가하는'이라는 표현을 통해 외국 제품과의 비교를 시도하고 있다. 일본의 대표적인 조미료회사인 아지노모토와의 비교를 통해 제품의 우수성을 부각시키고 있다. (7)에서는 품질의 우수성을 입증하기 위해 서독, 미국, 일본 등과의 연관성을 들고 있고, '최우수 건전지'라는 과장된 표현이 보인다.

오늘날의 관점에서 볼 때는 방송 자체가 불가능할 정도로 과장된 표현, 긴 문장 등을 사용했던 라디오 독점시대의 라디오 광고에 있어서

또 하나 특기할 만한 사항은 최초의 광고 노래가 방송되었다는 점이다. 1959년 11월부터 방송된(김영선, 1977) '진로'가 그것이다. 1959년 4월부터 라디오 광고가 시작된 것을 감안하면, 이는 불과 7개월 만에 도입된 기법이다.

(8)
야야야 야야야 차차차. 야야야 야야야야 차차차.
진로 진로 진로 진로
야야야 야야야야 차차차.
향기가 코끝에 풍기면 혀끝이 짜르르하네.
술술 진로 소주 한잔이 파라다이스.
가난한 사람들의 보너스 진로.
한잔이면 걱정도 없이.
진로한잔하고 크 하면 진로 파라다이스.　　　　　　　　　〈진로〉

(9)
간장간장 (닭표) 닭표 간장.
꼬불꼬불 꼬불꼬불 끓는 냄비.
(무슨 냄비) 찌게 냄비.
몽글몽글 몽글몽글 구수한 냄새.
(무슨 냄새) 닭표 간장 냄새.
오늘도 우리집은 닭표 간장.
맛있게 냠냠, 닭표 간장.
입맛을 다시며 맛있게 냠냠.
맛있게 냠냠 닭표 닭표 닭표 간장.
맛있게 냠냠 닭표.
입맛을 다시며 맛있게 냠냠, 맛있게 냠냠.　　　　　　〈닭표간장〉

라디오 광고만이 갖고 있는 특별한 제작기법이 없던 이때에 (8)과 같은 광고 노래를 사용했다는 점은 대단한 기술적 진보라고 할 수 있다. 노래를 사용했다는 것은, 그것이 국내 최초이기 때문에 의의가 있기도 하지만, 다음 시대의 라디오 광고 언어의 발전을 이끌어내는 계기를 마련했다는 점에서도 의의가 있다고 본다. (9)는 진로와 함께 당시에 만들어진 광고 노래 중 의태 의성어를 사용하면서 제품이 가진 분위기를 충분히 살린 우수한 곡(김영선, 1977)이라는 평가를 받는 닭표간장의 광고 노래이다.


## 라디오가 주도권을 쥐다 − 라디오 광고 우위시대

라디오 광고 우위시대는 라디오가 많은 변화를 겪으면서 발전해 간 시기이다(조성식, 1985). 이 시대는 라디오의 전성시대로서, 저녁상을 물리고 온 가족이 또는 동네 사람들이 라디오 앞에 모여 라디오 연속극의 대사 한마디에 눈물을 흘리기도 하고, 박장대소를 하기도 하던 시절이다(이두원, 2002). 이 시대의 라디오는 많은 사람들이 함께 듣는 유일한 오락매체였다. 그만큼 라디오 광고의 영향력도 강했다.

라디오 광고 우위시대의 특징 중의 하나는 광고 노래의 사용이 급격히 증가했다는 점이다. 광고 노래는 앞에서 언급했던 것처럼 우리나라에서 라디오 광고가 시작된 지 불과 7개월 만에 도입될 정도로 초기부터 많이 사용되었던 방법이다. 그랬던 것이 특히 70년대에 들어서면서부터 라디오 광고에서 광고 노래의 사용이 급격히 증가하기 시작하였다. 이제, 광고 노래는 생활음악으로 자리를 확보하기 시작하였고, 광고주들도 광고 노래의 효과를 인정, 수많은 광고 노래를 만들어 방송하였다.

그 결과 73년과 74년에 광고 노래가 이성을 마비시켜서 감성에 호소하는 요소를 갖고 있다는 이유로 약품, 화장품, 주류 제품의 광고에서 사용에 규제를 받게 되었고, 이 규제 이후 광고 노래 경쟁은 과자와 아이스크림으로 전환되었다(김영선, 1977).

광고 노래가 70년대에 급성장을 이루게 된 또 다른 요인은 75년 말 소위 대마초 사건[9]으로 방송출연 기회를 제한받은 유능한 작곡가와 가수들이 광고계로 유입되었기 때문이기도 하다(채동근 · 한국환, 1989).

광고 노래가 많이 사용되었다는 것은 그만큼 광고에서 말의 사용도 달라졌다는 것을 뜻한다. 내레이션이나 대화 형태의 말과 노래 가사의 형태로 전달되는 말은 다를 수밖에 없다. 채동근 · 한국환(1989)은 당시의 광고 노래 가사에 대해 "이 시기 광고 노래의 가사는 카피의 성격이 더욱 강조되어 갔다. 상품의 기능이나 특징에서 직접 연유되는 단어로 생활적이고, 행복하고, 직선적으로 표현하였다. 애매한 형용사나 한자는 금물이었고 유니버설한 매력이 되기 위해 각별히 개성적이거나 기억될 만한, 때로 흔할 수도 있는 생활 주변의 말조각이나 말투가 기용되기도 하였다."고 지적하였다. 구체적인 예를 들어보도록 한다.

(10)
<u>맛동산 먹고 즐거운 파티.</u>
<u>맛동산 먹고 맛있는 파티.</u>
해태 맛동산, 해태 맛동산.

---

9) 1975년 1월, 당시 인기 가수였던 신중현, 조용필을 비롯한 54명의 연예인들이 대마초 흡입 혐의로 구속되면서 방송출연을 금지당한 사건. 이후 이들은 1987년 해금되어 방송활동을 재개할 수 있게 됨.

"땅콩으로 버무린 튀김과자."
맛이 좋아 맛동산, 해태 맛동산. 　　　　　　　〈맛동산 /해태제과〉

(11)
하늘에서 별을 따다
하늘에서 달을 따다
두 손에 담아드려요.
오란씨.
아름다운 날들이여
사랑스런 눈동자여
오, 오오 오란씨.
오란씨 파인. 　　　　　　　　　　　　〈오란씨 / 동아제약〉

(12)
형님 먼저 드시죠. 농심라면.
아우 먼저 들게나. 농심라면.
형님 먼저, 아우 먼저,
형님 먼저, 아우 먼저,
"그럼 제가 먼저…"
농심라면. 　　　　　　　　　　　　　〈농심라면 / 농심〉

(13)
열 두시에 만나요. 부라보 콘.
둘이서 만납시다. 부라보 콘.
살짝이 데이트.
해태 부라보 콘.
부라보 부라보 콘. 　　　　　　　　　〈부라보콘 / 해태제과〉

지금의 소비자들에게도 익숙한 이들 광고 노래들은 당시 수많은 광고 노래들 중 명작으로 꼽히는 것들이다. '상품의 기능이나 특징에서 직접 연유되는'(10)과 같은 표현이 사용되기도 하고, '생활적이고 행복'한 (13)과 같은 표현이 사용되기도 하였다. 또한 '각별히 개성적이거나 기억될 만한'(11)와 같은 표현, '때로는 흔할 수도 있는 생활 주변의 말조각이나 말투'인 (12)와 같은 표현도 사용되고 있다. 단순한 내레이션이나 대화에 의해 전달하는 것보다 노래라는 형식을 빌어 전달되기 때문에 소비자들이 보다 친근하게 광고를 접할 수 있으며, 제품 사용으로 인해 소비자가 받을 수 있는 편익(10), 감성적인 표현(11), 소비자들에게 익숙한 정서(12), 독특한 에피소드(13) 등을 사용함으로써 풍부한 언어 표현과 만날 수 있게 된다.

하지만, 그러한 발전에도 불구하고, 이 시대의 라디오 광고 언어들은 여전히 설명적 성격이 강하고, 직접적인 전달을 지향하고 있다. 광고 노래의 간결하고 세련미 넘치는 표현들과는 전혀 다른 양상을 보인다.

(14)
전기가 절약되는 대한 1.2.0. 냉장고.
대한 1.2.0. 냉장고는 냉각 속도가 빨라
콤프렛셔 가동 시간이 짧고,
바람개비를 돌릴 필요가 없기 때문에
전기료가 절약됩니다.
전기를 절약합시다.
대한 1.2.0. 냉장고.
1.2.0., 냉장고는 1.2.0.              〈1.2.0. 냉장고 / 대한전선〉

(15)
[남] 맥스웰 커피 동서식품의 프리마가 새로워졌습니다.

더욱 향상된 품질의 식물성 커피 크림 프리마.
[여]   <u>프리마는 커피와 홍차의 맛을</u>
     <u>더욱 부드럽게 하는 순식물성 커피 크림입니다.</u>
[남]   맥스웰 커피 크림, 프리마.              〈프리마 / 동서식품〉

(14), (15)에서 볼 수 있듯이, 광고 노래의 표현들과는 달리 같은 시대에 만들어진 일반 라디오 광고들은 여전히 설명적이고 긴 문장으로 이루어져 있다. 김정우(2003a)에서는 이를 '전달형 언어'라고 규정짓고 있다. 광고주가 전달하고 싶은 것만을 일방적으로 전달하는 것을 전달형 언어라고 한다. 전 시대와 마찬가지로 여전히 청이성(聽易性)이 고려되고 있지 않다.

또 하나 특징은 제품명을 부각하는 다양한 방법들이 사용되고 있다는 점이다. 비교적 저가의 제품들의 경우 소비자들의 머릿속에 제품명을 인상 깊게 심어 놓으면 소비자들이 매장에서 그 제품을 보았을 때 충동적으로 구매할 가능성이 높아지기 때문이다(김정우 2003a).

제품명을 부각하는 방법으로 흔히 사용된 것 중에 첫 번째로 꼽을 수 있는 것은 유사한 발음을 이용하여 제품명을 쉽게 기억하도록 하는 방법이다.

(16)
[남여노래]  <u>야 차구나 야차바</u>. 이렇게 찰 수가 있나.
          <u>야 차구나 야차바</u>. 시원한 콘티 야차바.
[여]       콘티빵 자매품 딸기 야차바.
[남]       요구르트 야차바.       〈콘티 야차바 / 한국콘티넨탈식품〉

(17)
[남]       싸만코.

[여성노래] 주고 싶은 마음, 먹고 싶은 마음, 싸만코.

　　　　　좋은 건 하나, 너와 나의

[남]　　　싸만코.

[여]　　　팥 **많고** 아이스크림 **많고**

[남]　　　**싸만코.**

[여]　　　빙그레

[남]　　　싸만코.　　　　　　　　　〈싸만코 / 빙그레〉

　(16)에서는 '야 차구나.'라는 말과 '야차바'라는 제품명을 연결시켜 제품명과 함께 제품의 특성을 쉽게 기억할 수 있도록 하고 있다. (17)에서는 '많고'와 '만코'가 발음이 같다는 의미에서 '팥 많고 아이스크림 많고 싸만코'로 이어서 표현하였다.

　두 번째 방법으로는 제품명의 일부, 혹은 전체 반복을 통해 제품명을 부각하는 방법이다.

　(18)

[남여노래] 비너스 **비비 비너스.**

　　　　　스타킹은 **비비 비너스.**

[여성노래] 멋있고 부드러운 스타킹.

　　　　　사랑의 비너스 스타킹.

　　　　　당신의 다리의 기쁨을 비너스 스타킹.

　　　　　킹-

[남여노래] **비너스 비비 비너스.**

　　　　　**비너스 비비 비너스.**

　　　　　비너스 스타킹.　　　　〈비너스 스타킹 / 신영섬유〉

　(19)

[남]　**범벅 범벅이.**

[여]　깨물을까, 아니 굴려볼까,

고민고민 하다가
[남] <u>범벅 범벅이.</u>
[여] 깨물으면 <u>범벅 범벅이.</u>
　　 아~ 너무해, 오리온 범벅이.
[남] <u>범벅 범벅이.</u>　　　　　　　　　　　〈범벅이 / 동양제과〉

(18)와 (19)에서 볼 수 있는 바와 같이 '비비 비너스', '범벅 범벅이'와 같은 반복을 통해 제품명을 명확히 인식시키고 있다.

세 번째 방법으로는 특정 음을 반복함으로써 제품명을 부각시키는 방법들이다.

(20)
[여1]　　　 엄마가 준비한 간식,
[남]　　　 롯데 티나크랙카.
[여1]　　　 엄마, 고맙습니다.
[여2]　　　 착한 어린이는 엄마의 고마운 마음을 압니다.
[여성노래] <u>티</u>없는 얼굴 <u>티</u>없는 마음, 롯데 <u>티</u>나크랙카.
[여1]　　　 엄마가 사는 과자,
[여성노래] 롯데 티나크랙카.　　　　　　　〈티나크랙카 / 롯데제과〉

(21)
[남] <u>산</u>뜻한 <u>사</u>과의 맛, <u>새</u>한 <u>사</u>과식초.
[여] <u>새</u>콤한 <u>사</u>랑의 맛, <u>새</u>한 <u>사</u>과식초.
[남] 사과를 발효한 순수 사과식초는
　　 미네랄이 듬뿍 들어 있어 건강에 좋습니다.
　　　　　　　　　　　　　　　　〈새한 사과식초 / 새한식품〉

(20)에서는 '티 없는'과 '티나 크랙카'를, (21)에서는 'ㅅ'의 반복을 통해 제품명을 쉽게 이해시키고 있다.

위와 같은 제품명 부각 방법론들은 지금도 활발하게 사용되고 있다. 그 이전의 시대에는 그런 표현들이 거의 보이지 않았으나, 라디오 광고 우위시대에서 그런 모습이 보이는 것은 라디오 광고의 위상이 높아진 만큼 라디오 광고의 표현 기법도 함께 고도화된 결과라고 볼 수 있겠다. 또한 치열한 신제품 경쟁[10] 속에서 제품의 인지도를 빠르게 높이기 위한 방편이라고도 생각할 수 있다.

## 라디오만의 색깔을 찾다 - 라디오 개성화시대

1980년대에 들어서면서 라디오는 텔레비전의 위력을 이기지 못하고 가장 유력한 광고 미디어의 자리를 내주게 된다. 그러한 현상은 텔레비전 보급이 200만대를 기록한 1974~1975년부터 예견되어 왔던 것이다(이두원, 2002). 1978년 전국에 텔레비전 보급이 500만 대를 넘어서면서 '1가구 1텔레비전' 시대(이두원, 2002)가 되었고, 거기에 컬러 방송의 시작은 라디오가 결정적으로 쇠퇴하게 된 계기가 되었다.

그러나 라디오는 그렇게 쇠퇴하여 사라지기보다는, 그만의 독특한 영역을 개척함으로써 텔레비전과는 별도의 매체로 살아남을 수 있는 방안을 모색하기 시작하였다. 1980년대 광고에는 그렇게 라디오의 특성을 잘 활용한 광고들이 등장하기 시작한 것이다.

라디오 광고 개성화시대에도 여전히 광고 노래의 유용성은 계속되고 있다. 전 시대 못지않은 다양한 광고 노래들이 등장하여 텔레비전

---

10) 김영선(1977)에 의하면, 과자의 3대 메이커인 '롯데', '오리온', '해태'제과에서 1973년 한 해 동안 생산, 광고한 신제품이 85개종에 이르렀다고 한다.

과는 차별화되는 라디오 광고를 만들어 내고 있다.

(22)
우리집 강아지 뽀삐. (왈왈) 앞마당에 언제나 뽀삐.
아침마다 반갑다고 뽀뽀. (왈왈)
뽀뽀뽀뽀뽀뽀 삐삐삐삐삐삐 뽀삐 뽀삐.
우리집 강아지 뽀삐. (왈왈) 너무너무 귀여운 뽀삐.
집에 오면 언제나 뽀뽀. (왈왈)
뽀뽀뽀뽀뽀뽀 삐삐삐삐삐삐 뽀삐 뽀삐.
우리집 강아지 뽀삐. (왈왈) 우리집 화장지 뽀삐.
언제나 우리집엔 뽀삐. (왈왈)
뽀뽀뽀뽀뽀뽀 삐삐삐삐삐삐 뽀삐 뽀삐.   〈뽀삐 화장지 / 유한킴벌리〉

(23)
오, 멋있는 남자. 챌린저. 챌린저.
뿌리칠까, 만나줄까. 빼빼로네. 빼빼로네.
헤이 미스터 챌린저. 오오오 예스 미스 빼빼로네.
그대는 챌린저, 우리는 빼빼로네.
오 멋있는 미스 챌린저. 챌린저.
뿌리칠까, 만나줄까. 빼빼로네. 빼빼로네.
우리는 빼빼로네.                 〈쥬니어복 / 삼성물산〉

귀여운 강아지가 눈앞에서 뛰노는 듯한 시각적 상상력을 발휘하게
하는 (22)와 젊은 남녀들의 사랑 줄다리기가 보이는 듯한 (23)과 같은
광고 노래를 통해 라디오 광고 개성화시대의 한 단면을 볼 수 있다.
　라디오 광고만의 개성을 찾는 또 하나의 방법으로 돋보이는 것은 라
디오라는 미디어가 갖고 있는 상상성을 잘 활용한 광고들이다.11) 듣

---

11) 이기운(1996)에 의하면, 라디오는 묘사성, 신속성, 일회성, 편이성, 병행성, 친밀

기만 해도 눈앞에 영상이 떠오르는 듯한 자극을 주는 광고들이 등장한
것이다. 그럼으로써 눈으로 보이는 것이 전부인 텔레비전의 화면보다
훨씬 넓은 상상의 영상을 느끼게 해줌으로써 라디오 광고가 갖는 매력
이 잘 발휘되고 있음을 알 수 있다.

(24)
(SE : 새소리)
[Na]　　벌써 아침인가.
(SE : 어머니 도마질 소리)
[여]　　애, 오이 좀 따오련-
(SE : 싹싹싹-딱딱딱-)
[Na]　　시큼 시원한 오이냉국 생각에
　　　　아침 일찍 오이밭에 나서면
　　　　바지야 이슬에 흠뻑 젖어도 좋았다.
(SE : 새소리)
[Na]　　고향의 맛, 오늘도 그대로 -
[Song] 쇠고기 다시다, 다시다.　　　　　　〈다시다 / 제일제당〉

(25)
(SE : 개구리들 울음소리)
개구리들의 일기예보는 언제나 요란했지.
흐리거나 아니면 비.
비를 맞으며 서리해 온 개구리참외를
나무 밑에 숨어서 몰래 먹던 개구쟁이 시절.
원두막에서 호통을 치던 그때 그 혹부리 영감님은
지금도 살아계실까.

---

성, 전문성 등의 특징을 갖고 있는데, 청취자의 상상력과 관련이 있는 것은 묘사성
이다. 말을 통해 대상을 묘사하고, 청취자들은 그 장면을 머릿속으로 상상하게 함
으로써 메시지를 전달하는 특성을 말한다.

우리의 소리를 찾아서, 대우전자 제공입니다. 〈기업광고 / 대우전자〉

(26)
우리 시대의 가야금의 명인, 황병기.
(SE : 빗소리, 가야금 빗소리)
(SE : 뻐꾸기 울음소리, 가야금 뻐꾸기 울음소리)
(SE : 바람소리, 가야금 바람소리)
그의 음악은 자연과의 신비로운 대화.
영혼의 갈피갈피를 씻어준다.
열두 줄 맑은 가락에 자연을 싣고,
맥심 향기에 인생을 담고.
커피의 명작, 맥심.
동서식품. 〈맥심 / 동서식품〉

(24)~(26)을 보면 산 이슬이 내린 고향집 텃밭의 아침(24), 어릴 적 참외서리를 하던 원두막(25), 자연과 하나 되는 가야금 연주자(26) 등이 눈앞에 떠오른다. 라디오가 갖고 있는 상상성이라는 특성을 극대화시켜, 소비자로 하여금 아름다운 상상의 영상을 보게 해주는 것이다. 이러한 상상의 영상은 곧 제품 및 기업의 이미지가 된다. 이렇게 영상을 보여주지 않아도 느낄 수 있도록 해줌으로써 라디오 광고언어가 갖는 잠재력을 풍부하게 발휘해 주고 있다.


## 라디오만의 영역을 갖다 – 제1차 라디오 영역 확립시대

1991년 민영 텔레비전 방송국이 개국하면서, 라디오는 또 한 번의 위기를 맞는다. 안정적인 공영방송 체제를 유지해오던 텔레비전이 민영방송의 개국과 함께 치열한 경쟁 시대에 돌입하였기 때문이다. 텔레비전 방송국간의 치열한 전쟁은 텔레비전의 경쟁력을 높이는 결과를 가져오며, 그것은 곧 상대적으로 라디오의 경쟁력 약화를 가져오게 된다. 여전히 텔레비전은 가족 중심의 미디어이고 라디오는 개인적인 미디어이므로 그 영역이 지켜지고 있다고는 하지만, 더 볼거리가 많아진 텔레비전은 라디오의 청취자를 감식할 수 있는 가능성이 높아졌다. 따라서 라디오만의 영역을 공고히 해야 할 필요성이 생겨났고, 그 필요성은 언어사용의 변화를 낳았다.

90년대 광고의 언어표현에 대해 신용삼(1992)은 '육성카피'라는 개념을 도입하고 있다. 육성카피는 라디오 광고 전체가 구어체로 되어 있는 것만을 가리키는 것은 아니다. 육성카피는 억지로 만들어낸 듯한 어색한 구어체가 아니라, 일상적인 생활 속에서 사용하는 말과 가장 가까운 말투를 통해 제품이 갖고 있는 특성이나 소비자의 편익을 표현하는 것을 말한다. 문어체에 비해 훨씬 자유롭고, 경제성을 추구하는 구어체는 육성카피로 쓰이면서 라디오 광고만이 갖는 독특한 표현으로 자리잡게 되었다.

(27)
[여1] 도대체 답장이 왜 안 오지?
[여2] 읽어보기나 했을까?
[여1] 뭐야?
[여2] 네오칼라 몰라?
[Na] 네오칼라 수성 형광펜.
[여2] 색깔 예쁘지, 가늘게 써지지, <u>안 읽곤 못 배긴다구.</u>
[여1] <u>깍쟁이, 진작 가르쳐주지.</u>
[Na] 홍당무 팬시에서 만든 네오칼라 수성 형광펜.

[여1] <u>네오칼라, 정말 깜찍한데!</u>　　　〈네오칼라 형광펜 / 동아연필〉

(28)
[여1] 고추장으로 남편을 요리한다.
　　　화끈한 남편 만들기.
[여2] 순창고추장으로 얼큰한 매운탕을.
　　　자상한 남편 만들기.
[여3] 순창고추장으로 맛있는 비빔밥을.
[여4] 남편이 늦게 들어온다면?
　　　<u>흥, 혼자 먹지, 뭐~</u>
　　　<u>아, 맛있겠다.</u>
　　　역시 순창이야.
[Na] 임금님표 순창고추장.　　　　　　〈순창고추장 / 미원〉

(29)
안녕하세요?
카운트다운 카피라이터 차상은입니다.
카운트다운 라디오CM을 여러분과 같이 만들고 싶어요.
라디오CM을 만들어서 제 삐삐에 직접 녹음해주세요.
012-214-0409.
<u>잘 만들면 진짜 방송 뜨는 거예요.</u>
유니텔ID '패션발전'으로 메일도 받습니다.
<u>꼭이요!</u>
패션발전소, 카운트다운.　　　　　　〈카운트다운 / 삼성물산〉

(27)에서 '안 읽곤 못 배긴다구.', '깍쟁이, 진작 가르쳐주지!', '네오칼라, 정말 깜찍한데!' 등의 육성카피는 제품의 효용성을 자연스러운 구어체를 사용하여 표현해 주고 있다. (28)에서는 '흥, 혼자 먹지 뭐~', '아, 맛있겠다.'와 같은 표현을 통해 제품의 특장점인 맛을 더욱

실감나는 구어체로 전달해 주고 있다. (29)에서는 '잘 만들면 진짜 방송 뜨는 거예요.', '꼭이요!' 등의 표현을 사용하여 라디오CM에 응모했을 때 소비자가 받을 수 있는 이익을 구어체로 전달해주고 있다.

이러한 육성카피들은 일상적으로 사용되는 어투와 가장 가깝다. 그렇기 때문에 육성카피는 청취자들에게 누군가 옆에서 이야기하는 느낌을 전달한다. 이러한 육성카피의 장점은 소비자들이 광고의 내용을 좀 더 실감나게 받아들일 수 있게 해준다는 점이다. 수많은 광고와 만나는 소비자들은 자신의 마음에 와 닿는 광고를 만나기가 쉽지 않은데, 그것을 극복하는 한 방편이 소비자들이 흔히 사용하는 말, 즉 육성카피를 사용하는 방법이다. 자신이 오늘 사람들과 나누었던 대화중에 나온 말이 광고에 나온다면, 그만큼 그 광고에 대한 거부감이나 경계심을 줄어들 수 있을 것이기 때문이다.

이 시대의 언어사용에 있어 또 하나 특징적인 현상은 언어가 갖고 있는 음성적 효과를 극대화하고 있다는 점이다. 라디오 광고는 그 속성상 청취자의 청각을 자극한다. 따라서 언어가 갖고 있는 음성적 효과를 잘 이용한다면, 청취자들의 귀를 끌 수 있는 가능성이 높다진다고 하겠다.

(30)
　[여] 즐거운 내의 돈앤돈스, 즐거운 내의 돈앤돈스,
　　　 즐거운 내의 돈앤돈스, 즐거운 내의 돈앤돈스, 네 번!
　[남] 즐거운 내의 돈앤돈스, 즐거운 내의 돈앤돈스,
　　　 즐거운 내의 돈앤돈스, 즐거운 내의 돈앤돈스,
　　　 즐거운 내의 돈앤돈스, 난 다섯 번!
　[여] 입으면 즐겁습니다. 즐거운 내의 돈앤돈스.
　[남] 주식회사 좋은사람들.

[여] 너두 해봐. 〈돈앤돈스 / 좋은사람들〉

(31)

[Na] 투웨이 건전지, 알카바.

[여] 사서 바로 쓰고,

(SE : 철컥~탁)

[여] 쓰고 나서는 ~

충전해서 또 쓰고, 충전해서 또 쓰고,

충전해서 또 쓰고, 충전해서 또 쓰고

[남] 알카바?

[여] 충전해서 또 쓰고.

[Na] 사서 바로 쓰고, 충전해서 또 쓰는

투웨이 건전지, 알카바. 〈알카바 / 영풍〉

(30)과 (31)에서 공통적으로 느낄 수 있는 것은 수사적으로 볼 때 반복법이 사용되었다는 것이다. (30)은 광고에 등장하는 남녀가 '즐거운 내의 돈앤돈스'를 단숨에 누가 많이 말할 수 있는가를 시합하는 상황이다. 광고의 메시지와는 전혀 엉뚱한 상황처럼 보이지만, '내의를 입는 즐거움'을 '게임'이라는 소재를 통해 표현하고 있는 것이다. 그 과정에서 '즐거운 내의 돈앤돈스'라는 핵심적인 메시지가 반복적으로 사용됨으로 해서 청취자들의 귀를 자극하고 있다. (31)도 그런 면에서는 마찬가지이다. 단순히 한 번 쓰고 버리는 건전지가 아니라 충전해서 사용하는 건전지라는 점을 '충전해서 또 쓰고'를 반복적으로 사용함으로써 정확히 인식시켜주는 것이다. 반복법의 활용은 청취자들의 관심을 끌어들이는 효과적인 방법 중의 하나이다. 여러 번 이야기하기 때문에 효과적인 것이 아니라, 같은 소리가 반복됨으로써 청취자들이 귀를 기울이게 되기 때문이다.

## 위기 극복의 방법을 찾다 - 제2차 라디오 영역 확립시대

집집마다 보급된 초고속 인터넷의 등장은 라디오로 하여금 또 한 번의 위기상황에 직면하게 하였다. 텔레비전과의 경쟁하는 과정에서 가족 모두의 미디어라는 지위를 물려주고 개인적인 미디어로 그 영역을 구축하여 왔으나, 인터넷이 등장함에 따라 또 다른 개인적인 미디어가 등장하게 되었기 때문이다. 더군다나, 인터넷을 운용하는 디지털 기술의 발달은 텍스트를 주고받는 데 불과하던 인터넷을 텍스트는 물론이고 엄청난 양의 영상과 음악을 실시간으로 주고받을 수 있게 해주었다. 더군다나, 인터넷 상에서 소규모의 자본으로 누구나 원하는 라디오 방송국, 인터넷 라디오 방송국을 만들 수 있게 되어(이두원, 2002) 기존의 라디오가 갖고 있던 지위를 위협하고 있는 상황이 되었다.

이러한 상황에서 라디오가 취할 수 있는 생존 전략으로 이두원(2002)은 '청각 매체'로서의 정체성 강화를 들고 있다. 결국은 지나간 시대에도 라디오가 그 영역을 지켜올 수 있었던 것은 다른 미디어는 가질 수 없는 라디오만의 특성을 강화해옴으로써 가능했기 때문이다.

이러한 '청각 매체'로서의 정체성 강화를 위한 방법의 일환으로 사용되는 것이 말의 표상화(表象化)이다.

(32)
**월요일**엔 **원래** 보고 싶고,
**화요일**엔 **화가 나도** 보고 싶고,
**금요일**엔 **금방** 보고 싶고,
그래서 이번이 100번째 러브레터야.
100% 무선인터넷 생활, 싸이언.　　　　　　　　　〈싸이언 / LG전자〉

(33)

운전하는데 졸리시죠?

조청유과로 4행시 한 번 지어보세요.

<u>조!</u> 조금만 먹어도.

<u>청!</u> 청춘남녀가 함께 먹어도.

<u>유!</u> 유부남, 유부녀가 따로따로 먹어도.

<u>과!</u> 과연 조청유과, 되게 맛있네.

조청으로 맛을 낸 조청유과.

조청유과, 되게 맛있네.                          〈조청유과 / 농심〉


(34)

[여1] <u>로꾸앤도루꾸.</u>

[여2] <u>락커우락커우.</u>

[여3] <u>락앤락.</u>

[Na] 네~ 부르는 방법은 달라도 이름은 하나.

　　　세계 40여 개국 주부가 사용하는

　　　두 번 잠그는 밀폐용기, 락앤락.

　　　이제 세계인이 함께 쓰는 락앤락입니다.

　　　하나코비, 락앤락.                        〈락앤락 / 하나코비〉


　(32)의 경우는 수사적 표현으로 볼 때 두음법을 사용한 효과를 나타내고 있다. '월요일-원래', '화요일-화가 나도', '금요일-금방'이라는 표현 속에는 같은 소리가 반복됨으로 해서 문장에 리듬감을 주고, 그것이 문장을 좀 더 쉽게 받아들일 수 있게 하는 역할을 하고 있다. 하지만, 더 중요한 것은 그 표현들 안에 '매일'이라는 의미가 담겨있다는 점이다. 단순히 어느 요일에 어떤 마음을 갖는지가 중요한 것이 아니다. 매일매일 상대방을 생각하는 마음을 그러한 표현을 통해 우회적으로 표현하고 있는 것이다. 이는 '월요일', '화요일', '수요일'이라는 말

들이 '매일'을 표상화하고 있음을 알 수 있게 해준다.

(33)의 경우는 제품명을 보다 명확하게 인식시키기 위한 목적을 갖고 있음을 쉽게 알 수 있다. 과자와 같은 가벼운 제품의 경우 제품명을 알려주는 것이 광고의 중요한 역할이 될 수 있으므로, 이러한 표현을 사용한 것으로 보인다. '조청유과는 언제나, 누구나 먹어도 맛있다'는 메시지를 전달하기 위해 제품명을 한 음절씩 해체하여 4행시로 표현함으로써 '언제나, 누구나'라는 상황을 만들어내고 있다.

(34)는 각국의 주부들에 의해 발음되는 '락앤락'의 다양한 양상들을 보여주고 있다. 이러한 표현 역시 단순히 청취자들에게 특이한 발음을 들려주는 것이 목적은 아닐 것이다. 1차적으로는 특이한 발음을 들려줌으로써 청취자들의 귀를 끄는데 그 목적이 있겠지만, 중요한 것은 그 안에 '세계적으로 사용된다'는 메시지를 담고 있다는 것이다. 표상화의 목적은 단순화에 있다. 전달해야 하는 내용은 많고, 청취자는 인터넷에 정신을 빼앗기고 있어 점점 멀어져가고 있는 상황에서 표상화를 통해 단순한 메시지를 명확하게 전달하는 것은 라디오가 갖고 있는 '청각 매체'로서의 특징을 잘 활용한 방법론이라고 하겠다.

두 번째 양상으로 들 수 있는 것은 교묘한 설득논리의 사용이다. 라디오 광고에서 가장 중심이 되는 것은 말이므로, 말의 절묘한 사용을 통해 소비자로 하여금 광고가 전달하고자 하는 메시지에 집중하게 하게 하는 방법론이다. 김병희(2000)는 오늘의 광고는 관계 설정의 양상을 띠고 있다고 지적하고 있다. 광고에 의한 소비자의 구매 결정은 일반적으로 생각하는 만큼 태도를 효과적으로 형성하지 않으며 의사결정할 때 자신의 정보 처리 자원을 동원하지도 않는다. 이를테면 광고 표현 요소 하나하나에 별다른 의미는 없으며, 오히려 소비자들은 광고의 맥락(context) 자체를 즐긴다고 한다.

언어학사전(이정민·배영남·김용석, 2000)에 따르면 언어는 실체와 형식, 장면을 전제로 성립되는데, 맥락은 형식과 장면 사이의 관계를 말한다고 정의하고 있다. 일반적인 언어의 사용은 사람들 사이에서 일상적으로 존재하는 맥락에 맞게 사용되는 것이지만, 광고에서의 언어사용은 오히려 반대로 독특한 맥락을 만들어 놓고 그에 알맞은 표현을 사용함으로써 청취자들에게 생경한 느낌을 주도록 한다. 이러한 생경한 느낌은 곧 청취자들이 라디오 광고표현에 보다 큰 관심을 갖게 되는 원동력이 되는 것이다.

그러므로 이전의 시대처럼 어휘의 사용, 문장의 사용도 중요하지만, 더 중요한 것은 청취자들을 라디오 광고 속에서 사용된 맥락 안으로 끌어들임으로써 거기에 몰입하도록 하는 것이다. 그렇게 의도적으로 만들어진 맥락을 이루는 기저에는 절묘한 설득논리가 있다. 전하고자 하는 메시지를 전달하기 위해, 일반적으로 생각하기 힘든 논리를 적용함으로써 청취자들로 하여금 그 논리에 자연스럽게 수긍하게 하여 메시지를 전달하는 것이다.

(35)
<u>경고!</u>
<u>특히 10세 미만의 아동들이나</u>
<u>탄산의 쏘는 맛에 약한 20세 이상은</u>
<u>와일드 스피드 음용을 삼가시기 바랍니다.</u>
와일드 스피드.
탄산충격!
쏜다, 해태 와일드 스피드.　　　　　　　〈와일드 스피드 / 해태음료〉

(36)
세상에는 두 종류의 사람이 있습니다.
대우차의 미래를 믿는 사람과 믿지 않는 사람.
당신은 어느 편입니까?
대우차 편이 되십시오.
대우차 서포터회원으로 모십니다.
8월 말까지, 대우차 영업소로 문의하십시오.
놀라운 미래가 기다립니다.　　　　　　　〈기업광고 / 대우자동차〉

(37)
키토산 함유내의가 좋다한들
어찌, 팬티를 약국에서 팔겠습니까?
약국에서도 안 팝니다.
병원에서도 안 팝니다.
키토산 함유내의 보디가드 닥터 키토.
오로지 보디가드 매장에서만
구입하실 수 있습니다.　　　　　　　〈닥터 키토 / 보디가드〉

　(35)는 반어적인 설득논리를 펴고 있다. 광고에서는 이 제품은 어떤 사람을 위한 제품이라는 것을 잘 표현하는 것이 일반적인데, 이 광고의 경우는 반어적 어법을 사용하여 제품의 타깃이 아닌 사람들을 나열하고 있다. 결국 하고 싶은 이야기는 '10대~20대를 위한 강한 탄산음료'라는 것인데, 반대로 마시면 안 되는 사람에게 경고하는 상황을 제시함으로써 청취자들로 하여금 호기심을 갖게 한다.
　(36)에서는 청취자들을 두 가지 부류로 단순하게 나누고 있다. 외연적인 표현은 두 가지 부류가 있는 것처럼 보이지만, 그것은 가치판단을 함축하고 있다. '대우차의 미래를 믿는 사람＝긍정적인 생각을 가진 사람', '대우차의 미래를 믿지 않는 사람＝부정적인 생각을 가진 사

람'이 그것이다. 이러한 단순한 설득논리를 통해 사람들로 하여금 대우차의 미래를 믿는 방향으로 사고를 선회하도록 하고 있는 것이다.

(37)은 아주 당연한 메시지를 과장된 논리로 이야기하고 있다. 팬티를 약국에서 팔지 않는 일은 아주 당연한 일인데, 그것을 대단한 것인 양 이야기하고 있는 것이다. 그 이면에는 '키토산이 함유된 이 팬티는 마치 약국에서 파는 의약품처럼 건강에 좋다'는 메시지가 숨겨져 있다. 그것을 직접적으로 이야기한다면 설득력이 떨어질 것인데, 이렇게 과장된 설득논리로 전달함으로써 청취자들에게 강한 인상을 주고 있는 것이다.

이상의 광고들에서 볼 수 있듯이, 광고를 통해 청취자들에게 비일상적인 맥락을 제시하고, 그에 맞는 언어를 사용함으로써 청취자를 광고 안으로 끌어들이는 효과를 도모하고 있다.

# 3. 내일의 라디오 광고와 미디어 글쓰기

라 디 오 글 쓰 기 를 통 해 본 미 디 어 글 쓰 기

## 변천의 중심에는 '전달력 향상'을 위한 노력이 있다

라디오 광고에 있어서 표현의 변천양상을 통시적으로 살펴보았다. 우리나라에서 라디오 광고가 시작된 1959년부터 오늘까지를 크게 5개의 시대로 나누어 분석해보았는데, 각각의 시대는 라디오 독점시대, 라디오 우위시대, 라디오 개성화시대, 제1차 라디오 영역 확립시대, 제2차 라디오 영역 확립시대 등이다. 이러한 시대의 구분은 라디오와 라디오를 둘러싼 미디어 환경의 변화를 중심으로 이루어졌다. 미디어가 갖고 있는 영향력이 광고 메시지 전달력에 영향을 줄 수 있다면, 그러한 영향력으로부터 자신의 전달력을 유지하기 위한 광고 표현의 변화가 있을 수 있기 때문이다.

라디오 독점시대에는 문어체의 긴 문장 사용, 외국어의 남용, 과장 표현, 외국과의 비교표현 사용 등이 특징으로 파악되었다. 이 시대는 라디오의 영향력이 절대적인 시대였으므로, 청이성(聽易性)을 고려하기보다는 전달 그 자체에 목적을 두고 있었기 때문에 이러한 일방적인

표현이 가능했던 것이다. 라디오 우위시대에는 광고 노래 사용의 급격한 증가, 제품명 부각을 위한 다양한 방법 적용 등을 들 수 있다. 라디오 개성화시대에는 전 시대와 마찬가지로 광고 노래의 사용이 많았고, 라디오가 갖고 있는 상상성을 자극하는 표현을 통해 라디오 광고의 언어가 갖는 잠재력을 풍부하게 발휘하고 있음을 알았다. 제1차 라디오 영역 확립시대는 육성카피의 사용을 통한 친숙화, 반복법과 같은 수사적 표현을 통해 언어가 갖는 음성적 특성의 극대화시키는 양상을 보여주고 있다. 제2차 라디오 영역 확립시대는 언어의 표상화를 통해 메시지를 축약하여 전달하고 있으며, 교묘한 설득논리를 통해 독특한 맥락을 제시함으로써 청취자를 광고 안으로 끌어들이고 있다.

이상과 같은 변천양상이 모든 라디오 광고에서 나타나는 현상을 완벽하게 종합한 것이라고는 말할 수 없겠지만, 최소한 그 흐름이 어떻게 이루어져 왔는가는 보여준다고 생각한다. 그런데, 중요한 것은 이러한 변천이 무엇을 중심으로 이루어졌는가를 파악하는 것이다. 50년에 가까운 시간 동안 라디오 광고에서 말의 사용은 끝없이 변해왔는데, 그 변화의 중심에 있는 것이 무엇인지를 파악해낸다면 앞으로도 그것을 중심으로 변할 것임을 유추해낼 수 있기 때문이다.

그 변화의 핵심은 '전달력의 향상'이다. 라디오가 갖는 특성들을 가능한 한 극대화하면서, 라디오라는 미디어가 갖는 전달력을 최대한으로 높이기 위한 노력들이 이상에서 살펴본 바와 같은 변천을 가져온 것이다. 전달되지 않는 광고는 가치가 없다. 다른 광고에 비해 전달력이 떨어지는 광고는 그만큼 가치도 떨어진다. 광고는 끝없이 경쟁해야 하는 숙명을 갖고 있고, 그 경쟁상대는 다른 광고뿐만 아니라 정규 프로그램이기도 하다. 이들과의 경쟁에서 이기는 길은 전달력을 향상시켜 다른 광고나 프로그램들이 갖지 못하는 강력한 경쟁력을 갖는 것뿐이다.

물론, 미디어의 내일을 예측할 수 없기 때문에 미디어 글쓰기의 내일을 예측하는 것은 불가능한 일이다. 그러나 그것이 어떤 경향을 띠며 변화해 왔는가를 살펴봄으로써, 그 변화가 나아가야 할 기본적인 방향은 생각해 볼 수 있다. 그것은 다음의 두 가지 방향으로 귀결된다고 생각한다.


## 본질을 지켜 전달력을 높인다

미디어가 메시지를 전달하는 기술적 특성에 따라 메시지의 작성 방법도 바뀐다. 그래서 어떤 미디어든, 사회적으로 일정 수준 이상의 권위를 인정받는 경우에는 그 미디어에 맞는 글쓰기 방법론이 있다. 라디오도 마찬가지이다. 라디오가 비록, 다른 미디어에 비해 사회적으로 큰 영향력을 갖고 있지는 않다고 해도, 여전히 라디오는 많은 청취자들의 친근한 벗으로 자리잡고 있다. 라디오를 들으며 하루를 시작하고, 라디오를 들으며 하루를 보내며, 라디오와 함께 하루를 마감하는 청취자들이 아직도 많다. 어쩌면 그들은 다른 미디어를 접촉할 수 없기 때문에 라디오에 집착하는지도 모른다. 혹은, 다른 미디어에 비해 라디오가 더 재미있기 때문에 집착하는지도 모른다. 어쨌든 라디오는 늘 일정 수준의 청취자를 유지하고 있다. 물론, 그에 따라 일정 수준 정도의 광고물량도 확보하고 있다.

최현철·한진만(2004:254)에 따르면, 아직도 성인의 경우 1일 평균 30분 정도, 청소년의 경우 1시간 30분 정도 라디오를 듣는다고 한다. 그만큼 라디오는 텔레비전 등장 이후 곧 사라질 미디어로 평가를 받았지만 지나간 수십 년 동안 자신만의 고유한 시장을 점유한 채 생존을 지속해오고 있다.

라디오가 꾸준히 적지 않은 청취자를 유지하고 있다는 것은 그만큼 라디오가 갖는 독특한 영역들이 유효함을 말해준다. 따라서, 라디오의 전달력을 높이는 최선의 방법은 라디오가 갖는 본질에 충실한 것이다. 오로지 청각에만 의존한다는 본질적인 특성을 어떻게 잘 활용할 것인가. 그것이 전달력 향상의 핵심인 것이다.

이미 라디오 글쓰기의 변천양상을 통해 그 본질적인 특성을 잘 활용하는 방법들을 보아왔다.

청이성(聽易性)이 전혀 고려되지 않아, 청각에 의존하는 미디어라는 라디오의 특성을 전혀 살리지 못하던 라디오 독점시대를 넘어 첫 번째로 그 특성에 맞는 변화를 가져온 것은 광고 노래의 사용이다. 단순하게 낭독하거나 대화하는 투의 라디오 광고보다는 멜로디와 리듬이 더해진 광고 노래가 유용함을 알게 된 것이다. 또한 상상성을 자극하는 표현을 통해 상상의 영상을 청취자들에게 보여주었다. 눈으로 보여줄 수 없다고 해서, 청취자들이 전혀 볼 수 없다는 것이 아니라는 것을 알게 된 것이다.

이 방법론들을 자세히 되짚어보자.

라디오라는 미디어가 갖고 있는 가장 기본적인 특성인 청각에 호소한다는 면에서 한 치도 어긋난 것이 없다. 만일, 다른 미디어가 갖고 있는 특성을 차용한 표현을 하려고 하였다면, 그것은 생각한 만큼 충분히 구현되지 않았을 것이다. 라디오라는 미디어가 갖고 있는 구조적인 문제 때문이다. 그러므로, 오로지 들을 수만 있다는 라디오의 특성을 어떻게 강점화 하는가, 거기에 집중하는 것이 전달력을 높이는 하나의 방법론인 것이다.

## 표현력을 높여 전달력을 높인다

라디오 광고에서 글쓰기를 통해 전달력을 높이기 위한 또 하나의 방법론은 표현력을 높이는 것이다.

같은 내용도 어떻게 표현하느냐에 따라 청취자들에게 받아들여지는 강도가 다르다. 남들과 비슷한 내용을 비슷한 표현으로 전달하려 한다면, 그것은 상투적이고 식상해서 청취자들의 귀를 전혀 잡을 수 없을 것이다. 같은 내용도 다른 방법으로, 더 새로운 방법으로 표현할 때 청취자들은 그것으로부터 새로움을 느끼고, 재미를 느껴 좀더 주목하게 되는 것이다.

앞에서 살펴본 라디오 광고에서 말의 사용의 변천 과정 안에서도 표현력을 높이려는 노력들을 다양하게 볼 수 있다. 특히, 1,2차에 걸친 라디오 영역 확립기에서 그러한 노력들이 많이 나타난다. 그 이유는 당연히도, 다른 미디어와의 경쟁이 더욱 치열해진 관계로, 라디오에서만 가능한 독특한 표현을 통해 차별성을 확보해야 하기 때문이다.

소리라는 장점을 잘 살린 육성카피를 통한 친숙화, 또 수사적 표현을 통해 음성적 특성을 극대화 하는 방법 등이 1차 라디오 영역 확립시대에 나타난 방법들이며, 언어의 표상화와 교묘한 설득논리가 2차 라디오 영역 확립시대에 나타난 방법들이다.

이들 방법론들을 잘 생각해보면, 이러한 방법론을 적용함으로써 내용적인 차이가 드러나는 것은 아니다. 그러나 이런 방법은 청취자들의 귀를 사로잡는, 그럼으로써 청취자들이 좀 더 특정 라디오 광고에 몰입하게 하는 노력을 담고 있다. 육성카피처럼, 청취자들이 생활 속에서 자주 쓰는 말을 활용함으로써 청취자들의 거부감을 줄이기도 하고,

수사적인 표현을 통해 말의 재미를 더해주기도 한다. 또한 언어의 표상화를 통해 전하고자 하는 메시지나 이미지를 압축적으로 보여주기도 하고, 교묘한 설득논리를 통해 듣는 재미를 더해주기도 한다.

이런 방법들은 모두 기술적(技術的)인 특성이 강하다. 따라서 이러한 방법을 잘 활용하려면 그에 상응하는 훈련 기간이 필요하다. 말을 잘 다루고, 청취자들의 심리를 잘 다룰 줄 알기 위해서는 많은 경험과 실험정신이 필요한 것이다. 상투적인 방법에서 벗어나 남들이 적용해 보지 못한 방법을 활용함으로써 표현의 차별화를 이끌어내는 것, 그것은 일면 얕은 기술에 불과한 것처럼 보일지 모르지만, 그 내면에는 청취자들의 마음을 움직이는 고도의 계산들이 뒷받침되어 있는 법이다.

어떤 표현으로, 어떻게 차별화할 것인가. 그것을 한마디로 말하기는 어렵다. 차별화하는 방법이 공개되는 순간, 그 방법은 그 즉시 차별화될 수 없는 것이 되어버리기 때문이다.

하지만, 그럼에도 불구하고, 기존의 많은 라디오 광고에서 어떤 방식의 글쓰기를 활용해왔는지에 대한 폭넓은 이해는 반드시 필요하다. 차별화를 하려면, 무엇과 차별화를 해야 하는지를 알아야 하기 때문이다. 혼자 차별화해야 한다고 해서 차별화가 되는 것은 아니다. 경쟁 상대들이 갖고 있는 공통적 특성을 잘 파악하고 있어야, 그와 다른 방법을 찾아내려면 어떻게 해야 하는지를 알 수 있기 때문이다.

그러므로, 역설적으로 들릴지 모르지만, 차별화를 위해서는 기존의 방법들을 자세히 파악하는 것이 기본이다. 그리고 거기에 단 1%라도 새로운 면을 더해 새로운 것을 만들어보려는 끊임없는 실험 정신이 필요한 것이다.

# 제3장

# 미디어 글쓰기의 무대

## - 라디오, 라디오 광고, 그리고 말

# 1. 라디오와 라디오 광고의 특성

라 디 오 글 쓰 기 를 통 해 본 미 디 어 글 쓰 기

## 보여주지 않아도 되는 것이 라디오의 특성

라디오라는 미디어가 다른 미디어와 차별화될 수 있는 이유, 그리고 다른 미디어와 비교해 볼 때 장점과 단점을 갖고 있는 이유는 대부분 라디오가 소리로만 전달된다는 점에서 나온다. 라디오가 영상 미디어와는 달리 '볼 수 없다.'는 제약과 단점이 있다는 것은 다른 측면에서는 '보여주지 않아도 된다.', 혹은 '보지 않아도 된다.'는 장점이 있는 것을 의미하기 때문이다(김영욱 외 3인, 1998:1). 라디오의 특성에 대해서는 많은 언급들이 있는데[12], 이들이 제시한 라디오의 특성을 크게 세 가지 범주로 분류할 수 있다. 속성적 특성, 상황적 특성, 그리고 광고 매체로서의 특성 등이 그것이다.

---

12) 김충기(1981), 최종수(1984), 최창섭(1985), 김정식(1986), 박광성(1986), 이명훈 (1989), 손룡(1989), 이진민(1991), 강대인·김우룡·홍기선(1991), 조천영(1993), 이동춘(1993), 조선국(1995), 이정춘(1996), 이기운(1996), 방송위원회(1996), 정영 탁(1998) 등에서 그 성과를 찾아볼 수 있다.

## (1) 속성적 특성

첫 번째 범주는 라디오가 갖는 기술적 속성에 의해 나타나는 특징들이다. 여기에서는 이를 속성적 특성이라고 부르기로 한다.

속성적 특성 중 가장 먼저 들 수 있는 것은 강력한 전파성이다. 라디오는 짧은 시간 안에 광범위한 지역에 전파될 수 있다. 전파성은 여러 가지 요인이 복합적으로 적용되어 나타나는 특성이다. 텔레비전과 같이 전파를 사용한다는 점이 가장 큰 요인이다. 인쇄 미디어의 경우, 최종적으로 전달해야 할 내용이 완성된 후 인쇄, 배송 등의 과정을 거친다. 그러나 라디오는 최종적으로 내용이 결정되고, 그것을 방송할 시간만 결정되면 바로 수천만의 청취자들에게 같은 내용을 전달할 수 있다. 더군다나 라디오 수신기의 보급률 역시 높아 더 많은 청취자들의 접근이 가능하다. 따라서 인쇄 미디어에 비해 전달의 속도라는 측면에서는 비교가 되지 않는다.

두 번째는 신속성이다. 라디오는 다른 미디어에 비해 프로그램 및 광고의 제작이 간편하다.

신문이나 잡지의 경우에는 인쇄라는 과정을 거친다. 인쇄는 내용이 결정된다고 해서 곧바로 가능한 것이 아니다. 인쇄기에서 인쇄를 하기 위해서는 인쇄용 원고를 제작해야 한다. 그리고 그것이 완벽하게 이루어지면, 실제로 인쇄기에서 돌아갈 인쇄용 필름을 제작해야 한다. 그 다음에야 인쇄를 시작할 수 있다. 인쇄 후에도 제본과 같은 후처리 과정을 거쳐야 한다. 결코 짧은 시간이 아니다. 또한, 고성능의 인쇄기가 있는 곳으로 가야 하기 때문에, 그러한 시간 역시 만만한 것이 아니다.

텔레비전의 경우에는 우선 제작을 위해 동원되어야 하는 기자재가 많다. 긴급한 뉴스의 경우에는 카메라 하나만 동원되는 경우도 있지만, 대체로 조명과 같은 기자재들이 함께 동원된다. 더군다나 드라마와 같이 촬영의 질이 중요한 경우에는 수많은 조명과 함께 촬영작업의 원활성을 위한 발전차, 관련 스탭 등 엄청난 물량이 필요하다. 그리고 촬영이 끝난 후에는 편집, 녹음 등 후반작업이 이어져야 한다.

반면에, 라디오는 원칙적으로 녹음기와 마이크만으로 손쉽게 만들 수 있다. 물론, 라디오 역시 편집이나 녹음의 과정을 거치지만, 텔레비전에 비해서는 훨씬 간편하다. 따라서 상황의 변화에 따라 라디오 프로그램이나 광고를 신속하게 만들어 대응할 수 있다는 장점이 있다.

세 번째는 경제성이다. 경제성은 신속성과 관련이 있다. 위에서 보았듯이, 인쇄 미디어나 텔레비전의 경우에는 최종적으로 사용자의 손에 쥐어지기까지 다양한 과정을 거친다. 그 과정마다 비용이 발생한다. 거기에는 단순한 과정에 대한 비용뿐만 아니라, 관련된 인력들의 인건비, 진행하는 과정에서 소요되는 각종 비용 등이 포함된다. 라디오는 상대적으로 과정이 짧고, 동원되는 인원도 적기 때문에 거기에 투여되는 비용도 다른 매체에 비해 적다고 말할 수 있다.

네 번째는 접근성이다. 라디오는 이미 81년에 2,600만 대 이상 보급되어 있을 정도로(김충기, 1981:39) 생활필수품화가 되어 있다. 더군다나 자동차의 보급이 늘어나면서 운전 중, 혹은 탑승 중에 라디오를 듣는 사람도 더욱 늘어났다. 또한 최근에는 각 방송사들이 인터넷을 통해 라디오를 들을 수 있는 프로그램을 개발, 무료로 내려받을 수 있게 함으로써, 라디오 수신기가 없어도 얼마든지 라디오 프로그램들을 들을 수 있게 되었다.[13] 그만큼 라디오는 접근이 쉬운 미디어이기 때문에 메시지를 전달하는 미디어로서도 유용하다.

---

13) MBC의 '미니MBC', KBS의 '콩', SBS의 '고릴라' 등이 대표적이다.

그러나 라디오가 갖고 있는 속성적 특성들이 모두 메시지 전달에 항상에 유리한 것만은 아니다. 일회성이 단적인 예이다. 인쇄 미디어는 인쇄된 형태로 독자에게 전달되기 때문에, 일부러 버리지 않는 한 전달된 메시지는 사라지지 않는다. 이를 최종수(1984:129)는 메시지 보존의 내구성이라고 규정하고 있는데, 라디오는 텔레비전과 마찬가지로 내구성이 없는 미디어에 속한다. 물론 녹음이나 녹화라는 과정을 통해 다시 접촉할 수 있기는 하지만, 거기에는 라디오 이외의 다른 장치가 개입되기 때문에 라디오만의 특성이라고 말하기는 어렵다.

## (2) 상황적 특성

두 번째 범주는 라디오와 접촉하는 청취자들의 상황에 따른 특징들이다. 이를 상황적 특성이라고 규정하기로 한다. 라디오는 말하는 사람과 듣는 사람 사이에 말없는 커뮤니케이션의 세계를 만듦으로써 많은 사람들에게 1대 1로 대화하는 듯한 느낌을 준다(Mcluhan, 1964, 2001:428). 이러한 접촉상황의 변화는 자연스럽게 그에 따른 특성들을 만들어나간다. 그것들이 바로 상황적 특성인 것이다.

상황적 특성들 중에서 가장 먼저 꼽을 수 있는 것은 상상성이다. 상상성은 라디오가 말을 통해 청취자들의 상상력을 자극함으로써 무한한 시간과 공간을 표현할 수 있음을 말한다. 텔레비전이 영상을 통해 시각적인 자극을 줌으로써 라디오보다 훨씬 실감나는 메시지를 전달할 수 있다고 하지만, 상대적으로 영상은 화면의 크기 만큼밖에는 보여줄 수 없다는 한계가 있다. 화면 밖의 세상은 눈으로 보이지 않으므로 존재하지 않는다. 그것을 영상과 함께 흐르는 내레이션으로 어느 정도 확대할 수 있다고 하더라도 시청자들은 '보이는 것'이 갖는 한계를 넘기 힘들다.

하지만, 청각만을 사용하여 접촉하는 라디오는 생략된 영상을 마음 속으로 채워 넣어야 할 필요성 때문에(Harris, 1991:290) 청취자는 더 많은 상상력을 발휘할 수 있고, 그런 특성 때문에 표현의 폭이 훨씬 넓다는 장점을 갖고 있다. 눈으로 볼 수는 없지만, 머릿속으로는 눈으로 보이는 것보다 훨씬 넓은 영상을 상상할 수 있는 것이다. 또한, 라디오 글쓰기 역시 그러한 상상을 발휘할 수 있도록 이루어지므로, 라디오는 실제로 눈으로 볼 수 없다는 것만을 제외하고는 텔레비전에 비해 훨씬 다양하고도 넓은 표현 가능성을 갖고 있다고 하겠다.

두 번째로 들 수 있는 것은 친밀성이다. 앞에서도 언급한 바 있으나, 라디오는 텔레비전의 등장 이후 가족 모두가 함께 접촉하는 미디어에서 개인적인 미디어로 변하였다. 특별한 경우를 제외하고는 대체로 라디오는 개인 단위로 접촉한다. 이러한 1대 1 접촉이 늘어나면서 라디오 역시 그러한 접촉 상황에 맞는 방향으로 프로그램을 개발하였고, 결국 퍼스낼리티[14]라고 불리는 사회자를 등장시키면서 퍼스낼리티 라디오를 추구(조천영, 1981:52)하게 되었다. 프로그램의 사회자가 청취자와 마주앉아 말을 건네며 대화를 하는 듯한 느낌을 줌으로써 라디오는 그 어떤 미디어보다 친밀한 미디어로 변모하였다. 이러한 친밀성은 라디오에서 들려주는 내용에 대한 거부감을 줄여주는 요인이 되며, 그로 인해 효과적인 전달이 가능해진다.

세 번째는 병행성이다. 병행성이란 다른 일을 하면서 접촉하는 것을 의미한다. 실제로 많은 청취자들의 접촉상황을 관찰해보면, 라디오만을 듣고 있는 경우는 거의 없다. 일을 하면서, 공부를 하면서, 운전을

---

14) 음악방송의 DJ가 그 대표적인 예이다.

하면서 라디오를 듣는다. 이것이 바로 병행성이다. 다른 일을 함께 하면서 듣기 때문에 몰입도가 떨어질 수도 있겠으나, 반대로 무의식중에 끊임없이 프로그램 및 광고와 접촉할 수 있다는 점에서 유용하다고 판단할 수도 있다.

네 번째는 전문성이다. 종합 대중 미디어의 자리를 텔레비전에게 내준 라디오는 텔레비전 프로그램들이 접근할 수 없는 틈새시장에서 그 영역을 확보하였다. 소수 다채널, 세분화, 개성화라는 맥락 속에서 분화된 대상층의 다양성을 충족시키는(최창섭, 1985:212) 프로그램을 제작함으로써 전문성이 높아지게 되었다. 전문성이 높아진다는 것은 그 프로그램을 듣는 청취자 층이 명확하게 구분된다는 것을 뜻한다. 특정한 계층을 대상으로 한 제품을 광고해야 한다면, 라디오의 이러한 특성도 유리하게 작용한다.

그러나 이러한 특성들에도 불구하고, 청취자들이 라디오를 접촉할 때 자신이 듣고 싶은 것을 마음대로 들을 수 없다는 점이 문제가 된다. 청취자가 할 수 있는 것은 방송국을 바꾸는 것뿐이다. 인쇄 광고처럼, 자신이 보고 싶은 페이지로 손쉽게 넘겨 볼 수 있는 것이 아니다. 프로그램이든, 광고이든 정해진 시간이 되지 않으면 들을 수 없다. 또 방송국을 바꾸거나 라디오를 끄지 않는 이상, 그만 듣고 싶다고 해서 중단할 수도 없다. 접촉에 있어 선택성이 용이하지 않다는 점은 그래서 불리한 부분이기도 하다.

## (3) 광고 미디어로서의 특성

세 번째 범주는 방송 미디어로서의 라디오가 아니라 광고 미디어로서 국한된 특성들이다. 이들을 광고 미디어로서의 특성이라고 규정하기로 한다.

광고 미디어로서의 특성 중 첫 번째는 전달성이다. 텔레비전이 광고 미디어로서 강력한 효과를 발휘한다고 하지만, 그것이 효과를 발휘하는 것은 특정 시간대에 국한되어 있다. 오히려 라디오는 텔레비전의 광고 전달력이 약해지는 시간에도 꾸준히 광고를 전달할 수 있다. 텔레비전의 광고 전달력은 시청자가 텔레비전 앞에 있을 때만 나타난다. 물론 라디오도 마찬가지이다. 그러나 비교해보면, 텔레비전 앞에 있는 것과 라디오 앞에 있는 것은 차이가 난다. 앞에서도 언급한 바가 있듯이 라디오만이 갖는 병행성 때문이다. 라디오를 들으면서 자동차 운전을 할 수는 있지만, 텔레비전을 보면서는 불가능하다. 라디오를 들으면서 공부를 할 수는 있지만, 텔레비전을 보면서는 불가능하다. 순간적으로 몰입하는 정도에서는 텔레비전이 월등하지만, 자연스럽게 전달된다는 면에서는 라디오도 그에 못지않다. 늘 옆에서 뭔가를 지속적으로 속삭일 수 있는 미디어이기에, 늘 광고를 지속적으로 속삭일 수 있는 것이다.

두 번째는 유연성이다. 상황의 변화에 따라 손쉽게 대처할 수 있다는 특성이 바로 유연성이다. 비용이 크게 들지 않고, 제작 과정이 간편하며, 제작 시간이 짧기 때문에 얼마든지 유연한 광고활동이 가능하기 때문이다. 광고를 집행해보면, 예상하지 못 했던 다양한 상황과 마주치는 경우가 많다. 경쟁사의 반응, 제품을 둘러싼 사회적 환경, 갑작스럽게 나타나는 일시적 유행현상 등 다양한 가능성들이 늘 존재한다. 이러한 상황에서 라디오는 텔레비전에 비해 월등히 순발력 있게 대처할 수 있다. 앞에서도 말한 바 있는 신속성 때문이다. 텔레비전에 비해 하나의 완성된 광고를 만드는데 훨씬 적은 시간이 소요되므로, 그리고 비용역시 큰 부담이 되지 않으므로 훨씬 유연하게 대처할 수 있는 것이다.

　세 번째는 반복성이다. 라디오의 청취자들은 하나의 광고를 반복해서 들을 수 있는 가능성이 훨씬 높다. 그것은 라디오 청취자들은 텔레비전 시청자들에 비해 채널을 이리저리 돌리는 경향이 적기 때문이다 (방송위원회, 1996:52~53).

　텔레비전을 볼 때는 하나의 프로그램을 보다가 재미가 없으면 바로 다른 프로그램을 보려는 적극적인 노력을 하는 경우가 많다. 하지만, 라디오는 그렇지 않다. 텔레비전의 시청자에 비해 라디오 청취자가 재미 있는 프로그램의 탐색에 적극적이지 않은 이유는 크게 두 가지로 생각할 수 있다. 첫 번째는 병행성 때문이다. 자신이 해야 하는 중요한 일이 있고, 라디오를 듣는 것은 부차적인 것이기 때문에 라디오에서 방송되는 프로그램의 내용에 큰 관심을 갖지 않는 경향이 있다. 그렇기 때문에 굳이 돌리려 하지 않는다. 두 번째는 라디오 프로그램의 특성 때문이다. 라디오 프로그램의 경우 대체로 진행자가 청취자들과 대화를 나누는 형태로 진행되는 경우가 많다. 따라서 그 진행자의 스타일이 마음에 들면 별다른 이유 없이 그 프로그램을 반복적으로 청취하게 되는 것이다.

　따라서 라디오의 청취자들은 자신이 주로 듣는 프로그램이 있으면 거기에 라디오 수신기의 채널을 고정해놓는다. 프로그램에 따라 채널이 바뀌는 경우도 있지만, 대체로 그것은 일정한 패턴을 갖는다. 따라서 라디오의 청취자들은 거의 비슷한 프로그램만을 듣는다. 이것은 곧 프로그램과 함께 방영되는 광고에도 반복적으로 접촉할 수 있음을 뜻한다. 그만큼 광고가 청취자들에게 전달될 가능성도 높아지게 된다.

## 보여주지 않으면서 전달하는 라디오 광고의 특성

원론적으로 말하면, 라디오 광고라고 해서 다른 미디어의 광고와 다른 특성을 갖고 있는 것은 아니다. 라디오라는 미디어를 통해 전달될 뿐, 그 역시 광고이기 때문이다. 따라서 소비자에게 제품에 대한 메시지를 전달하고, 소비자들의 마음속에 호감을 불러일으키며, 나아가 제품을 구매하도록 해야 하는 광고 본래의 목적을 달성해낼 수 있어야 한다. 다만, 앞에서 언급했던 대로, 미디어에 따라 메시지의 구성이 달라진다면 라디오 광고만이 갖는 독특한 특성이라기보다는 라디오를 미디어로 사용하기 때문에 발견될 수 있는 특성들을 파악해볼 수는 있을 것이다. 영상이나 그림 등 다른 미디어에서 활용되는 요소들의 도움을 받지 못한 채 말을 중심으로 전달되어야 하는 라디오의 특성을 어떻게 잘 활용하여 효과적인 전달이 가능하도록 하느냐, 그것이 바로 라디오 광고의 특성을 가늠해 보는 기준이 될 수 있을 것이다.

라디오 광고의 특성에 관한 언급은 다양하게 이루어져 왔다.[15] 대체로 라디오 광고의 특성은 앞에서 제시한 라디오의 특성과 연관되어 파악될 수 있다. 기존에 언급된 다양한 특성들을 정리해 보면, 크게 내용적인 측면과 매체적인 측면에서의 특징으로 나눌 수 있다.


## (1) 내용적인 측면의 특징

내용적인 측면의 특징으로는 두 가지를 들 수 있는데, 첫 번째가 친밀감이 높아 전달의 효율이 높다는 것이다. 앞에서 라디오가 갖고 있

---

15) 여기에서는 김소림(1964), 조천영(1981), 이동춘(1993), 오의상(1998), 맹명관(1999) 등을 참조하였다.

는 특성 중의 하나로 친밀감을 든 바 있다. 개별 접촉이 많아짐에 따라 1대1로 대화하는 듯한 형식의 프로그램이 늘어났고, 그런 현상은 라디오를 친밀감 높은 미디어로 자리잡게 하였다. 친밀감이 높다는 것은 그만큼 라디오에서 전달하는 내용에 대해 거부감이 적다는 뜻이다. 그것은 광고를 만들고 방송하는 입장에서는 매우 유리한 현상이다. 전달해야 하는 내용들이 보다 자연스럽게 전달될 수 있기 때문이다.

두 번째는 음악과 음향이 함께 사용되어 감성적인 전달이 가능하다는 점이다. 라디오 광고에서 메시지를 전달하는 가장 유용한 도구는 역시 말이다. 말을 통해 오해의 소지가 없는 명확한 메시지를 전달할 수 있는 것이다. 하지만, 전달할 메시지만을 청취자들에게 일방적으로 주장한다면 그 광고는 청취자들의 주의를 끌기 어렵다. 일반적인 라디오 방송을 듣듯이 라디오 광고도 청취자들이 가벼운 마음으로 들을 수 있어야 하는데, 그렇지 않을 경우에는 거부감이 들기 때문이다. 이럴 때 음악이나 음향은 매우 유용하다. 음악과 음향을 사용함으로써 논리적인 내용도 좀 더 부드럽게 받아들여질 수 있고, 그만큼 더 긍정적인 반응을 이끌어낼 수 있기 때문이다.16)

## (2) 미디어적인 측면의 특성

미디어적인 측면은 라디오가 갖고 있는 앞에서 제시된 광고 미디어적 특성으로부터 비롯된 것들이다. 첫 번째로 들 수 있는 것은 세분화

---

16) 정남해(1993)에 의하면, 미국 서부 배낭여행 상품의 라디오 광고를 가상으로 만들어 조사한 결과, 배경음악을 사용하는 경우에 주장의 이해도가 높은 것으로 나타났으며, 이윤복(1999)에서도 노트북 컴퓨터의 라디오 광고를 가상으로 만들어 조사한 결과, 배경음악이 없는 경우보다는 있는 경우에 더 긍정적인 인지 반응을 생성한다고 한다.

되고 안정적인 청취자층을 확보하고 있다는 점이다. 라디오의 청취자
는 텔레비전 시청자들에 비해 Zapping[17] 현상이 적기 때문에(배광
수, 2002:22) 라디오 광고를 방송하는 광고주의 입장에서는 비교적
안정적인 청취자층을 확보할 수 있다. 또한 앞에서 제시된 전문성에서
언급했던 바와 같이 라디오는 청취자를 세분화하고 그들의 취향에 맞
는 프로그램을 제작하여 방송하므로, 광고주들은 보다 세분화된 청취
자들에게 광고를 노출시킬 수 있어 그만큼 효율을 높일 수 있다.

두 번째는 미디어 구매 비용이 저렴해서 노출빈도 제고가 손쉽다는
점이다. 광고를 잘 만드는 것도 중요하지만, 광고를 얼마나 자주 청취
자들에게 노출시키느냐 하는 것도 그에 못지않게 중요한 일이다. 라디
오는 텔레비전에 비해 광고료가 저렴하기 때문에[18] 같은 비용으로 더
많이 방송할 수 있다. 광고 예산이 많지 않은 광고주에게는 그만큼 효
율성이 높다고 말할 수 있다.

세 번째는 인쇄 미디어나 텔레비전이 미치지 못하는 곳까지 광범위
하게 전달할 수 있다는 점이다. 앞에서 제시한 전파성과 연관되는 것
으로, 타 미디어와 비교하여 라디오가 갖고 있는 특성을 라디오 광고
의 특성으로 적용시킬 수 있다.

---

17) 청취자, 혹은 시청자가 리모콘으로 채널을 이리저리 돌리는 것을 말함. 급속채널
이동.

18) MBC의 경우 텔레비전에서 광고료가 가장 비싼 프로그램은 '9시 뉴스데스크'로, 15
초 1회 방영당 1,227만 원이다. 라디오의 경우 광고료가 가장 비싼 프로그램은 표준
FM의 '8시 뉴스의 광장'으로, 20초 1회 방송당 102만 4천 원이다. FM 방송의 경우
는 오후 2시대 프로그램의 광고료가 43만 2천 원이다. – 자료원 www.imbc.com

# 2. 라디오 광고와 말

## 외연적이냐, 내포적이냐 — 형식적 특성

라디오 광고는 다양한 형식으로 청취자들에게 전달된다. 라디오 광고의 형식에 주목하는 이유는 형식에 따라 말의 사용이 달라지기 때문이다. 라디오 광고의 형식에 관해서는 다양한 언급이 있는데[19] 이들이 제시한 라디오 광고의 형식들을 살펴보면 다양한 기준에 의해 많은 형식으로 분류되어 있다.

여기에서는 라디오 광고의 형식을 크게 두 가지 관점에서 분류해 보고자 한다. 외연적 형식과 내포적 형식이 그것이다.

외연적 형식은 발화(發話) 양상에 따라 분류한 것이다. 따라서 그 안에 담긴 내용은 분류의 기준이 되지 않는다. 단순히 외형적으로 어떻게 발화가 이루어지고 있는가가 그 기준인 것이다. 내포적 형식은 내용적

---

19) 여기에서는 김소림(1964), 최병광(1986), 김정식(1986), 이낙운(1988), 채동근·한국환(1989), 이진민(1991), 植條則夫(1991), 정영탁(1998), 이동수(1998) 등을 참조했다.

으로 어떤 방법을 사용하여 메시지를 전달하고 있는가에 따라 분류한 것이다. 외연적 형식에는 직접 전달 형식, 대화 형식, 노래 형식 등이 포함되며, 내포적 형식에는 드라마 형식, 증언 형식 등이 포함된다.

이들 이외에도 다양한 형식들이 있을 수 있으나 위의 다섯 가지 형식을 기본으로 변형된 것으로 볼 수 있어 논의에서 생략하였고, 또한 음악이나 음향에 의존하는 형식들이 있는데, 이는 말에 초점이 맞춰진 것들이 아니므로 논의에서 제외하였다.

## (1) 외연적 형식

외연적 형식은 크게 세 가지로 하위분류될 수 있다.

첫 번째는 직접 전달 형식이다. 직접 전달 형식은 한 사람의 성우나 해설자가 원고 내용을 직접 읽어가는 스타일을 말한다. 초기의 라디오 광고는 거의 이런 형식(채동근 · 한국환, 1989:79)이었는데, 주로 직설적인 표현으로 이루어진 라디오 광고의 경우 이런 형식을 취한다.

(1)
[Na] 누구보다 먼저 아침을 움직이는 당신.
　　 에이스에서 주무셨군요.
　　 몸에 투자하십시오.
　　 아침이 바쁩니다.
　　 체인지 더 모닝,
　　 에이스 침대.　　　　　　　　　〈에이스 침대 / 에이스 침대〉

(2)
[여] 가끔 이런 생각하시죠?
　　 중부고속도로가 20차선이라면,

경부고속도로가 2층 도로라면
명절에 차 안 막힐 텐데...라는 생각이요.
그런 날이 오겠죠.
즐거운 상상으로 피로를 푸시고
박카스 한 병 어때요?
　[남] 동아제약 박카스 에프　　　　　〈박카스 에프 / 동아제약〉

　위의 (1), (2)는 전형적인 직접 전달 형식의 특성을 보여준다. (1)의 경우에는 한 사람의 성우가 등장하여 제품의 효용을 별다른 언어적 기교를 부리지 않고 설명적인 문장을 통해 전달해 주고 있다. (2)는 (1)과 조금 다른 경우이다. (2)에서는 주된 성우 한 사람과 제품명, 기업명만을 읽어주는 보조 성우 한 사람이 등장한다. 그리고 그 내용도 (1)에서처럼 제품과 관련된 내용을 직접적으로 말하고 있지는 않다. 그러나 제품이 필요한 상황을 직접적이고 논리적으로 제시함으로써 자연스럽게 제품의 효용을 전달해 주고 있으며, 옆에서 친근하게 얘기하는 듯한 말투를 사용함으로써 라디오의 특성인 친밀성을 최대한 활용한 광고라고 말할 수 있다.

　두 번째로 들 수 있는 것은 대화 형식이다. 청취자와 비슷한 사람들이 등장하여 일상생활 속의 대화를 자연스럽게 라디오 광고로 재현함으로써 거부감을 없애고 친밀감을 높이는 효과가 있다.

　(3)
　(첩보영화와 같은 음악)
　[콜롬보] 으흠, 당신은 돈이 없었어!
　　　　　그런데 어떻게 신세계 백화점에서 쇼핑을 하고,
　　　　　베니건스에 가고, 쉐라톤에 투숙할 수 있었지?
　　　　　이런~, 게다가 서울랜드까지?

[남]    SK상품권으로 다 했어요.
[콜롬보] SK상품권으로? 어디서 샀지?
[남]    SK 지정 주유소나 주택은행.
       080-051-0051
[콜롬보] 음~ SK상품권.                         〈SK상품권 / SK(주)〉

(4)
[여1] 왜 이리 글씨가 거친 겐가?
[여2] 그냥 펜이라…
[여1] 뭐야? 핀노크로 안 썼단 말이더냐?
[Na] 부드러워 깔끔하게 써지는 중성펜,
     동아 핀노크.
[여2] 지금, 온 학교가 핀노크 천하라 하옵니다.
[Na] 동아 핀노크.
[여1] 안전클립도 달렸구나~~하하하.              〈핀노크 / 동아연필〉

(3)은 텔레비전의 인기 프로그램이었던 형사 콜롬보 목소리의 성우
를 등장시켜 취조하는 듯한 상황을 연출했다. 두 사람의 대화를 통해
제품이 갖고 있는 다양한 편의성을 설명해 주고 있다. (4)는 텔레비전
의 사극을 패러디한 것이다. 사극에서 귀에 익은 억양과 말투를 사용
함으로써 친밀감을 높여준다. (3), (4) 모두 상상성을 활용, 광고에 표
현된 상황이 머릿속 이미지로 떠오를 수 있게 한다.

세 번째는 노래 형식이다. 가요형, CM송 형식, 싱잉 형식 등으로도
불리는 노래 형식은 밝고 친근감을 줄 수 있어 라디오 광고에서 많이
이용되고 있다(이낙운, 1988:82). 광고 노래는 정보로서, 오락으로서
기능을 다해왔으며(김영선, 1977:371) 청취자들에게 강력하게 전달되
는 힘(최병광, 1986:17)이 있다는 점이 강점이다.

물론, 광고에서 노래의 핵심은 가사라기보다는 멜로디이다. 그 멜로

디가 인상 깊거나 따라 하기 쉬울 경우, 청취자들은 그 노래를 쉽게 흥얼거리게 된다. 가사의 역할은 그렇게 크지 못하다. 노래로 이루어진 라디오 광고를 총체적 시각에서 보면 그렇다. 그러나 말의 사용이라는 면에서 보면, 가사로서의 특색이 잘 드러난 말의 사용을 찾아볼 수 있다.

(5)
[Song]  한 장에 쫙! 한 번에 쫙!
　　　　정말 깔끔해~
　　　　기름기도 쏙쏙~
　　　　물기에도 팽팽!
　　　　크리넥스 키친타올.
　　　　깨끗하게! 알뜰하게!
　　　　편리하게!
[Na]　　키친타올도 역시 크리넥스!
[Song]  크리넥스 키친타올.　　　〈크리넥스 키친타올 / 유한 킴벌리〉

(6)
[Song]  아침에도 샤워 후에도 공부 중에도 우유.
[Na]　　자연이 만든 완전식품.
[Song]  우유가 정말 좋아요.
[Na]　　낙농육우협회　　　　　　　　　　〈우유 / 낙농육우협회〉

　(5)에서는 광고 전체가 노래로 되어 있고 마지막 부분의 제품명만을 성우가 낭독하고 있다. (6)은 성우의 낭독과 노래가 내용을 주고받는 형태로 이루어져 노래 중간에 전하고자 하는 메시지를 전달하고 있다. 모두, 글자수에서 일정한 형태를 유지하고 있고, 멜로디의 반복에 따라 같은 가사가 반복되기도 한다. 또한, 알아듣기 쉽도록 간명한 표현이 사용되고 있다.

## (2) 내포적 형식

내포적 형식은 두 가지로 하위분류 된다.

첫 번째로 들 수 있는 것은 드라마 형식이다. 극화 형식, 드라마타이즈 형식 등으로도 불리는 드라마 형식은 한 편의 라디오 광고 안에 작은 드라마를 구성하는 형식(이낙운, 1988:82)을 말한다. 드라마에서 들려주는 상황 속에 자연스럽게 제품을 등장시킴으로써 제품이 어떤 상황에서 필요한 것인지를 쉽게 이해할 수 있게 해준다. 귀로 듣는 드라마이지만, 라디오가 갖고 있는 특성인 상상성이 발휘되면 눈으로 보는 드라마보다 훨씬 넓은 표현의 폭을 가진다.

(7)
(타닥탁탁 ~ 도마 소리)
[남] (전화 목소리) 난데~ 오늘 좀 늦어!
　　　먼저 저녁 먹어!
[여] (실망한 듯) 네~
(보글보글 찌개 끓는 소리)
[여] (독백) 불 위의 된장찌개가 울고 있다.
[아이](아빠 흉내를 내며) 캬~시원한데!
[여] 뭐? 호호호~
[Na] 가족과 함께 먹는 저녁이 제일 맛있습니다.
　　　다시다.　　　　　　　　　　　　〈다시다 / 제일제당〉

(8)
(뽀로롱~! 산신령 등장)
[산신령] 금트럭이 네 트럭이냐, 은트럭이 네 트럭이냐!
[기사]　전...SK 내트럭입니다.
[산신령] 오호, 기특하구나!

5톤 트럭을 줄 테니 운수대통 하여라!

(퍼엉! 산신령 사라짐)

[Na]   7월 2일부터 31일까지

SK 내트럭 운수대통 대잔치!

5톤 트럭 등 경품이 와장창!

SK 내트럭!

[산신령] 트럭 기사님들, 운수대통 하시오~! 〈SK내트럭 / SK글로벌〉

(7)에 담겨 있는 드라마는 크게 두 부분으로 이루어져 있다. 귀가가 늦는다는 남편의 전화, 그리고 엄마의 기분을 풀어주기 위한 아이의 아빠 흉내가 그것이다. 실망과 반전이 짧은 라디오 광고 안에 잘 표현되어 있는데, 그것은 두 상황을 이어주는 주부의 독백이 있어 가능했다고 본다. (8)은 잘 알려진 동화인 〈금도끼 은도끼〉를 패러디하여 작은 드라마로 만든 광고이다. 누구나 다 잘 아는 동화이기 때문에, 생소한 내용보다는 훨씬 친밀하게 전달된다는 특성이 있다.

(7), (8) 모두 라디오가 갖는 상상성이 풍부하게 발휘되어 있다. 특히 (7)의 경우는 몇 줄의 광고 언어만으로 주부의 감정과 실망하는 표정, 기뻐하는 얼굴, 집안 분위기 등을 쉽게 전달해 주고 있다. 그리고 〈다시다〉라는 제품명이 워낙 잘 알려진 것이기 때문에, 청취자들이 공감할 수 있는 상황 속에서 자연스럽게 제품명을 등장시키면, 그 상황과 쉽게 연결될 수 있다는 장점을 갖고 있다. 반면에 (8)의 〈SK내트럭〉이라는 제품명은 매우 생소하다. 그래서 '금트럭, 은트럭, SK내트럭'의 관계를 설정, 가능한 한 쉽게 제품명을 인식할 수 있도록 하고 있다.

두 번째는 증언 형식이다. 테스티모니얼(Testimonial) 형식으로도 불리는 증언 형식은 광고하는 제품을 사용해본 유명인을 등장시켜 그의 경험을 직접 말하게 함으로써 제품의 장점을 전달하고, 신뢰도를 높이고자 하는 형식을 말한다. 청취자들은 유명인이나 특정 인물에 대해 모방심리가 있게 마련이다(최병광, 1986:18). 청취자들이 갖고 있는 그런 심리를 이용하는 것이 바로 증언 형식인데, 중요한 것은 제품이 갖고 있는 이미지와 유명인의 이미지[20]가 부합되어야 한다는 점이다.

(9)
[이재룡] 이재룡입니다.
　　　　 전 요즘 홍삼에 빠져 살죠.
　　　　 홍삼에도 차이가 있더라구요.
　　　　 6년근으로만 만든 정관장.
　　　　 홍삼의 정도를 지킵니다.
[Na]　 6년근 명품 홍삼, 정관장.
[이재룡] 좋은 홍삼, 한 마디로 정관장입니다.
[Na]　 한국인삼공사.　　　　　　　　　　〈정관장 / 한국인삼공사〉

(10)
[조성모] 안녕하세요, 조성모예요.
　　　　 노래하다 지칠 때면 전 초록매실을 마시거든요.
　　　　 상큼한 게 얼마나 맛있는데요.
　　　　 상큼한 초록음료 초록매실.
　　　　 제가 초록매실 모델이라서가 아니라
　　　　 정말정말 맛있어요.
　　　　 우리 초록매실 같이 마셔볼까요?
　　　　 웅진식품.　　　　　　　　　　　〈초록매실 / 웅진식품〉

---

20) 광고에 등장하는 유명인이 갖고 있는 이미지는 이미 다른 대중 매체를 통해 '만들어진' 이미지이다. 광고에서 표현되는 유명인과 실제 그 사람과 부합되는가 여부는 중요한 것은 아니다. 대중들이 그 유명인을 알고 있는 것은, 정확히 말하면 그의 이미지만을 알고 있는 것이기 때문이다.

(9)에서는 모델이 직접 홍삼을 복용하였음을 말하고 있다. 자신이 그 효능을 체험해 보았기 때문에 권할 수 있다는 것이다. 여기서 모델이 발휘하고 있는 가치는 신뢰도이다.[21] (10)에서는 (9)에 비해 모델이 좀 더 적극적인 증언과 권유를 하고 있다. 이렇게 유명인 모델이 등장하여 이야기하는 증언 형식의 라디오 광고는 라디오가 개인적으로 접촉하는 미디어라는 특성에서 착안, 그 유명인이 마치 청취자에게 말을 거는 듯한 느낌을 줌으로써, 그 느낌을 제품의 이미지와 연결시키고 있다.

물론, 증언 형식의 광고에서 유명인들만 등장하는 것은 아니다.

(11)
[남] 서울대 법대 1학년 김형진입니다.
　　　사회과학탐구, 골치 아프죠?
　　　전 케이스로 잡았어요!
　　　원리에 강해서 외우지 않아도 되거든요.
　　　바로 이거다 싶더라구요!
[Na] 사회과학 전문학습지 케이스
[남] 케이스! 점수의 반은 따놓은 셈이죠.
[Na] 종합 학습지는 씽크탱크!
　　　한국교육미디어　　　　　　　　　　〈케이스 / 한국교육미디어〉

광고에 등장하는 사람은 평범한 대학생이다. 제품을 사용함으로써 서울대 법대에 들어갔다는 훌륭한 성과를 거둔 사람이다. 앞에서 예로 들었던 연예인과 같은 유명인 모델은 아닌 것이다. 이렇게 평범한 사

---

21) 모델인 이재룡은 우리나라의 대표적인 연예인 부부로, 영화 〈죽어도 좋아〉 개봉을 앞두고 실시된 연예인 잉꼬부부 조사에서 5위로 선정될 만큼 모범적인 이미지를 갖고 있으며, 조선시대 인삼을 거래하는 상인의 이야기를 그린 드라마 '상도'의 주인공이기도 하다. – 자료원 newssearch.naver.com, www.imbc.com

람들이 거둔 좋은 성과들은 청취자들로 하여금 자신감을 갖게 하는 계기가 된다. 유명인 모델에 대한 모방심리와는 다른, 나도 할 수 있다는 자신감인 것이다.


## (3) 텔레비전의 말과 라디오의 말

위에서 제시된 라디오 광고에 있어 말을 사용하는 5가지 형식은 반드시 라디오 광고에만 국한된 것은 아니다. 근본적으로 광고를 통해 메시지를 전달하는 방법은 광고의 미디어를 막론하고 큰 차이를 보이지 않는다. 단지, 그 미디어가 갖고 있는 특성상 가능한 방법이 있고, 가능하지 않은 방법이 있는 것이다. 미디어별 차이점을 살펴보기 위해 같은 전파 광고인 텔레비전 광고의 형식과 비교해보기로 한다.

植條則夫(1991:203~213)에서는 텔레비전 광고의 형식으로 1) 직접 전달 형식, 2) 증언 형식, 3) 실증·실연 형식, 4) 드라마 형식, 5) 실생활 형식22), 6) 다큐멘터리 형식, 7) 이미지 형식, 8) 심볼 전환 형식, 9) 비교분류 형식, 10) 스펙터클 형식 등을 들고 있는데, 앞에서 제시된 라디오 광고의 형식 중 대화 형식, 노래 형식을 제외한 3가지 형식이 포함되어 있는 것을 볼 수 있다. 그러나 대화 형식과 노래 형식이 텔레비전 광고에 사용되지 않는 것은 아니다.

---

22) slice of life라고 불리는 실생활 형식은 인간 생활의 단면을 보여주면서 그 안에서 자연스럽게 제품을 등장시키는 방법이다. 예를 들어, 음료 광고의 경우 젊은이들의 활기찬 생활을 다양하게 보여주면서 그 속에서 그들이 음료를 마시는 모습들을 자연스럽게 담아내는 것을 말한다.

(12)

| 광고 영상 | 광고 언어 |
|---|---|
| 할아버지 댁을 방문한<br>긴 염색머리의 손자. | [할아버지] 요새 다 그렇게 하고 다니냐?<br>[손자]　　이게 유행인데요. |
| 손자의 찢어진 청바지를 바라보는<br>할아버지. | [할아버지] 바지가 너무 낡았구나.<br>[손자]　　멋으로 입은 건데요. |
| 손자에게 묻는 할아버지. | [할아버지] 요즘 뭐하냐?<br>[손자]　　노래요.<br>[할아버지] 노래? |
| 손자와 할아버지, 콜라를 마신다. | |
| 할아버지에게 묻는 손자.<br>슬픈 듯한 표정의 할아버지.<br>갑자기 웃는 표정으로 바뀌며 – | [손자]　　할머니는요?<br>[할아버지] 바람났다!<br>　　　　　너 온다고 신바람! |
| 대청마루에 마주 앉은 할아버지와 손자. | [Song]　사는 맛을 느껴요. |

〈코카콜라 / 한국코카콜라보틀링〉

(13)

| 광고 영상 | 광고 언어 |
|---|---|
| 놀이공원에서 포테토칩을 먹는 남녀. | [Song] 그 애를 만났어.<br>　　　포테토칩을 먹었지, 포테토칩. |
| 극장에서 포테토칩을 먹는 사람들. | 영화를 보았어,<br>포테토칩을 먹었지, 포테토칩. |
| PC방에서 포테토칩을 먹는 사람들. | 컴퓨터를 즐겼어.<br>포테토칩을 먹었지. |
| 놀이공원의 남녀 CU. | 우리는 언제나 포테토칩. |
| | [SE]　와삭! |
| 카메라를 향해 포테토칩을 보이는<br>젊은이들. | [Na]　농심<br>[Song] 포테토칩. |

〈포테토칩 / 농심〉

(12)와 (13)는 라디오 광고의 형식적 특성에 의하면 대화 형식과 노래 형식이다. 그러나 植條則夫(1991)가 분류한 텔레비전 광고의 형식에 의하면 실생활 형식에 포함된다. 植條則夫(1991)는 영상의 소재를 중심으로 분류한 것이라면, 여기에서 제시한 라디오 광고의 형식은 말의 사용을 중심으로 분류한 것이기 때문에 그 차이가 있을 뿐이다. 따라서, 분류의 초점을 어디에 두느냐에 따라 분류가 달라지는 것이지, 대화 형식이나 노래 형식이 텔레비전 광고에서 전혀 사용되지 않는 것은 아니다.

나머지 6가지 형식들은 라디오 광고에서도 표현이 불가능한 것은 아니나, 영상 없이는 쉽게 전달되기 어려운 형식들이다. 예를 들어 다음의 광고를 보도록 하자.

(14)

| 광고 영상 | 광고 언어 |
| --- | --- |
| 눈 덮인 산.<br>물을 찾아 헤매는 사슴 한 쌍.<br>도끼로 얼음을 깨는 남자.<br>추운 듯, 손에 입김을 쐬는 남자.<br>물을 먹는 사슴 한 쌍.<br>눈 덮인 산 저 멀리 가는 남자. | [Na] 세상에는<br>나보다 더 소중한 것이 있습니다.<br>You First, 현대증권. |

〈기업광고 / 현대증권〉

(15)

| 광고 영상 | 광고 언어 |
| --- | --- |
| 뉴질랜드를 배경으로 선 김미숙. | [김미숙] 트루맘을<br>왜 뉴질랜드에서<br>만드는지 아세요? |

| | |
|---|---|
| 풀밭에서 풀을 뜯는 젖소들. | 환경 깨끗하죠,<br>사계절 풀만 먹여<br>방목하죠. |
| 농장의 집유장면. | 원유에서 직접 만들어<br>신선하죠. |
| 제품 CU. | [Na] 깨끗하고 신선한 트루맘. |
| 아기를 안고 있는 김미숙. | [김미숙] 그래서 전 트루맘만 먹여요. |

〈트루맘 / 일동후디스〉

　라디오 광고의 형식을 적용해보면, (14)와 (15)는 직접 전달 형식으로 분류될 수 있다. 그러나 植條則夫(1991)의 분류에 따르면 (14)는 이미지 형식, (15)는 직접 전달 형식에 포함된다. (14)의 경우는 제품에 대해 직접적으로 설명하는 것이 아니라 제품의 호의적 이미지를 높이기 위한 광고이기 때문이다. (14)에서 말만을 듣는다면 그 내용을 정확하게 이해하기가 쉽지 않다. 말에 담긴 의미가 지나치게 포괄적이기 때문에, 그 안에 어떤 메시지가 담겨있는지를 짐작하기가 쉽지 않다. 그러나 영상이 뒷받침되면 다르다. 영상에서 주는 메시지와 언어가 주는 메시지가 함께 어우러지면서 또 다른 메시지를 전달해주기 때문이다.[23] 따라서 (14)는 영상 없이는 본래 광고가 전하고자 하는 내용의 완벽한 전달이 불가능하다고 말할 수 있다. (15)의 경우는 영상이 없어도 내용의 이해가 가능하다. 하지만, 라디오 광고처럼 말로만 저런 내용을 듣는다면 아주 당연한 자기 자랑처럼 들릴 것이다. 거기에 뉴

---

23) 영상에서는 이해관계가 없는 타인을 위해 애쓰는 모습을 보여주고 있고, 언어에서는 '나보다 더 소중한 것이 있다.'고 말함으로써 나를 돌보기보다는 타인을 위해 마음을 쓴다는 것을 말해주고 있다. 이 두 메시지와 현대증권이라는 기업명이 합쳐지면서, '투자자들을 위해 애쓰는 현대증권'이라는 메시지를 전달하고 있음을 유추할 수 있다.

질랜드에서 촬영된 영상이 함께 사용되므로, 그 당연한 자기 자랑과 같은 메시지도 신뢰감 있는 메시지로 들리는 것이다.

실증 · 실현 형식이나 비교 분류 형식은 실증, 실현, 비교하는 내용을 눈으로 직접 볼 수 있도록 해야 하기 때문에 라디오 광고에서는 사용하기 어려운 형식이다. 그 내용을 말로 설명할 수 없는 것은 아니나, 영상으로 간단하게 보여줄 수 있는 것을 말로 설명하기 위해서는 많은 시간이 소요되므로 사실상 불가능하다. 실생활 형식의 경우는 위에서 대화 형식과 노래 형식을 포함한다고 하였으나, 대화 형식과 노래 형식이 모두 실생활 형식이 될 수는 없다. 생활 속의 단면들을 보여주는 것이 실생활 형식의 핵심이기 때문에, 라디오 광고에서는 충분히 표현될 수 없다. 다큐멘터리 형식과 심볼 전환 형식, 스펙터클 형식 등도 영상에 의존하는 형식이기 때문에 라디오 광고에는 적합하지 않다고 본다.

결국, 광고를 통해 소비자들에게 전달하는 수많은 방법들 중에 라디오 광고에서는 청각만을 이용한다는 특성을 활용, 거기에 맞는 형식들만을 사용하고 있는 것이다.

## 라디오에서만 들을 수 있는 말 – 성격적 특성

라디오 광고에서는 말만이 의미를 만들고, 말을 통해서만 이미지를 만든다. 다른 미디어의 광고는 언어와 그림, 언어와 사진, 언어와 영상 등으로 타 요소와 결합하여 의미와 이미지를 만들지만, 라디오 광고의 경우는 전적으로 말에만 의존하고 있다. 따라서 라디오 광고에서 사용되는 언어는 문자만을 나열한 것이어서는 곤란하다. 단순히 귀로 듣기만 하는 것이 아니라, 가슴으로 느낄 수 있는 광고(유희종, 1990:11)를 만드는 것이어야 한다. 청취자의 상상력을 발휘하게 하고, 청취자에게 친근감을 주고, 청취자들이 반복해 들어도 들을수록 새롭게 느껴지는 것이어야 한다. 라디오라는 미디어가 갖는 시간제약적, 순간적 매체로서의 특성을 잘 극복하여(맹명관, 1999:84) 청취자들이 몰입할 수 있도록 해야 한다.

라디오 광고에서 사용되는 말의 성격에 관해서는 다양한 언급들이 있는데,[24] 그들을 바탕으로 여기에서는 그 성격을 다음과 같이 세 가지로 제시하고자 한다. 청취자의 언어생활과 밀접하다는 점, 표현이 간결하다는 점, 청취자의 상상력을 자극한다는 점, 그리고 청취자들의 청취상황을 반영한다는 점 등이 그들이다.


## (1) 청취자의 언어생활을 반영하는 말

라디오 광고에서 사용되는 말은 청취자들의 언어생활과 밀접한 관계를 갖고 있다. 다시 말해, 청취자의 언어생활이 적극적으로 반영되어 있는 것이다. 청취자들로 하여금 더 큰 관심을 갖고, 또 전달되는 내용에 대해 거부감을 줄이려면 청취자들이 일상생활에서 사용하는 말을 사용하는 것이 유리하다. 소재나 어휘, 말투 등의 선택에 있어

---

24) 대체로 카피라이터 혹은 미디어 전문가인 저자들에 의해 연구된 것들로, 우에조 노리오(1991:179~180), 김정식(1986:31~35), 박광성(1986:15~19), 오리콤 라디오 CM부(1988:5), 이진민(1990:30~33) 김진범(1992:56~59), 정영탁(1998:4~7), 박재현(1998:27), 맹명관(1999:84), 김원규(1993:182~184), 최병광(1986:17) 등이 있다. 이 연구들은 전체적으로 비슷한 맥락에서 라디오 광고의 말이 가져야 할 성격을 제시하고 있다.

그러한 점을 유의해야 한다. 그럼으로 해서 소비자는 그 광고가 자신을 위한 것임을 쉽게 알 수 있게 되고, 광고에 대한 거부감을 줄일 수 있어 전달력을 높이는데 도움이 된다.

(16)
[남] 월요일엔 원래 보고 싶고
　　화요일엔 화가 나도 보고 싶고
　　금요일엔 금방 보고 싶고
　　그래서 이번이 100번째 러브레터야.
[Na] 100% 무선인터넷 생활, 싸이언.　　　　　　〈싸이언 / LG전자〉

(17)
(버스 정류장에서 버스 타는 소리)
[여1] 저 교복, 자세 나온다.
[여2] 눈을 뗄 수가 없어.
[Na] 자세가 나온다!
　　패션학생복, 아~~이비, 아~~~~~~이비 클럽~
[남1] 저거 교복 맞아?　　　　　　〈Ivy-Club / 제일모직〉

　(16)에서는 말장난을 즐기는 젊은이들의 경향에 맞춰 월, 화, 금 등의 발음으로 시작하는 '원래', '화가', '금방' 등을 사용하고 있다. 이러한 말의 사용을 통해 이 광고는 젊은층의 감각에 호소하고자 하는 것임을 드러내고 있고, 그것은 곧 이 광고 속에 등장하는 제품이 젊은층을 위한 것임을 반영하고 있다. (17)에서는 소비자 언어가 사용되고 있다. 소비자 언어란 제품을 사용하는 소비자들이 자연스럽게 사용하는 말을 가리킨다. 어떤 감정을 일부러 내보여야겠다는 의도가 담긴 말이 아니라, 자신도 모르게 제품을 사용하면서 쓰는 말이 소비자언어이다(김정우, 2006b:142). 소비자들이 사용하는 말이기도 하지만, 그

것은 반드시 제품의 특성과 관련되어 있는 것이어야 한다. 그런 면에서 일상적인 말투와 소비자 언어는 구분된다. (17)에서는 '자세 나온다!', '저거 교복 맞아?'와 같이 말이 소비자 언어이다. '자세 나온다!'는 입은 모습이 멋있어 보인다는 뜻을, '저거 교복 맞아?'는 교복이라고 믿을 수 없을 만큼 멋지다는 뜻을 학생들의 말투로 표현한 것이다. 이는 두 가지 효과를 거두고 있다. 하나는 제품이 갖고 있는 특성을 자연스럽게 드러냈다는 점, 그리고 또 하나는 말투의 선택을 통해 이 광고가 어떤 연령층을 대상으로 하는지를 명시했다는 점이다.

누구나 광고에 대해서는 일단 거부감을 갖는다. 그렇기 때문에 그것을 극복하기 위한 다양한 방법들이 시도되고 있다. 그 중의 하나가 라디오 광고에서 청취자들의 언어생활 속에서 자연스럽게 등장하는 말들을 사용하는 것이다. 그 말에 의한 친근감으로 광고에 대해 갖는 거부감을 완화시키는 효과를 갖고 있기 때문이다.

## (2) 간결한 표현

라디오 광고에는 짧고 명료한 표현이 많다. 앞에서 언급했던 바와 같이, 청취자들은 다른 일을 하면서 라디오를 듣는 경우가 많다. 따라서 온 신경을 라디오에 집중해서 듣는다고는 말할 수 없다. 그런 경우, 라디오 광고가 길고 불명확하다면 메시지의 이해에 많은 불편을 초래할 것이다. 짧고 명료하게 전달함으로써 큰 관심을 갖지 않고 있는 청취자들에게도 전해야 하는 메시지를 정확하게 전달할 수 있어야 한다.

(18)

[Na] 누구보다 먼저 아침을 움직이는 당신.

　　에이스에서 주무셨군요.

　　몸에 투자하십시오.

　　아침이 바뀝니다.

　　체인지 더 모닝.

　　에이스 침대.　　　　　　　　　〈에이스침대 / 에이스침대〉

(19)

[한석규] 사람들 마음속엔 번호가 있습니다.

[여1]　저, 011이시지요?

[여2]　앞번호는 011이시지요?

[한석규] 말하지 않아도 통하는 번호가 있습니다.

　　번호의 자부심이 다릅니다.

　　스피드 011.　　　　　　　　　〈스피드 011 / SK텔레콤〉

　(18)과 (19)는 공통적으로 짧은 문장과 설득력 있는 논리를 바탕으로 소비자들에게 메시지를 전달하고 있다. (18)에서는 '에이스 침대는 편안하기 때문에 남들보다 아침에 거뜬히 일어날 수 있다.'는 내용을 전달하고 있으며, (19)에서는 '011은 일반 이동통신 번호와는 달리 자부심이 있는 번호다.'라는 내용을 전달하고 있다. 이 내용들을 전달하는 방법에는 여러 가지가 있을 수 있으나, 이렇게 짧은 문장으로 간결하게, 그러나 전해야 할 내용을 명쾌하게 전달함으로써 소비자들로 하여금 광고의 메시지를 쉽게 이해하도록 하고 있다.

　전달력을 높이는 글쓰기의 방법 중, 가장 기초적인 것이 간결한 문장을 사용하는 것이다. 그러므로 굳이 라디오 광고가 아니더라도, 글쓰기에 있어 간결함은 필수적인 요소라고 말할 수 있다. 하지만, 간결하다는 것이 내용의 간결함을 의미하는 것은 아니다. 해야 할 이야기는 충분히 하되, 그 표현을 간결하게 하라는 것이다. 눈으로 읽지 않고 귀로 듣기만하는 라디오 광고의 경우, 그러한 간결함이 강조되는 것은 당연한 일이라고 하겠다.


## (3) 상상력을 자극하는 말

라디오 광고에서 사용되는 말은 청취자들의 상상력을 자극한다. 최병광(1986:17)에서는 시각용어, 후각용어, 미각용어라는 개념을 사용하고 있는데, 이것은 말을 통해 눈으로 보는 듯, 향기가 느껴지는 듯, 직접 맛을 보는 듯한 느낌을 전달할 수 있어야 한다는 뜻이다. 라디오가 갖고 있는 상상성이라는 특성을 잘 활용하여 라디오 광고 언어가 갖고 있는 표현의 폭을 확장하는 것이다.

(20)
(맑게 울리는 새소리, 톡톡 물방울 듣는 소리)
[아빠]　비가 그친 뒤라 참 좋다, 그치?
[딸]　　아빠 빗속에... 물감이 들었나봐요.
[아빠]　응?
[딸]　　비오니까 숲이 더 진해졌어요.
[아빠]　정말 그렇네!
[Na]　　함께 느끼고 싶습니다.
　　　　우리 강산 푸르게 푸르게,
　　　　유한 킴벌리.　　　　　　　〈기업광고 / 유한 킴벌리〉

(21)
[남1]　너 생각나니?
　　　　우리 말뚝박기 하고 놀던 학교 등나무 말이야.
[남2]　야~~ 지금쯤 등나무 꽃이 한창이겠다.

　[남1]　　우리 같이 가 볼래?
　[남2]　　그럴까? 하하하...
　[한석규] 꼭 011이 아니어도 좋습니다.
　　　　　그리운 얼굴들과 나누는 기쁨이
　　　　　더 많아졌으면 좋겠습니다.
　　　　　스피드 011.　　　　　　　　　〈스피드 011 / SK텔레콤〉

　(20)과 (21)을 읽은 뒤, 눈을 감고 그 내용을 다시 되뇌어보라. (20)에 담긴 비온 뒤 숲 속의 맑은 풍경과 상쾌함이, 그리고 (21)에 담긴 소박하면서도 화려한 등나무꽃 아래의 추억들이 영화처럼 떠오를 것이다. 이런 표현들을 통해 숲의 청명함, 아련한 추억과 같은 이미지들이 떠오를 수 있다면, 청취자들은 이 광고가 전달하고자 하는 메시지를 좀 더 풍부하게 받아들일 수 있을 것이다. 어쩌면, 이렇게 머릿속으로 상상하는 광경은 실제로 눈으로 보는 광경보다 더욱 아름답게 느껴질지도 모른다. 그것은 곧 광고의 메시지가 보다 더 감각적으로 청취자의 마음에 다가갈 수 있음을 뜻한다. 이것이 바로 라디오 광고에 있어 청취자의 상상력을 자극하는 말의 효과이다.


## (4) 청취자들의 청취상황 반영

　라디오에서 방송된다고 해서 무조건 청취자들이 듣는 것은 아니다. 청취상황에 따라 잘 들을 수도, 그렇지 않을 수도 있다. 따라서 라디오 광고에서 말의 사용은 청취자들의 청취상황을 고려하여 가장 효과적으로 전달할 수 있는 방법을 찾아야 한다. 앞에서 이야기했던 라디오의 특성 중 병행성과 같은 것이 라디오 광고에 청취자들을 주목여부를 좌우하는 것인데, 그것을 역으로 이용하면 오히려 주목도를 높일 수

있다. 또한 친밀성과 같은 특성은 어떤 방식으로 친밀하게 다가갈 것
인가를 연구함으로써 청취자들의 주목을 이끌어낼 수 있다.

(22)

[여]       오늘은 대체로 남동쪽에서 상승하고 있는
            엔화의 영향권에 들겠습니다.
            아침 최저 환율은 어제와 비슷하겠고,
            낮 최고 환율은…

[한석규] 하하…환율을 이렇게 얘기하진 않죠, 물론.
            근데 요즘은 날씨만큼이나 환율도 중요하잖아요.
            국제금융을 잘 아는 - 외환은행.     〈기업광고 / 외환은행〉

(23)

운전하는 데 졸리시죠?
조청유과로 4행시 한 번 지어보세요.
조! 조금만 먹어도,
청! 청춘남녀가 함께 먹어도,
유! 유부남, 유부녀가 따로따로 먹어도,
과! 과연 조청유과, 되게 맛있네.
조청으로 맛을 낸 조청유과.
조청유과, 되게 맛있네.             〈조청유과 / 농심〉

(22)는 라디오의 일기 예보 프로그램 형식을 패러디하였다. 일기 예
보는 라디오의 프로그램 중에서 청취자들이 가장 관심을 갖는 것 중의
하나이다(Mcluhan, 1964, 2001:426). 그러므로 다른 일을 하면서 무
심하게 라디오를 듣던 청취자들도 일기 예보가 나오면 귀를 기울이게
된다. 청취자들은 이미 오랜 경험으로 일기 예보 프로그램의 형식을
잘 알고 있기 때문이다. 그런 경향을 활용, 라디오 광고에 일기 예보의

형식을 도입함으로써 청취자들이 일단 귀를 기울이게 되는 효과를 발휘한다. 라디오가 갖는 병행성을 극복하는 방법이라고 하겠다. (23)은 운전이라는 상황을 활용하였다. 그것도 길이 막혀 지루한 상황을 설정하고 있다. 그럴 때 누군가 옆에 앉아 친근하게 이야기를 걸어준다면, 그 지루함이 훨씬 덜할 것이다. 그러므로 (23)에서는 광고의 도입부에서 친밀감 넘치는 말투를 사용, 청취자의 주목을 끈 뒤, 4행시를 지어보게 함으로써 청취자 스스로가 라디오 광고에 참여할 수 있도록 하고 있다. 라디오가 갖는 친밀함을 활용하고 있다.

## 라디오 안에서 작용하는 방법 – 기능적 특성

### (1) 기능적 특성을 파악하기 위한 틀

말이 갖고 있는 기능은 무엇인가 라는 질문에 대한 대답의 가능성은 매우 다양할 것이다. 그것은 근본적으로 말을 어떤 관점에서 보는가와 직결되어 있기 때문이다. 만일, 통사적 측면에서 본다면 통사적 기능에 관해 논의할 수 있을 것이며, 음성적 측면에서 본다면 음성적 기능에 관해 논의할 수 있을 것이다. 따라서 광고에서 말의 기능을 살펴보기 위해서는 우선 그것을 어떠한 측면에서 보아야 하는가 하는 문제가 선결되어야 한다.

말은 메시지를 전달하여 의사소통을 가능하게 해주는 가장 효율적인 수단이다. 라디오 광고에서 사용되는 음악이나 음향 등은 추상적인 느낌만을 전달하기 때문에 청취자의 취향에 따라 다르게 받아들일 수 있지만, 말은 비교적 명확하게 전달하고자 하는 바를 전달해 주기 때문이다.

그런 면에서 보면, 말은 라디오 광고가 메시지를 전달하는 데 사용할 수 있는 가장 유용한 '도구'라고 말할 수 있다. 도구는 그 나름대로의 기능을 갖는다. 도구란 어떤 목적을 이루기 위한 수단이나 방법이기 때문이다. 목적을 이루기 위해서는 그 목적을 이루는데 기능해야한다. 따라서 인간의 언어활동이란 구체적인 내용을 말이라는 도구를 통하여 서로 전달하는 것을 의미한다. 이런 전달은 커뮤니케이션의 뜻으로 이해되어야 한다(박육현·김호진, 1999:20).

이러한 전제를 바탕으로 여기에서는 라디오 광고에 있어 말의 기능을 의사소통이라는 측면에서 파악하고자 한다. 텍스트의 기능은 일단 의사소통 테두리 안에서 논의될 수 있다(김명환, 1999:32)는 지적처럼, 의사소통을 위해 어떤 기능들을 수행하고 있는가를 살펴보기로 하겠다.

그러기 위해서는 Roman Jakobson(1960, 신문수 편역, 1989)이 제안한 언어 기능 모델이 유용하다.

Jakobson(1960)은 의사소통의 관점에서 언어의 기능을 파악하였다. Jakobson(1960, 1989:52)은 어떤 언어 행위이건 일정한 목표를 지향하여 행해진다고 말하면서 의도된 효과를 이끌어내기 위해 사용된 수단들이 일치하고 있다는 사실은 여러 가지 종류의 언어 전달의 탐구에 관심을 기울이는 연구자들의 끊임없는 흥밋거리가 되고 있다고 하였다. 여기에서 언급된 '사용된 수단'이란 곧 언어를 통한 커뮤니케이션이 성공적으로 이루어질 수 있도록 하는 구성요소들을 뜻한다. 언어는 그 모든 다양한 기능에 관해서 연구되어야 한다고 주장한 그는 언어의 기능이 갖고 있는 윤곽을 파악하기 위해서는 모든 발화, 모든 언어 행위를 이루는 구성 요소들에 대한 개관이 필요하다고 지적하면서, 언어 전달행위에서 나타나는 구성요소들을 다음과 같이 도식화하였다.

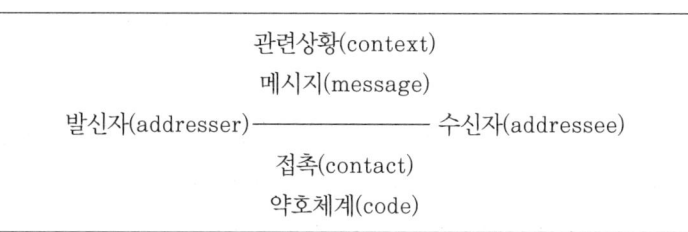

[언어를 사용한 의사소통의 구성 요소]

이 모델은 다양한 커뮤니케이션 모델 중 선형모델25)에서 출발하고 있다. 발신자가 수신자에게 메시지를 보낼 때 그 메시지가 전달되기 위해서는 접촉이 필요하다. 접촉은 발신자와 수신자 간의 물리적 회로 및 심리적 연결이 되는 부분으로, 광고의 경우 광고를 전달하는 미디어가 그 역할을 한다. 그리고 발신자와 수신자가 공통적으로 이해하고 있는 약호체계, 즉 언어 그 자체가 있어야 한다. 이렇게 발신자, 수신자, 메시지, 접촉, 약호체계 등으로 이루어진 것이 선형모델이다. 거기에 관련 상황이 더해지는데, 지시대상(reference)이라고도 할 수 있는 (Jakobson, 1960, 1989:54) 관련 상황은 발신자와 수신자와 함께 삼각형모델의 한 꼭지점을 이룬다.26) 즉, Jakobson(1960)이 제시한 의사소

---

25) 선형모델이란 발신자가 메시지를 수신자에게 전달한다는 선형적 관계를 바탕으로 커뮤니케이션을 도식화한 것을 말한다. Gerbner, Lasswell, Westley와 Mclean의 모델들이 그런 유형에 속하며, 대다수의 커뮤니케이션 모델 연구들이 취하고 있는 태도이다. 이와는 다른 개념으로 Newcomb이 제안한 삼각형모델이 있다. 이는 선형모델을 기본으로 삼되 발신자(A)와 수신자(B) 이외에 X라는 사회적 환경을 개입시킨 것이다. ABX가 이루는 삼각형은 서로간의 균형을 유지하려 한다는 면에서 상호의존적이다. 여기에서 X는 A와 B가 공통적으로 알고 있는 대상, 공통적으로 몸담고 있는 환경 등을 말하며 그에 대한 A, B간의 태도의 균형을 이루기 위해 커뮤니케이션이 이루어진다는 것이다(Fiske, 강태완·김선남 역, 2001:59~82).

26) 즉, 주25)에서 언급된 발신자(A)와 수신자(B)와 함께 커뮤니케이션이 성립되게 하는 X의 역할을 한다는 의미이다.

통의 구성 요소 모델은 커뮤니케이션 모델의 두 가지 형태인 선형모델과 삼각형모델을 동시에 충족시키는 형태인 것이다. Jakobson(1960, 1989 :61)은 이러한 요소모델을 바탕으로 언어의 기능모델을 제시하고 있다. 기능모델은 이러한 요소들에 의해 언어가 어떠한 기능을 수행하는지를 파악한 것으로 요소모델과 1:1로 대응되는 모델이다.

```
          지시 기능
          미학 기능
표현 기능 ————————— 호소 기능
          교감 기능
          분석 기능
```

[**언어의 기능모델**][27]

그러면 각각의 기능에 대해 살펴보기로 하자.[28]

지시 기능은 일반적으로 언어의 기능 중 가장 먼저 거론되는 것으로 발신자가 수신자에게 관련 상황이나 대상에 대해 알려주는 기능을 말한다. 이를 좀 더 세분화해서 말하면, 상황이나 대상에 대해 명명하고, 명명을 통해 그 의미를 형성하고 확정하는 기능이다.

표현 기능은 발신자에게 초점이 맞춰진 것으로, 발화할 때 발신자의 기분이나 태도 등을 말한다.

호소 기능은 표현 기능과는 반대로 수신자에게 초점이 맞춰져 있다. 언어를 사용하는 목적은 무엇인가를 호소하고 특별한 감정상의 반응,

---

27) 각각의 기능을 우리말로 표현한 것은 번역자에 따라 다소간 차이가 있다. 본 연구에서는 박육현 · 김호진(1999:29)에서 사용된 내용을 따랐다.

28) 각각의 기능에 대한 해설은 박육현 · 김호진(1999:21~29)을 참조하였다.

특별한 행동 등을 불러일으키는 데 있다. 이것이 바로 호소 기능이다. 광고에서의 말은 바로 이 호소 기능이 극대화된 것이라고 말할 수 있다.

교감 기능은 의미와는 무관한 것으로, 접촉 미디어가 정상인지를 확인해 주는 역할을 한다. 이를테면 전화 통화를 위해 "여보세요!"라고 이야기하는 것은 전달하고자 하는 의미와는 관계가 없지만, 전화라는 접촉 미디어가 정상적으로 작용하고 있음을 알게 해준다. 사람들과 마주쳤을 때 별다른 의미 없이 인사를 나누는 것도 교감 기능에 속한다.

분석 기능은 발화를 위해 사용되는 언어 자체에 관련된 기능을 말한다. 현대 논리학에서는 언어를 대상에 관해 사용되는 대상 언어와 언어(= 대상 언어)에 대해 사용되는 분석 언어 등 두 가지 차원으로 구분하고 있다. 분석 언어들은 일상생활에서 사용되는 대상 언어를 토대로 만들어진 다양한 전문 용어들을 포함하고 있는데, 이런 대상 언어와 분석 언어의 활용을 통해 인간은 새로운 지식을 습득하고 체계화할 수 있는 것이다.

마지막으로 미학 기능은 메시지에 초점을 맞춘 것이다. 미학 기능은 일상의 많은 언어의 발화들을 도와 실현하고자 하는 여러 가지 다른 언어 기능들의 효력을 증대시킬 수 있도록 한다. 이를테면 호소 기능도 시적, 미학적 요구를 충족시킬 때 더 큰 효과를 발휘할 수 있다는 것이다.

언어에 국한된 것은 아니지만, Jakobson(1960)의 언어의 기능 모델과 광고가 담당하는 기능을 연관시켜 파악한 것으로 Georges Péninou (1972, 김명숙 · 장인봉 역, 1998:113)가 있다. 광고는 어떤 대상에 대한 것이므로 지시 기능을 반드시 가지며, 또한 제3자를 향하는 것이기 때문에 강한 호소 기능의 성향을 보인다. 또한 메시지 형태 자체에 관해 많은 연구가 이루어지기 때문에 매우 고도화된 미학 기능을 가지며, 접촉의 확립을 요구함으로써 교감 기능이 요구된다. Georges

Péninou가 도식화한 광고가 담당하는 기능들은 다음 그림과 같다(김
명숙 · 장인봉 역, 1998:113).

```
                        지시 기능
                  (대상에 대한 정보와 교육)
                        미학 기능
                  (현시 광고의 수사학적 型)
  표현 기능 ——————————————————————— 호소기능
  (발신자에 대한 지시대상)      (겨냥 대상 수신자 적극 끌어들이기)
                        교감 기능
                  (정보의 신호 작용)
                        분석 기능
                  (정보의 광고적 귀속)
```

[광고가 담당하는 기능들]

물론, 언어활동이란 Jakobson(1960)에 의해 제시된 6가지 언어의
기능들 중 한 가지 기능만을 수행하는 것은 아니다. 미학 기능의 예에
서 보았듯이, 다른 기능과 연계될 때 더 큰 기능적 성과를 기대할 수
있는 것은 자명한 일이다. 단지 어떤 언어활동이 커뮤니케이션 구성요
소들 중 어느 것에 더 초점이 맞춰져 있는가에 따른 구분일 뿐이다.

이러한 Jakobson(1960)의 모델은 라디오 광고에서 말의 기능을 파
악하는데 유용하게 활용될 수 있다. 그 모델은 말을 의사소통의 도구
로 보는 데서 시작하고 있으며, 의사소통을 위한 기능을 파악하는 것
에 그 초점을 두고 있다. 라디오 광고에서 말의 사용 역시 의사소통에
그 초점이 맞춰져 있다. 의사소통이 되지 않는 라디오 광고는 그 존재
가치가 상실되기 때문이다. 언어학사전(이정민 · 배영남 · 김용석,

2000 :340)에서는 기능의 개념을 '어떤 목적을 위한 언어의 사용'이라고 정의하고 있는데, 라디오 광고에서 말은 메시지의 전달이라는 목적을 달성하기 위해 사용되므로 나름대로의 기능이 있는 것이며, 그 기능을 파악하는데 Jakobson (1960)의 모델이 시사하는 바가 크다고 말할 수 있다.

광고에서 사용되는 말을 각각의 기능과 대입해 보면 다음과 같다.

지시 기능에 의해 광고에서 사용된 말은 광고의 대상이 되는 제품이나 서비스에 대해 명확하게 규정해주며, 그 사회적 의미를 명명해준다. 그 제품이 갖고 있는 특성, 그 제품의 장점, 그 제품을 구입하고 소비함으로써 소비자가 누릴 수 있는 심리적 만족감 등을 전달해 줌으로써, 소비자들의 마음속에 제품에 관해 명확히 각인시켜 주는 역할을 한다.

표현 기능을 통해서는 광고주의 의지와 관점을 전달한다. 표현 기능은 발신자에 초점을 맞춘 것이므로, 광고의 주체인 광고주의 입장에서 전달하고자 하는 내용을 표현해내는 기능이다.

호소 기능을 통해서는 소비자들을 설득하고, 구매행동을 촉발시킨다. 표현 기능과는 반대로, 수신자의 입장에서 발신자의 메시지를 수신자에게 어떻게 잘 이해시키고, 설득하고, 나아가 수신자로 하여금 제품을 구입하도록 할 것인가를 목적으로 하는 기능이다.

접촉 기능을 발휘하기 위해서는 미디어에 따라 다른 사용양상을 보인다. 접촉 기능은 발신자와 수신자, 즉 광고주와 소비자 사이에 메시지가 전달되기 위한 채널과 관련된 기능이다. 앞에서 라디오 광고 언어의 성격에 관해 이야기했듯이, 그 미디어가 갖는 특성에 따라 언어의 사용이 달라지고, 언어가 발휘할 수 있는 기능도 달라진다.

분석 기능은 소비자와 광고주 상호간에 이해될 수 있는 언어 기호를 사용한다는 점에서 이미 발휘되고 있는 기능이라고 말할 수 있다. 특별한 이유가 없는 한, 한국의 소비자를 대상으로 하는 광고에 외국어를 사용할 필요는 없기 때문이다.

미학 기능은 소비자들의 공감을 이끌어내기 위한 아름답고 신선하며 설득력 있는 표현을 통해 발휘된다. 라디오 광고뿐만 아니라, 모든 광고는 그 표현의 참신함을 생명으로 삼는다. 진부한 표현은 소비자들에게 외면받기 때문이다. 같은 내용이라도 그것을 이제까지 들어보지 못한 새로운 형태로 표현하거나, 설득력을 월등히 높여 표현한다면 소비자들에게 받아들여지는 강도가 다를 것이다. 그리고 그 강도가 높으면 높을수록, 라디오 광고에서 말이 갖는 미학 기능은 잘 발휘되고 있다고 말할 수 있다.

이들 6가지 기능 중 광고 언어에서 가장 중요한 것은 호소 기능과 지시 기능이라고 생각된다. 소비자들을 설득함으로써 제품에 대한 호의적 이미지를 형성하도록 하고, 나아가 제품을 구매하도록 하는 광고의 목적과 가장 잘 부합되는 것이 호소 기능이며, 지시 기능은 광고의 주체인 제품명과 특징, 제품의 효용 등 대상에 대한 지시적 언급이 포함되기 때문이다. 이 두 가지 기능만 잘 발휘된다면, 일단 광고가 추구하는 목적은 얼마만큼 달성할 수 있다고 본다. 호소 기능과 지시 기능을 중심으로 하여, 다른 기능들은 이들이 잘 발휘되기 위해 사용되는 부차적인 기능이라고 생각할 수 있다.

## (2) 구체적인 기능적 특성

그러면 Jakobson(1960)이 제시한 언어의 기능을 바탕으로 라디오 광고에서 말이 갖는 기능을 살펴보도록 한다. Jakobson(1960)의 6가지 언어의 기능 중 여기에서 주로 언급될 것은 지시 기능과 호소 기능으로 분류될 수 있는 것들이며, 표현 기능과 미학 기능으로 분류될 수 있는 것들도 일부 언급될 것이다.

그러나 교감 기능과 분석 기능은 언급에서 제외하였다. 교감 기능을 제외한 것은 교감 기능이 미디어와 관련된 기능이기 때문이다. 전달되는 의미와는 관련 없이 전달하는 미디어가 정상적으로 활용되고 있는지를 확인하는 기능이 바로 교감 기능인데, 라디오 광고에서는 라디오라는 미디어가 이미 전제가 되어 있으므로 미디어의 정상적 활용여부는 검증할 필요가 없다고 생각된다. 분석 기능을 제외한 것은 라디오 광고에서는 이미 청취자들에게 익숙한 말(≒한국어[29])을 사용하기 때문에 그것이 대상 언어가 되었건, 분석 언어가 되었건 의사소통에는 영향을 미치지 않는다고 보기 때문이다.

먼저, 지시 기능에 포함될 수 있는 광고 언어의 기능을 살펴보기로 하겠다. 첫 번째로 제품 특성부각 기능을 들 수 있다. 광고 안의 제품이 경쟁 제품과 우월한 특성을 갖고 있다면, 그것을 부각하는 것은 당연한 일이다. 두 번째는 용도설명 기능을 들 수 있다. 제품의 특성과 제품의 용도는 다르다. 제품의 특성은 개발한 사람의 입장에서 해석한 것이라면, 제품의 용도는 사용하는 사람의 입장에서 해석한 것이다. 따라서 같은 지시 기능 안에서도 그 관점은 조금 다르다. 세 번째는 명시 기능이다. 광고의 주체가 되는 기업명, 광고의 주제가 되는 제품명을 명시해줌으로써 이 광고가 어떤 기업, 어떤 제품의 광고임을 밝힌다.

---

29) 대부분의 라디오 광고에서는 한국어가 사용된다. 그러나 일반적인 소비자들이 이해할 수 있는 수준의 영어 및 기타 외국어의 사용이 없는 것은 아니다.

호소 기능에 포함될 수 있는 것으로는 첫 번째로 제품의 효용설명 기능을 들 수 있다. 제품의 효용은 그 제품을 사용함으로써 소비자가 느낄 수 있는 만족감을 말한다. 두 번째로는 소비자층 규정 기능이다. 사용된 말에 의해 그 제품의 주 구매자가 되는 소비자층을 규정할 수 있다. 주로 구체적으로 소비자층을 지적해 주거나, 소비자층들이 자주 사용하는 말투30)를 사용함으로써 이루어진다. 세 번째로는 가치제시 기능이다. 그 제품을 사용함으로써 소비자는 어떤 심리적 가치를 느낄 수 있는가 하는 것을 표현해 준다. 가치란 사회적 관계 속에서 그 제품 을 사용함으로써 느낄 수 있는 심리적 만족감을 말한다.

미학 기능에 포함될 수 있는 것은 첫 번째로 배경설정 기능을 들 수 있다. 영상이나 그림, 사진을 사용할 수 있는 텔레비전이나 신문, 잡 지 광고와는 달리 라디오 광고는 모든 것들을 말로 표현해야 한다. 따 라서 시각적 언어를 사용하여 광고의 배경을 설정해 줌으로써 광고에 대한 이해를 높일 수 있다. 두 번째는 흥미제고 기능이다. 여기서 말하 는 흥미라는 것은 유머만을 이야기하는 것은 아니다. 설사 매우 진지 한 내용이라도 청취자가 끝까지 관심을 갖고 들을 수 있도록 한다면 그것은 흥미로운 것이다. 제품에 관련된 많은 사항을 전달해 주는 것 도 중요하지만, 정보 일변도의 광고는 자칫 건조해지기 쉬워 청취자들 로부터 외면받기 쉽다. 따라서 흥미를 유발하는 표현을 사용함으로써 청취자들의 관심을 끌고, 한번 끌어들인 청취자들의 관심을 끝까지 놓 치지 않도록 하는 것이다.

그리고 표현 기능에 포함될 수 있는 것으로는 의지부각 기능을 들 수 있다. 주로 기업 광고에서 많이 등장하는 것으로, 사회나 소비자에

---

30) 채팅에서 사용되는 각종 이모티콘들이 그 예가 될 수 있다.

대한 기업의 약속을 담고 있다.

이상의 내용을 표로 정리하면 다음과 같다.

| Jakobson의 언어 기능 | 하위 분류 |
|---|---|
| 지시 기능 | 제품 특성부각 기능<br>용도설명 기능<br>명시 기능 |
| 호소 기능 | 제품의 효용설명 기능<br>소비자층 규정 기능<br>가치제시 기능 |
| 미학 기능 | 배경설정 기능<br>흥미제고 기능 |
| 표현 기능 | 의지부각 기능 |

## (3) 예를 통해 본 기능적 특성

이상의 기능들이 실제 라디오 광고 언어에서 어떻게 활용되고 있는
지를 몇 편의 예를 들어 살펴보기로 한다.

(24)
① [여]  푹푹 찌는 이 더위에
         시원한 물냉만 한 게 어디 있나요?
②        냉면집 가기도 힘들다고요?
③        이제, 오뚜기 물냉으로 간편하고 맛있게
         집에서 만들어 드세요.
④ [Na] 맛있고 간편한 신세대 냉면,
⑤        오뚜기 물냉.
⑥ [여]  매콤한 비냉도 인기에요.          〈물냉비냉 / 오뚜기〉

광고 (24)는 크게 6개의 부분으로 나눌 수 있다.[31] 이들이 광고 안에서 수행하고 있는 기능을 위에서 논의된 바에 따라 분석해 본다. ①은 배경설정 기능을 수행하고 있다. 더운 여름이 되면 물냉면이 생각난다는 내용을 통해 이 광고의 시간적 배경이 여름이며, 여름의 대표적인 음식인 물냉면이 등장할 것임을 암시하고 있다. ② 역시 배경설정 기능을 수행하고 있다. ①에서 제시된 바와 같이 냉면이 먹고 싶어도 쉽게 가지 못하는 불편한 상황을 보여주고 있다. ③은 효용설명 기능이다. 이를테면, 냉면이 맛있다는 내용에만 그친다면 이것은 특성부각 기능을 수행하고 있는 것이 된다. 하지만, 맛과 함께 간편하다는 것을 전달해 주고 있기 때문에 효용설명 기능으로 볼 수 있다. ④는 특성부각 기능이라고 말할 수 있다. 광고의 핵심이 되는 부분으로 제품에 관해 가장 정확하게 규정해 주고 있는 부분이다. ⑤는 명시 기능이다. 제품명을 정확히 말해주고 있다. ⑥은 광고 전체의 내용과는 달리 부가적으로 사용된 부분이다. 이는 효용설명 기능으로 볼 수 있다. ③에서와 마찬가지로 비냉 제품이 갖고 있는 장점으로부터 '인기'를 이끌어냈기 때문이다.

(25)
① 저희가 힘들다고
  여러분까지 힘들게 한다면
  그건 이미 대우자동차가 아닙니다.

---

31) 여기서 광고를 나누는 기준은 문장이다. 문장은 생각을 담는 기본 단위이다. 광고란 항상 설득을 전제로 하기 때문에, 설득하기 위한 의도가 담겨 있다. 그러한 의도를 세분화해서 보려면 전반적인 의도를 통합적으로 표현하기 위한 개별 생각들을 살펴볼 필요가 있으며, 그렇기 때문에 생각의 기본 단위인 문장단위로 광고를 나누어 보도록 한다.

② 단 하나의 서비스도 변함없이!
③ 미래는 바뀝니다.
④ 대우자동차.                    〈기업광고 / 대우자동차〉

광고 (25)는 4부분으로 나누어 볼 수 있다. 그 중 ①과 ②는 의지부
각 기능이라고 말할 수 있다. 제품의 판매를 위한 것이라기보다는 기
업이 고객에게 하는 약속과 고객에 대한 각오를 표현한 부분이기 때문
이다. ③은 가치제시 기능이라고 말할 수 있다. 제품의 특성이나 효용
에 의한 만족이 아니라, 기업의 약속에 의한 감성적인 측면의 만족을
제공받을 수 있음을 표현한 내용이기 때문이다. ④는 명시 기능이다.
광고의 주체인 기업명을 말해주고 있다.

(26)
① [남] 아, 가그린!
②      나를 위해 하느냐?
③      남을 위해 하느냐?
④      그것이 문제로다.
⑤ [여] 어머, 몰랐어요?
⑥      충치예방을 하니까 집에서는 나 좋고,
        입 냄새를 제거하니까 밖에서는 남 좋죠.
⑦ [Na] 동아제약 가그린.
⑧      습관되면 좋다.                    〈가그린 / 동아제약〉

광고 (26)의 ①~④는 모두가 흥미제고 기능이라고 말할 수 있다.
제품에 대해 이야기해준다기보다는 재미있는 말투32)로 청취자들의
관심을 끌어가고 있기 때문이다. ⑤ 역시 흥미제고 기능이라고 말할

---

32) 햄릿에 나오는 "죽느냐, 사느냐, 그것이 문제로다." 라는 대사를 패러디한 듯함.

수 있다. 질문을 던짐으로 해서 청취자로 하여금 그 답을 듣기 위해
귀를 기울이게 하기 때문이다. ⑥은 용도설명 기능이다. 제품이 갖고
있는 용도를 다양하게 보여줌으로써 제품을 사용해야 하는 이유를 말
해주고 있다. ⑦은 명시 기능이며, ⑧은 가치제시 기능이다. 제품의
사용을 습관화함으로써 개인적으로는 충치에 대한 걱정을 덜 수 있고,
주변 사람들로부터는 입냄새 나지 않는 깔끔한 사람으로 인정받을 수
있음을 암시하고 있기 때문이다.

(27)
① 하루에 12시간 이상을 운전하시는
   택시 기사님들을 위하여
   기아가 힘 좋고 조용한 택시를 선보입니다.
② 동급 최강 123마력 DOHC,
③ 11가지 소음대책.
④ 2001년형 옵티마 택시.
⑤ 이제 옵티마 택시로 한층 올라오십시오.
⑥ 기아자동차.                          〈옵티마 택시 / 기아자동차〉

광고 (27)에서 ①은 소비자층 규정 기능이다. '하루에 12시간 이상
을 운전하시는 택시 기사님들'이라는 표현을 통해 이 광고가 어떤 소
비자를 대상으로 하는지가 명확히 규정되고 있다. 이렇게 구체적으로
소비자층을 언급하는 방법도 있겠지만, 특정 소비자층이 잘 쓰는 말을
사용하여 소비자층을 규정하는 방법도 있다.[33] ②~③은 특성부각 기
능이다. 제품이 갖고 있는 기능적 특성을 구체적으로 언급해 주고 있

---

[33] 예를 들어, 통신 언어를 사용한다면 그것은 10대나 20대를 대상으로 하는 것임을
    알 수 있다.

다. ④는 명시 기능이다. 이 광고의 주체가 어떤 제품인지를 명확하게 이야기해 주고 있다. ⑤는 가치제시 기능이다. 개선된 자동차로 바꿈으로써 소비자에게 어떤 심리적 만족이 있는가를 제시하고 있다. ⑥은 명시 기능이다.

# 제4장

# 미디어 글쓰기의 구성요소

## – 라디오 광고의 기능별 구성요소

# 1. 라디오 광고의 기능별 구성요소

라 디 오 글 쓰 기 를 통 해 본 미 디 어 글 쓰 기

앞에서 우리는 라디오 광고에서 사용되는 말의 다양한 양상들 중, 기능적 특성을 살핀 바 있다. 말이 기능한다는 것은 목적성을 갖고 있다는 것이다. 라디오 광고의 목적은 당연히 소비자인 청취자들에게 메시지를 명확히 전달함으로써 제품에 대한 호감도를 촉발하고, 나아가 제품을 구매하도록 유도하는 데 있다. 그러한 목적을 달성하기 위해 라디오 광고는 어떻게 이루어져 있는가.

라디오 광고를 하나의 구조라고 본다면, 그것은 늘 요소들을 전제로 한다. 요소들이 모여 하나의 구조를 이루기 때문이다. 따라서 구조의 연구는 먼저 그 구조를 이루는 요소를 파악하는데서 시작한다. 구조란 결국 요소들의 집합이며, 그 구조가 전달하고자 하는 의미는 요소들 간의 관계에 의해서 결정되기 때문이다.

그러므로 여기에서는 라디오 광고를 하나의 구조로 보고, 먼저 그것을 이루는 요소들을 추출해보고자 한다. 추출의 기준은 각각의 요소들이 갖고 있는 기능이다. 개별 요소들이 각각의 역할분담을 통해 기능을 발휘하고, 그것이 종합되고 조직화되어 라디오 광고라는 하나의 구

조를 어떻게 이루고 있는지를 파악하고자 하는 것이다.

광고란 어차피 여러 요소가 모여서 만들어지는 것이기 때문에 광고를 하나의 구조로 보고, 그 요소들을 연구하는 것은 일면 당연한 연구의 방법인지도 모른다. 하지만, 라디오 광고는 물론이고 광고 전반에 걸친 구조와 구성요소에 관한 연구는 매우 미흡한 형편이다. 그나마 신문이나 잡지에 게재되는 인쇄 광고 언어의 구성요소들을 그 기능에 따라 분류해 놓은 것은 몇몇이 존재한다. 하지만, 전파 광고에 대해서는 그러한 연구가 이루어지지 않고 있다.

그 이유는 인쇄 광고의 경우 기능별로 분류된 각 요소들이 시각적으로 그 차이가 쉽게 드러나지만, 전파 광고는 그렇지 않기 때문이다. 인쇄 광고는 텔레비전 광고와는 달리 소리나 영상 등의 도움 없이 오직 시각적인 자극을 통해서만 전달되기 때문에 언어적 요소들 중에서 강조해야 할 부분은 시각적으로 더욱 강조하고, 상대적으로 비중이 크지 않은 것들은 다소 미약하게 처리함으로써 그 광고가 전하고자 하는 메시지의 명확성과 메시지 전달의 효율성을 높여가고 있다. 이를테면 표제부(headline)는 일반적으로 가장 잘 보이는 위치에 가장 크게 자리잡고 있게 마련이며, 상대적으로 본문(body copy)이나 소설명(caption) 등은 미약하게 처리된다. 따라서 선행 연구자들은 시각적으로 쉽게 드러나는 기능에 의거, 인쇄 광고의 요소들을 분류해왔다.

하지만 텔레비전이나 라디오 광고 등 전파 광고의 경우에는 문제가 다르다. 인쇄 광고처럼 그 기능이 시각적으로 드러나지도 않는다. 그렇다고 해서 청각적으로 그 차이가 쉽게 나타나는 것도 아니다. 차이가 외형적으로 드러나는 것은 발화의 주체이며, 텔레비전 광고의 경우 자막과 같이 시각적으로 처리되는 것들뿐이다. 따라서 기존 논의들 역시 전파 광고의 구성요소는 단순히 발화의 주체를 중심으로 분류하고 있는데 그치고 있다. 따라서, 인쇄 광고의 경우와 같이 그 기능을 중심으로 구성요소를 분류해 내고 그들의 조합에 의한 광고 언어의 구조를 파악해낼 때 그 광고가 전하고자 하는 의미를 좀 더 명확히 파악할 수 있을 것이다.

김정우(2003b:57~68)에서는 기존의 연구자들과는 다른 관점에서 기능별로 분류된 라디오 광고의 기능별 구성요소들을 제안하였다. 인쇄 광고처럼 시각적인 차이를 보이지 않을 뿐, 라디오 광고 속에서도 각각의 언어적 표현들이 갖는 기능과 그들이 수행해내는 역할들이 분명히 있다. 그것을 발화의 주체라는 차원에서 파악할 것이 아니라, 각각의 요소들이 광고 언어가 전달하고자 하는 핵심적인 의미를 전달하기 위해서 어떻게 기능하고 있는가를 파악해내는 것이 그 분류의 기준이다. 김정우(2003b)에서는 라디오 광고 언어의 기능별 구성요소로 주제부, 명시부, 배경부, 효과부, 설명부, 권유부, 부가부 등 7가지를 제시하고 있다. 먼저, 기능을 기준으로 분류된 이들 7가지 기능별 구성요소들이 앞에서 고찰된 라디오 광고 언어의 기능과 어떻게 대응하는지를 표를 통해 살펴보기로 하자.

[언어의 기능과 기능별 구성요소]

| Jakobson의 언어의 기능 | 라디오 광고 언어의 기능 | 기능별 구성요소 |
|---|---|---|
| 지시 기능 | 특성부각 기능 | 주제부, 부가부 |
| | 용도설명 기능 | 설명부, 권유부, 부가부 |
| | 명시 기능 | 명시부 |
| 호소 기능 | 효용설명 기능 | 설명부, 권유부, 부가부 |
| | 소비자층 규정 기능 | 배경부 |
| | 가치제시 기능 | 주제부, 권유부, 부가부 |
| 미학 기능 | 배경설정 기능 | 배경부 |
| | 흥미제고 기능 | 효과부 |
| 표현 기능 | 의지부각 기능 | 주제부 |

앞에서 이미 Jakobson(1960)이 제시한 언어의 기능과 대응되는 라디오 광고에서 말이 갖는 기능적 특성에 대해서는 각각 설명한 바 있다. Jakobson(1960)에서 제시하고 있는 언어의 기능에 대응되는 라디오 광고 언어의 기능들은 명확히 분리되어 있다. 그리고 Jakobson(1960)이 제시한 기능 속에서 세분화된 라디오 광고 언어의 기능들도 명확하게 분리되어 있다. 그 기능들은 연관성을 갖고 있다기보다는 개별성이 강하다. 예를 들어, 특성부각 기능과 소비자층 규정 기능 간의 어떤 연관성은 없는 것이다. 라디오 광고 언어의 기능은 단순히 한 편의 라디오 광고의 내용을 분석해보기 위해 제시된 것이기 때문에, 상호간의 연관성이 그리 중요하지는 않다고 본다.

하지만, 기능별 구성요소들은 라디오 광고 언어의 기능들과 1대1 대응이 되지 않는 것을 볼 수 있다. 그것은 위에서도 언급하였듯이 기능별 구성요소의 분류가 단순한 내용에 의한 분류가 아니라 기능에 의한 분류이기 때문이다. 위의 라디오 광고 언어의 기능에서는 같은 내용일 때 같은 기능을 갖는다. 하지만 라디오 광고 언어의 기능별 구성요소는 같은 내용이어도 그 쓰임에 따라 다른 기능을 갖는다. 이 점이 라디오 광고 언어의 기능과 라디오 광고 언어의 기능별 구성요소간의 차이이다.

예를 들어, 특성부각 기능은 주제부, 부가부와 대응되어 있는 것을 볼 수 있다. 라디오 광고 안에서 제품의 특성을 부각하는 내용이 주제부가 될 수도 있고 부가부가 될 수도 있다는 뜻이다.

각각의 기능별 구성요소에 관해서는 앞으로 자세히 설명하겠지만, 제품의 특성을 부각하는 내용이 광고 전체의 주제가 된다면 주제부로, 광고의 내용과는 동떨어진 부가적인 부분으로 사용된다면 부가부로 분류될 수 있다. 각 구성요소들은 서로간의 역할 분담을 통해 광고 언어의 구조를 만들고, 전달 효율을 높인다. 다시 말해, 기능별 구성요소들은 분해를 전제로 한 라디오 언어의 기능과는 달리 구조화를 전제로 제시되는 것이다. 그런 면에서 라디오 광고 언어의 기능과 기능별 구성요소는 구분된다.

이제 각각의 기능별 구성요소들을 정의하고, 그것들이 어떤 자질들을 갖고 있는지를 파악해 보도록 한다. 그리고 그 기능별 구성요소들이 광고 언어 안에서는 어떻게 사용되고 있는지 실제 광고의 예를 들어 살펴보고, 같은 전파 광고인 텔레비전 광고 언어와의 비교를 통해 그 유용성을 검증해 보기로 한다.

## 광고의 핵심 메시지를 담은 - 주제부

주제부는 말 그대로 라디오 광고의 주제가 되는 부분을 말한다. 주제부를 다른 말로 하면 광고의 핵심 메시지이다. 핵심 메시지는 그 광고를 만들기 위해 사전에 수립하는 광고전략에 의해 만들어지는 것으로써, 궁극적으로 그 광고를 접한 소비자의 마음속에 남기고 싶은 내용을 말한다.

주제부는 크게 설명적인 주제부와 이미지적인 주제부로 나눌 수 있다. 설명적인 주제부는 제품의 기능, 효용 등을 직접적으로 표현한 것을 말한다. 제품이 U.S.P.[34]를 갖고 있거나, 경쟁제품과 공통적으로 갖고 있는 장점이지만 아직까지 광고에서 부각된 적이 없는 내용을 강

---

34) Unique Selling Proposition의 머리글자를 딴 것으로, 그 제품만이 갖고 있는 독특한 판매제안점을 말한다.

조하려 할 때 사용된다. 이미지적인 주제부는 제품에 특정한 이미지를 부여하기 위한 표현이라고 말할 수 있다. 광고를 통해 그 제품만이 갖는 독특한 이미지를 만들어감으로써 다른 제품과의 차별화를 도모할 때 사용된다. 제품이 특별한 장점을 갖고 있지 않을 때, 혹은 생활 속에 깊이 자리잡고 있어 제품의 강점만으로는 그 제품에 대한 부각이 어려운 경우에 사용된다.

이러한 사용양상들이 명확하게 규정되어 있는 것은 아니다. 상황에 따라 얼마든지 달라질 수 있다. 예를 들어 경쟁제품들이 모두 설명적인 주제부를 사용하였을 때, 적절한 이미지를 찾아내어 이미지적인 주제부를 사용한다면 그로 인해 광고가 차별화될 수 있는 계기를 마련할 수 있다. 설명적인 주제부의 예는 다음과 같다.


(1)
가. [랩]　안녕하세요, 여러분!
　　　　대한민국 소형차에
　　　　새 천년의 새로운 바람을 몰고 올
　　　　기아자동차 리오입니다, 리오~
　　　　MI-TECH 엔진의 108마력 출력을 느껴보시죠.
　　　　자! 리오를 타 보세요! 네에!
　　　　기아자동차.　　　　　　　　　〈리오 / 기아자동차〉

나. [Na]　문제는 장내 유해균.
　　　　　메치니코프는 처음부터
　　　　　깨끗한 장을 생각했습니다.
　　　　　깨끗한 장, 건강장수의 시작입니다.
　　　[Song] 메치니코프~
　　　[Na]　한국야쿠르트.　　　　　〈매치니코프 / 한국야쿠르트〉

(1가)는 엔진의 힘이 좋다는 사실을 구체적인 수치로 표현함으로써 리오가 다른 자동차들보다 성능적으로 우월하다는 특성을 부각하려 하고 있다. (1나)는 단순한 음료가 아니라, 장 건강에 기여하는 매치니 코프의 효용을 부각하고 있다.

반면 이미지적 성격을 가진 주제부의 예는 다음과 같다.

(2)

가. [여]    선배님, 그동안 힘드셨죠?
　　　　　시험 보러 가기 전에 제가 드린 초코파이 꼭 드세요.
　　　　　왜 초코파이는 情이잖아요. 정답만 쓰시라고요.
　　　　　맘속으로 열심히 응원할게요.
　　[Na]   **情은 따뜻한 힘이 됩니다.**
　　　　　오리온 초코파이 情.　　　　　〈초코파이 情 / 동양제과〉

나. [고객1] 어디에 맡겨야 안심이 될지.
　　[고객2] 전통있는 회사!
　　[고객3] 대투죠.
　　[고객4] 대한투자신탁증권.
　　[고객5] 증권업무도 한다죠?
　　[고객6] 애쓰는 게 눈에 보여!
　　[고객7] 마음이 놓이는 이유!
　　[고객8] 대투에 맡겼으니까…
　　[고객9] 대투니까!
　　[고객10] 대투니까!
　　[고객11] 안심이죠.
　　[Na]    **대투니까 안심!**
　　[Song]  대한투자신탁증권.　　　〈기업광고 / 대한투자신탁증권〉

(2가)에서는 제품명과 사람과 사람 사이에 오가는 정을 결합시켜 제

품에 대한 호감도를 높이고 있으며, (2나)에서는 금융회사가 가져야 할 가장 중요한 이미지 항목인 신뢰를 강조함으로써 자사에 대한 이미지적 확신을 심어주고 있다.

주제부는 모든 라디오 광고에서 공통적으로 사용된다. 주제부의 다른 말인 핵심 메시지가 없는 라디오 광고란 전파와 비용의 낭비에 불과하기 때문이다. 따라서 모든 라디오 광고들은 주제부의 표현이 얼마나 명확하고 참신하게 되었느냐에 따라 그 성패를 가늠할 수 있을 것이다.

## 광고의 주체를 명확히 담고 있는 – 명시부

명시부는 그 광고의 주체가 되는 기업이나 제품명 등을 알려주는 역할을 한다. 모든 광고에는 그 광고의 주체가 명시되어 있다.[35] 광고의 목적은 제품에 대한 정보 제공과 함께 그 제품의 판매에 있으므로 광고 안에서 광고의 주체가 명시되어 있지 않다면 그러한 목적의 달성은 애초부터 불가능하기 때문이다.

여기에서는 제품이나 기업에서 사용하는 슬로건들도 명시부에 포함시켰다. 슬로건은 특정 제품, 특정 기업의 모든 광고에 제품명이나 기업명과 함께 사용되는 것이며, 그 제품이나 기업만이 사용하는 독특한 언어적 표현이므로 명시부에 포함시켜도 무방하다고 판단하였기 때문이다.

다음의 예문들은 명시부가 사용되는 다양한 예이다.[36]

---

35) 그렇지 않은 예로는 티저(teaser) 광고가 있다. 일부러 광고주나 제품에 대한 정보를 숨겨 소비자들로 하여금 호기심을 갖게 하여 다음에 이어지는 광고를 기대하도록 하는 것이 티저 광고의 목적이다.

36) 여기에서는 명시부의 사용양상만을 살펴보는 것이어서 광고 전문을 수록하지는

(3)

| 가. 니어워터 오투! 남양유업. | 〈니어워터 오투 / 남양유업〉 |
| 나. 매그너스 택시 탄생! | 〈매그너스 택시 / 대우자동차〉 |
| 다. 큰 행복, 큰 금융, SK증권. | 〈프라이든 닷컴 / SK증권〉 |
| 라. 나만의 자유, 산타페. | 〈산타페 / 한국야쿠르트〉 |

(3가)는 제품명과 기업명이 함께 사용된 예이며, (3나)는 제품명만
이 사용되고 기업명은 생략된 예이다. (3다)는 제품명이 생략되고 기
업 슬로건과 기업명이 사용된 예이며, (3라)는 기업명이 생략된 채 제
품 슬로건과 제품명만이 사용된 예이다. 즉, 단순히 제품명과 기업명
만이 사용된 경우와, 제품이나 기업의 슬로건이 함께 사용된 경우 등
2가지 양상이 있음을 알 수 있다.


## 광고를 빛내주는 상황적 배경 – 배경부

배경부는 주제부, 혹은 제품을 돋보이게 하기 위한 상황적 배경이
되는 부분이다. 상황적 배경이 사용되는 이유는 광고 메시지의 전달을
보다 원활하고 부드럽게 하기 위해서이다. 만일 광고에서 일방적으로
주제부만을 이야기한다면 그 광고는 매우 딱딱하고 건조해질 우려가
많다. 또 자화자찬식이 될 가능성도 높다. 이런 광고들은 당연히 소비
자들에게 외면받기 쉽다. 소비자들이 갖고 있는 광고에 대한 막연한
거부감이나 경계심이 강화되기 때문이며, 듣는 소비자들을 고려한 광

---

않았다. 명시부는 단순히 제품명, 혹은 기업명을 전달하는 기능만을 갖고 있기 때
문에 그 사용양상은 광고의 맥락과는 큰 관련이 없기 때문이다.

고라기보다는 광고주의 메시지를 일방적으로 강요한 결과를 낳게 되기 때문이기도 하다.

따라서 광고 안에서 주제부, 혹은 핵심 메시지를 소비자들에게 부드럽게 전달하는 역할을 담당할 부분이 필요한데, 그것이 바로 배경부이다. 텔레비전 광고에서 제품의 특장점만을 이야기하지 않고 다양한 영상이나 재미있는 에피소드 등을 함께 사용하는 것과 마찬가지이다.

배경부는 크게 두 가지로 나누어 볼 수 있다. 첫 번째는 제품이 담겨 있는 배경부이다. 제품이 사용되고 있는 상황, 제품의 효용을 느낄 수 있는 상황, 제품으로 인해 일어나는 에피소드 등을 제시하여 소비자들을 자연스럽게 핵심 메시지로 이끌어간다.

(4)
가. [한석규] 한석규입니다.
　　　　　　TV로 영화를 볼 때도
　　　　　　제가 주인공이 되곤 하죠.
　　　　　　실감나는 영상에 빠져들다 보면
　　　　　　꼭 영화 속에 있는 것 같거든요.
　　[Na]　LG의 대화면 디지털 TV, 엑스캔버스.
　　[한석규] 빠져드는 영상, 엑스캔버스!　　〈엑스캔버스 / LG전자〉

나. [손님] 요즘 택시마다 이 리베로 광고네.
　　[기사] 아, 이 리베론 광고하면 안 되는데...
　　[손님] 왜요?
　　[기사] 사람들 많이 모이면 접속만 느려지잖아요!
　　[손님] 에이~ 대용량 서버라 접속이 빨라요!
　　　　　　게다가 직원용 화면으로 정보 알차죠,
　　　　　　인터넷까지 무료니까!
　　[기사] 그래서 손님마다 이 리베로, 이 리베로 하는구만!

[Na]　사이버 투자의 강자, 현대증권 이 리베로.

〈e-리베로 / 현대증권〉

(4가)에서는 모델이 제품을 사용하면서 받은 느낌을 이야기하고 있다. 마치 제품 앞에 서서 제품에 관해 설명하는 듯한 상황을 연출함으로써 소비자들은 자연스럽게 그의 설명에 귀를 기울이게 된다. (4나)에서는 이 리베로에 대한 택시기사와 손님의 대화 상황을 그려주고 있다. '요즘 택시마다 이 리베로 광고네.'는 택시에도 광고가 붙어있을 정도로 일반화되어 있다는 것을 말하는데, 그만큼 우리 주변에서 이 리베로가 많이 눈에 띈다는 상황을 표현해 주고 있다. '아, 이 리베론 광고하면 안 되는데…'와 '사람들 많이 모이면 접속만 느려지잖아요!'는 제품의 사용 상황을 표현하고 있다. 광고를 많이 하면 사람들이 많이 모여 사용할 때마다 느려져 불편하다는 상황을 말해주고 있다. 이 두 예를 통해 보면, 배경부는 생활 속에 제품이 있는 상황을 시각화해 주는 역할을 하고 있다고 말할 수 있다.

두 번째는 제품이 담겨있지 않은 배경부이다. 그렇다고 해서 광고하는 제품과 아주 동떨어진 것은 아니다. 비록 상황 안에 제품이 직접 등장하지는 않더라도 제품과 이미지적인 연관성을 갖고 있어 제품이 등장하였을 때 거부감을 느끼지 않는 상황을 말한다. 대체로 재미있는 에피소드나 엉뚱한 상황을 제시함으로써 소비자들을 자연스럽게 광고에 몰입하도록 한다.

(5)

가. [Na] 제3회 산타페 광고 공모전 수상작입니다.

　　[남] <u>우울할 땐 기분 좋은 것들을 생각해요.</u>

햇살, 낮잠 자는 고양이, 여행, 가을날 헤이즐넛.
하~ 이 느낌을 다 어떻게 담은 거지.
[Na] 나만의 자유 - 산타페.　　　　　〈산타페 / 한국야쿠르트〉

나. [여] 선배님, 그동안 힘드셨죠?
시험 보러 가기 전에
제가 드린 초코파이 꼭 드세요.
왜 초코파이는 情이잖아요. 정답만 쓰시라고요.
맘 속으로 열심히 응원할게요.
[Na] 情은 따뜻한 힘이 됩니다.
오리온 초코파이 情.　　　　　〈초코파이 情 / 동양제과〉

(5가)는 '기분 좋은 것들'의 이미지를 통해 자연스럽게 제품의 이미지를 떠올리게 한다. 햇살, 낮잠 자는 고양이, 여행, 가을날 헤이즐넛 등이 이어지며 자연스럽게 사람을 기분 좋게 만드는 향 좋은 커피를 연상하게 하는 것이다. (5나)의 경우는 (5가)와 좀 다르다. 연상되는 이미지를 이용한 (5가)와는 달리, (5나)에서는 초코파이와 시험 사이에서 어떤 연관성을 찾아내기가 쉽지 않다. 그러나 그것이 바로 이 광고에서 노리는 바이다. 연관성이 없기 때문에 소비자들은 그 연관성을 찾기 위해 광고에 관심을 갖게 된다. 그 연관성이란 초코파이 情이라는 제품명의 '정'과 정답의 '정'이 갖고 있는 동음성이다. 엉뚱한 연결이긴 하지만, 그렇기 때문에 소비자들에게 기억되는 힘이 있다고 본다.

이렇게 두 가지로 사용되는 배경부를 살펴보면, 배경부로서 분류되기 위해 가져야 할 자질을 발견할 수 있게 된다. 첫 번째는 '제품이 있는 상황을 시각화할 것.'이다. 언어 표현을 통해 제품이 사용되거나 등장해 있는 것을 시각적으로 느낄 수 있도록 해주고 있는 것을 말한다.

두 번째는 '제품의 등장에 대한 기대감을 줄 것.'이다. 비록 제품은 등장해 있지 않지만, 제품에 대한 연상이 가능하여 추후 제품이 등장하였을 때 거부감을 줄여주고 자연스럽게 이해될 수 있도록 해주는 부분을 말한다.

## 광고의 맛을 더해주는 - 효과부

효과부는 소비자들의 주의를 집중시키거나, 광고에서 표현되는 분위기를 증폭시키기 위해 사용된 부분을 말한다. 라디오 광고가 1차적으로 달성해야 하는 목표는 소비자들의 주의를 끄는 일이다. 병행성이 높아 소비자들이 주의깊게 듣지 않는 라디오의 경우에는 그러한 문제가 더욱 심각하다. 이러한 문제를 해결하기 위해서는 효과부의 적절한 활용이 필요하다. 소비자들의 주의를 집중시키고 청각적인 재미를 높여 소비자들이 좀 더 광고에 몰입하도록 함으로써 메시지 전달의 효율성을 높여줄 수 있기 때문이다. 라디오 광고 언어에 있어 효과부에 포함될 수 있는 것은 다양하다. 단, 여기서 말하는 효과부는 라디오 광고에서 사용되는 음향 효과(sound effect)와는 다른 것이다. 여기에서 말하는 효과부는 언어의 사용과 관련된 문제이며, 그 밖의 소리들로 구성된 음향 효과는 본 언급의 대상이 아니다.

효과부의 사용은 크게 세 부류로 나눌 수 있다. 첫 번째는 도입부에서 사용되는 것이다. 먼저, 라디오 광고에서 인기인을 모델로 사용했을 경우, 도입부에 '안녕하세요, ○○○입니다.'라고 그 이름을 밝힌다. 모습을 보여줄 수 없기 때문에 도입부에서 인사하게 함으로써 인기인이 모델로 등장하고 있음을 알려준다. 그 경우, 인기인이 나왔다는 사실만으로도 소비자들의 주의를 끌 수 있다. 개인적으로 좋아하지 않는 사람이라도 인기인이 나옴으로 해서 소비자들은 좀 더 주의깊게 들으려 하기 때문이다. 때로는 인기인이 아니더라도 개인이 자신의 이름을 밝히며 등장하는 경우가 있다. 이 경우도 그냥 일반적으로 표현으로 작성된 도입부보다는 훨씬 더 주의를 끌 수 있다. 때로는 도입부에서 강한 인상을 주는 말을 사용함으로써 소비자들의 주의를 끌기도 한다. 시작부터 소비자들에게 질문을 한다든지, 독특한 형태의 언어를 사용하는 것이 그 예이다.

(6)

가. [양진석] <u>안녕하세요, 양진석입니다.</u>

　　　　　차도 사람이 사는 공간,

　　　　　공간을 바꾸면 가족의 행복도 배가 되죠.

　　[Na]　탄생, 2002년형 카렌스.

　　[양진석] 좌석배치도 내 맘대로.

　　　　　가족 모두 편안하게.

　　　　　이게 바로 공간연출 아닙니까.

　　[Na]　2002년형 카렌스, 기아자동차.　　〈카렌스 / 기아자동차〉

나. [여1] <u>요즘 울산에 이만한 아파트 보셨어요?</u>

　　　　　무거동이라 살기 좋지 - 첨단 아파트라 편리하지!

　　[여2] 정말?

　　[여1] 그래, 무거동 쌍용 스윗닷홈.

　　[Na] 모델하우스 문화예술회관 맞은 편.

　　　　　052) 268-0023.

　　[여1] 중도금 부담이 확 줄었대요~

　　　　　　　　　　　〈울산 무거동 스윗닷홈 / 쌍용건설〉

다. [여] <u>영수야~ 도시락!</u>
　　[Na] 대한민국 아줌마는 버스보다 빠르다.
　　　　 빠르게 캐낸다, 케토톱!
　　　　 관절염, 빠르게 캐내십시오.
　　　　 케토톱.
　　[여] 관절 파이팅! 케토톱 파이팅!　　　　〈케토톱 / 태평양제약〉

　(6가)는 건축 설계사로 유명한 모델을 등장시켜 자동차 내의 공간에 관해 이야기하게 하고 있다. 도입부에 이름을 밝히고 인사를 함으로써 소비자들이 이 광고에 유명인이 출연했음을 알게 되고, 그로 인해 좀 더 주목하게 하는 효과를 낳을 수 있다. 만일, 유명인에 의한 도입부의 인사가 없다면, 이 광고는 단순히 전하고자 하는 내용만을 일방적으로 전달하는 광고에 그쳤을 것이다. (6나)는 도입부에서 약간은 도전적인 질문을 던지고 있다. 이 질문을 들은 소비자들은 그 해답을 찾기 위해 광고에 주목하게 된다. (6다)는 누군가를 부르는 듯한 표현을 사용함으로써 소비자들의 관심을 끌고 있다. 일상적인 상황에서도 '영수야~ 도시락!'과 같은 말을 듣게 되면 두리번거리며 어디서 나는 소리인지를 찾게 된다. 라디오 광고 역시 마찬가지이다. 이렇게 시작하는 도입부는 다른 광고에 비해 더 많은 관심을 끌게 된다.
　효과부 사용의 두 번째 부류로는 광고 중간에 사용되어 주의를 환기시키는 것이다. 일단 소비자의 관심을 끌었더라도, 광고가 천편일률적인 내용으로만 이루어져 있다면 당연히 소비자들은 지루함을 느끼고 관심을 다른 곳으로 돌릴 것이다. 따라서 광고 중간에 소비자의 주의를 환기시킬 수 있는 효과부를 사용함으로써 일단 사로잡은 소비자의 관심을 지속시켜 나갈 수 있다.

(7)

가. [여] 심봉사가 비쥬폰으로 통화를 허는디~

　　　**얼쑤~**

　　　아이고, 내 딸 청이가 보이는구나!

　　　**허이~**

　　　이걸 본 동네 사람들,

　　　얼씨구 전화기가 눈을 떴다!

　　[Na] 보면서 통화하는 디지털 영상 전화기,

　　　비쥬폰.

　　[여] 이게 꿈이냐? 비쥬폰이냐?　　　　　　　〈비쥬폰 / 씨앤에스〉

나. (SE : 도마소리, 라디오 음악소리, 전화벨 소리)

　　[남] (전화목소리)

　　　난데~ 오늘 좀 늦어!

　　　먼저 저녁 먹어.

　　[여] (실망한 듯) 네~

　　(SE : 된장찌개 끓는 소리)

　　[여] (독백) 불 위의 된장찌개가 울고 있다.

　　[아이] (아빠 흉내내며) **캬~ 시원한데!**

　　[여] **뭐? 호호호...**

　　[Na] 가족과 함께 먹는 저녁에

　　　제일 맛있습니다.

　　　다시다.　　　　　　　　　　　　　　〈다시다 / 제일제당〉

　(7가)는 판소리 형식을 빌어 만든 광고로서, 중간에 추임새를 넣어 소비자들의 주의를 환기시키고 있다. (7나)의 경우는 아빠를 흉내내는 익살스러운 표현과 웃음소리 등을 사용하여 차분한 줄거리에 반전을 줌으로써 소비자들에게 듣는 재미를 준다. 그러한 재미는 곧 광고에 대한 소비자들의 관심을 높여준다.

효과부 사용의 세 번째 부류로는 광고의 끝부분에서 재치있는 표현을 사용함으로써 소비자의 주의를 다시 한번 환기시키는 것이다. 대체로 광고 안에서 제시된 상황을 짧은 말로 정리하거나, 주제부의 내용과 관련된 힘있는 말인 경우가 많다. 김원규(1993:184)는 이를 훅(hook)이라고 하면서, 마음에 남는, 또한 강한 그 무엇이라고 정의하였다.

(8)

가. [여] 심봉사가 비쥬폰으로 통화를 허는디~

얼쑤~

아이고, 내 딸 청이가 보이는구나!

허이~

이걸 본 동네 사람들,

얼씨구 전화기가 눈을 떴다!

[Na] 보면서 통화하는 디지털 영상 전화기,

비쥬폰

[여] <u>이게 꿈이냐? 비쥬폰이냐?</u>　　　　〈비쥬폰 / 씨앤에스〉

나. [여] 영수야~ 도시락!

[Na] 대한민국 아줌마는 버스보다 빠르다.

빠르게 캐낸다, 케토톱!

관절염, 빠르게 캐내십시오.

케토톱.

[여] <u>관절 파이팅! 케토톱 파이팅!</u>　　　　〈케토톱 / 태평양제약〉

(8가)에서는 전체 줄거리와 연관된 표현을 사용하였고, (8나)에서는 제품명과 주제부의 내용과 연관된 표현을 사용하였다. 제품명이나 기업명을 말하면서 끝나는 일반적인 라디오 광고와는 달리, 재치있는 표현을 사용함으로써 광고를 듣고 난 소비자들에게 좀 더 강한 인상을

남길 수 있을 것이라고 생각된다.

이상의 예들로 볼 때, 효과부는 광고의 도입부, 중간, 끝부분 등에서 다양하게 사용되고 있을 것을 알 수 있다. 그러나 사용되고 있는 위치는 세 부분으로 나눌 수 있으나 사용되는 양상은 두 가지로 정리될 수 있다. 첫 번째는 '소비자의 주의를 환기시킬 것'이다. 대체로 도입부와 끝부분에서 사용됨으로써 소비자들의 주의를 끈다. 두 번째는 '소비자들의 관심을 높여줄 것.'이다. 주로 광고의 중간에 사용되어 광고의 재미를 높여줌으로써 소비자들의 관심이 지속될 수 있도록 하는 것을 말한다.

## 제품의 구체정보를 담은 − 설명부

설명부는 광고의 대상이 되는 제품의 특성이나 효용을 설명하는 기능을 수행한다. 주제부에 의해 소비자들에게 어떠한 핵심 메시지가 전달되었을 때, 소비자들은 그 메시지를 즉각 신뢰하지는 않는다. 광고에서 으레 나오는 일방적인 주장이라고 생각하여 받아들이지 않으려는 성향이 있기 때문이다. 따라서 광고에서는 설명부를 통해 제품의 특성이나 효용에 대해 설명함으로써 소비자들이 그 핵심 메시지를 신뢰해도 되는 근거를 제시해 준다.

설명부는 담고 있는 내용의 성격에 따라 두 가지로 나누어 볼 수 있다. 첫 번째는 구체적 설명부이다. 구체적 설명부는 제품에 관한 구체적인 설명을 담고 있는 것으로, 소비자들에게 제품에 대한 정확한 정보를 제공하는 목적으로 사용된다.

(9)

가. [손님] 요즘 택시마다 e-리베로 광고네.

　　[기사] 아, e-리베론 광고하면 안 되는데...

　　[손님] 왜요?

　　[기사] 사람들 많이 모이면 접속만 느려지잖아요.!

　　[손님] <u>에이~ 대용량 서버라 접속이 빨라요!</u>

　　　　<u>게다가 직원용 화면으로 정보 알차죠.</u>

　　　　<u>인터넷까지 무료니까!</u>

　　[기사] 그래서 손님마다 e-리베로, e-리베로 하는구만!

　　[Na] 　사이버 투자의 강자, 현대증권 e-리베로.

　　　　　　　　　　　　　　〈e-리베로 / 현대증권〉


나. [여1] 요즘 울산에 이만한 아파트 보셨어요?

　　　　<u>무거동이라 살기 좋지 – 첨단 아파트라 편리하지!</u>

　　[여2] 정말?

　　[여1] 그래, 무거동 쌍용 스윗닷홈.

　　[Na] 모델하우스 문화예술회관 맞은 편.

　　　　052) 268-0023.

　　[여1] 중도금 부담이 확 줄었대요~

　　　　　　　　　　〈울산 무거동 스윗닷홈 / 쌍용건설〉


　(9가)에서는 기사가 e-리베로 사용상의 불편한 점을 이야기하자, 손님이 그렇지 않다고 이야기하며 제품의 강점에 대해 자세히 설명해 주고 있다. 용량이 커서 접속이 빠르다는 점, 직원용 화면을 볼 수 있어 타사 고객들이 볼 수 없는 알찬 정보를 받을 수 있다는 점, 그리고 인터넷까지 무료로 사용할 수 있다는 점 등이 그것들이다. 제품이 갖고 있는 다양한 특징을 모두 나열해 주고 있다. (9나)에서는 제품의 가장 대표적인 특징 두 가지를 이야기해주고 있다. 아파트는 특징이 반

드시 두 가지 뿐은 아닐 것이다. 시공사의 기술력, 인테리어, 투자가
치, 주변 환경 등 다양한 특징이 있을 수 있다. 그리고 이러한 면들이
무거동 스윗닷홈에도 적용되지 않은 것은 아닐 것이다. 그러나 예문에
서는 무거동이라는 위치, 그리고 첨단 아파트라는 설비의 우수성을 특
징으로 부각시키고 있다. 많은 장점 중에 유독 이 두 가지만을 부각시
키는 이유는 한정된 시간 안에 모든 특징을 다 부각시킬 수 없기 때문
에 대표성이 있는 두 가지를 선정, 그것을 집중적으로 부각시킨 것으
로 보인다.

두 번째는 이미지적 설명부이다. 제품이 갖고 있는 특징을 설명하기
보다는 제품이 사회적으로, 아니면 소비자의 생활 속에서 어떤 의미와
가치를 갖는가를 표현함으로써 제품의 우월성을 인식시키고자 하는
것을 말한다.

(10)
가. [양진석] 안녕하세요, 양진석입니다.
　　　　　차도 사람이 사는 공간,
　　　　　공간을 바꾸면 가족의 행복도 배가 되죠.
　　[Na]　 탄생, 2002년형 카렌스.
　　[양진석] 좌석배치도 내 맘대로.
　　　　　**가족 모두 편안하게.**
　　　　　이게 바로 공간연출 아닙니까.
　　[Na]　 2002년형 카렌스, 기아자동차.　〈카렌스 / 기아자동차〉

나. [고객1] 어디에 맡겨야 안심이 될지.
　　[고객2] 전통있는 회사!
　　[고객3] 대투죠.
　　[고객4] 대한투자신탁증권.

[고객5] 증권업무도 한다죠?

[고객6] 애쓰는 게 눈에 보여!

[고객7] <u>마음이 놓이는 이유!</u>

[고객8] <u>대투에 맡겼으니까...</u>

[고객9] 대투니까!

[고객10] 대투니까!

[고객11] 안심이죠.

[Na]　　대투니까 안심!

[Song] 대한투자신탁증권.　　　　〈기업광고 / 대한투자신탁증권〉

(10가)에서는 '가족 모두 편안하게'만이 설명부는 아니다. 바로 앞의 '좌석배치도 내 맘대로.'도 설명부로 분류될 수 있다. 그러나 '좌석배치도 내 맘대로'는 제품의 구체적인 특성을 말해주는 부분이기 때문에 이미지적인 설명부에는 포함되지 않는다. '가족 모두 편안하게'는 공간이 넓고 공간활용이 다양한 자동차라는 점을 우회적으로 설명해주고 있다. (10나)의 경우는 구체적인 설명과 함께 대한투자신탁증권을 선택해야 하는 이유를 '마음이 놓인다.'라는 이미지적인 요소를 통해 설명하고 있다.

이상으로 살펴볼 때 설명부로 분류되기 위해 가져야 할 자질들을 다음의 두 가지로 규정할 수 있다. 첫 번째는 '제품의 구체적 특성을 보여줄 것.'이다. 제품이 갖고 있는 특징과 효용을 직접 설명함으로써 소비자들에게 명확하게 전달하는 기능을 갖고 있는 것을 말한다. 두 번째는 '제품의 가치를 보여줄 것.'이다. 제품의 특징을 이미지적으로 표현함으로써 소비자들로 하여금 실질적인 장점보다는 심리적으로 얻을 수 있는 가치를 느끼게 해주는 것을 말한다.

## 광고로서의 기능을 높여주는 - 권유부

권유부는 소비자의 행동을 촉발시키기 위해 사용되는 부분을 말한다. 광고는 결국 소비자들에게 '구매'라는 행동을 하도록 유도할 수 있어야 한다. 그렇기 때문에 모든 광고는 궁극적으로 권유의 기능을 수행하고 있다고 말할 수 있다. 그런 권유의 기능을 좀 더 적극적으로 수행하고 있는 것이 권유부이다. 여기서 말하는 권유부는 청유문을 뜻하는 것은 아니다. 광고에서의 청유문은 소비자가 광고문을 읽고(혹은 듣고) 그에 따라 구체적인 행동으로 옮기기를 요구한다(서은아, 2003:80). 그렇기 때문에 청유문이 권유부로 분류될 수도 있다. 하지만 여기에서 권유부로 분류하는 기준은 청유문이냐 아니냐가 아니라 권유의 기능을 수행하고 있느냐 하는 것이다. 따라서 청유문이 아니더라도 그 기능에 따라 권유부로 분류될 수 있다.

권유부는 직접적인 권유부와 유추적인 권유부로 나뉜다. 직접적인 권유부는 광고 안에서 제품의 사용을 직접 권유하는 것을 말한다. 다음은 직접적인 권유부의 예이다.

(11)
가. [랩] 안녕하세요, 여러분!
　　　대한민국 소형차에
　　　새 천년의 새로운 바람을 몰고 올
　　　기아자동차 리오입니다, 리오~
　　　MI-TECH 엔진의 108마력 출력을 느껴보시죠.
　　　**재 리오를 타 보세요!** 네에!
　　　기아자동차.　　　　　　　　　　　〈리오 / 기아자동차〉

나. [여]　푹푹 찌는 이 더위에

시원한 물냉만 한 게 어디 있나요?

냉면집 가기도 힘들다고요?

<u>이제, 오뚜기 물냉으로</u>

<u>간편하고 맛있게 집에서 만들어 드세요.</u>

[Na] 맛있고 간편한 신세대 냉면,

오뚜기 물냉.

[여] 매콤한 비냉도 인기에요.　　　　　〈물냉비냉 / 오뚜기〉

　(11가), (11나) 모두 직접적인 권유부이다. (11가)에서는 새로 나온 자동차를 한번 타보라는 것을 권유하고 있고, (11나)에서는 새로 나온 오뚜기 물냉을 집에서 만들어 먹어보라는 것을 권유하고 있다. 이러한 직접적인 권유를 사용하기 위해서는 그 제품에 관한 충분한 설명이 필요하다. 아무런 설명 없이 일방적으로 권유만을 한다면 소비자들은 받아들이지 않을 것이기 때문이다.

　유추적인 권유는 광고를 듣고 난 소비자가 권유부의 기능을 하고 있음을 유추해서 알 수 있는 경우를 말한다. 다음의 예를 보자.

(12)

가. [여1] 요즘 울산에 이만한 아파트 보셨어요?

　　　　 무거동이라 살기 좋지 – 첨단 아파트라 편리하지!

　[여2] 정말?

　[여1] 그래, 무거동 쌍용 스윗닷홈.

　[Na] <u>모델하우스 문화예술회관 맞은 편.</u>

　　　 <u>052) 268-0023.</u>

　[여1] 중도금 부담이 확 줄었대요~

　　　　　　　　　　　　〈울산 무거동 스윗닷홈 / 쌍용건설〉

나. [Na]　레쓰비 헤이즐넛.

[여]　헤이즐넛 원두를 바로 내려 캔에 담았어요.
　　　<u>이제 어디서든 원두커피가 생각날 때</u>
　　　<u>크림없이 깔끔한 헤이즐넛이에요.</u>
[Na]　바로 내린 원두커피.
　　　레쓰비 헤이즐넛.　　　〈레쓰비 헤이즐넛 / 롯데칠성음료〉

(12가)는 아파트 모델하우스의 위치와 전화번호이다. 그러나 단순히 그 위치와 전화번호를 알려주는 것이 그 목적은 아니다. 모델하우스가 어디에 있는지, 전화번호는 무엇인지를 알려줌으로써 소비자들이 모델하우스를 방문하게 하고, 궁금한 점은 전화로 문의하도록 하겠다는 의도를 담고 있는 것이다. 이것이 바로 유추적인 권유부이다. 직접 방문해보라고 이야기기하지 않아도, 전화를 해서 문의하라고 언급하고 있지 않아도, 소비자들은 그것이 문의라는 '행동'을 권유하고 있다는 사실을 알고 있기 때문이다. (12나)의 경우는 지시적인 의미로만 보면 '원두커피가 생각날 때마다 헤이즐넛이 좋은 선택이다.'라는 것이지만, 그 안에 담긴 함축적인 의미는 '원두커피가 생각날 때마다 헤이즐넛을 마시자.'이다. 따라서 유추적인 권유부의 기능을 갖고 있다고 볼 수 있다.

이상의 두 가지 사용양상을 권유부가 가져야 할 두 가지 자질로 규정하기로 한다. 첫 번째는 '제품의 사용을 직접적으로 권유할 것.'이며 두 번째는 '제품 사용을 권유하고 있음을 유추할 수 있을 것.'이다.


## 또 하나의 메시지를 담고 있는 - 부가부

부가부는 한 편의 광고 안에서 전달되는 핵심 메시지 이외에 부가적

으로 전달되는 메시지를 말한다. 부가부의 사용은 크게 두 가지로 나
눌 수 있는데, 하나는 제품과 관련된 또 다른 정보가 부가되는 경우이
며, 다른 하나는 별도의 제품과 관련된 정보가 부가되는 경우이다. 다
음은 부가부의 예들이다.


(13)
가. [여1]  요즘 울산에 이만한 아파트 보셨어요?
         무거동이라 살기 좋지 – 첨단 아파트라 편리하지!
   [여2]  정말?
   [여1]  그래, 무거동 쌍용 스윗닷홈.
   [Na]  모델하우스 문화예술회관 맞은 편.
         052) 268-0023.
   [여1]  **중도금 부담이 확 줄었대요~**
                                    〈울산 무거동 스윗닷홈 / 쌍용건설〉

나. [여]   정운택씨!
         자, 몸에 좋은 녹차베지밀.
   [정운택] 몸에 좋은 거 치고 맛있는 거 못봤는데?
   [여]   녹차베지밀은 달라.
   [Na]   산뜻한 맛, 녹차베지밀.
   (SE : 꿀꺽!)
   [정운택] 이~야! 몸에 좋은 게 맛도 좋네.
   [여]   **골프, 등산, 운전할 때도**
   [Song] **녹차베지밀.**
   [정운택] **아침엔 베지밀 참선식.**        〈녹차베지밀 / 정식품〉


(13가)는 아파트가 갖고 있는 장점이기는 하나 광고 안에서 언급되
지 않은 별도의 정보를 부가적으로 보여주고 있다. 광고 안에서는 주

로 아파트의 위치와 설비의 첨단성을 강조하고 있는데, 그에 못지않게 금융조건도 중요한 사항이기 때문이다. (13나)의 경우는 부가부 사용의 두 가지 양상을 모두 보여주고 있다. '골프, 등산, 운전할 때도 녹차 베지밀.'은 광고 안에서 언급되지 않았던 녹차베지밀의 용도에 대한 언급이다. 광고 안에서는 몸에 좋다는 제품의 특성만이 언급되고 있는데, 부가부를 통해 그 다양한 용도를 보여주고 있다. '아침엔 베지밀 참선식.'은 광고의 주체인 녹차베지밀과는 별도의 제품이다. 같은 기업에서 생산하는 제품, 소위 '자매품'의 형식으로 소개하고 있다.

따라서 부가부는 '제품과 관련된 별도의 정보를 포함할 것', 혹은 '별도의 제품과 관련된 정보를 포함할 것.'이 필요한 자질이라고 말할 수 있겠다.

# 2. 7가지 기능별 구성요소의 유용성

라 디 오 글 쓰 기 를 통 해 본 미 디 어 글 쓰 기

이상과 같이 7가지 기능별 구성요소에 대해 각각의 정의와 자질을 사례와 함께 살펴보았다. 이제부터는 텔레비전 광고와의 비교를 통해 라디오 광고의 기능별 구성요소가 갖고 있는 특징을 살펴보기로 한다.

(14)

가. [양진석] 안녕하세요, 양진석입니다.    - 효과부
차도 사람이 사는 공간,
공간을 바꾸면
가족의 행복도 배가 되죠.    - 배경부
[Na] 탄생, 2002년형 카렌스.    - 명시부
[양진석] 좌석배치도 내 맘대로.    - 설명부
가족 모두 편안하게.    - 설명부
이게 바로 공간연출 아닙니까.    - 주제부
[Na] 2002년형 카렌스, 기아자동차.    - 명시부

나.

| 광고 영상 | 광고 언어 |
|---|---|
| 자동차 CU. | [Na] 2002년형<br>카렌스 탄생! |
| 소비자를 바라보며 손가락으로<br>V자를 그리는 양진석. | [양진석] 공간이 바뀌면<br>가족의 행복이<br>두 배가 됩니다. |
| 자동차 내부의 모습들. | 자, 보세요.<br>요모조모 쓸모있게.<br>이 공간은 다목적으로. |
| 자동차 시트 위치를 조절해 보이는<br>양진석. | 보셨죠?<br>자, 이번엔 뭘까요?<br>음, 카~<br>편안하지 않습니까? |
| 감탄한 얼굴의 양진석. | 가족을 위한 공간연출,<br>행복도 두 배죠!<br>놀랍습니다. |
| 달려가는 자동차의 모습. | [Na] 2002년형 카렌스. |
| 운전석에 앉은 양진석. | [양진석] 카렌스, 공간이 좋아요~ |

〈카렌스 / 기아자동차〉

(15)

가. [유인촌] 조선 왕실에서 배운 술에 대한 지혜,
　　　　그 지혜를 깊이 새겨 정성을 다해
　　　　술을 빚습니다.　　　　　　　　　 - 배경부
　　　　이 시대 진정한 군주에게 바치는 술.　 - 주제부
　　[Na]　왕실비법, 군주.　　　　　　　　 - 명시부
　　[유인촌] 자, 군주 한 잔 받으시죠~!　　 - 효과부

나.

| 광고 영상 | 광고 언어 |
| --- | --- |
| 술잔을 든 유인촌 CU. | [유인촌] 알고 계십니까? |
| 고서적과 해시계, 자격루 등 조선시대 발명물 사이에 선 유인촌. 서고에 들어서는 유인촌. | 500년 전 조선왕실에 우리 술에 대한 비법이 있었다는 사실. |
| 고서적 CU. | 이제 이 시대를 위한 술을 빚습니다. |
| 군주를 마시는 유인촌. | 군주! |
| 동료들과 어울려 군주를 마시는 유인촌. | [Na] 왕실비법 – 군주. |

〈군주 / 두산주류〉

(14)와 (15)는 같은 제품의 광고에서 라디오 광고 언어와 텔레비전 광고 언어가 어떻게 다른지를 보여준다. (14가)와 (15가)는 라디오 광고, (14나)와 (15나)는 텔레비전 광고이다.

(14)의 경우, 같은 모델이 라디오 광고와 텔레비전 광고에 등장하여 자동차의 실내 공간에 대해 설명하는 내용을 담고 있다. 그러나 시작부터 (14가)와 (14나)의 표현은 다르다. (14나)의 경우에는 모델인 양진석[37])의 모습이 시각적으로 보이기 때문에 모델에 대한 언급이 없지만, (14가)의 경우에는 양진석의 모습을 볼 수 없기 때문에 도입부에서 양진석임을 밝히고 있다. 텔레비전 광고에서 유명 모델을 사용하는 것은 그 모델이 등장함으로써 시청자들의 주목을 받을 수 있기 때문인데, 라디오 광고에서는 그러한 효과를 누릴 수 없으므로 그 부분을 언어로 처리하였다. 즉, 텔레비전 광고에서는 소비자들의 주의를 환기시키는 효과를 모델이 등장하는 시각적 영상을 통해 자연스럽게 이끌어

---

37) 텔레비전 오락 프로그램에 출연해 인기를 끌고 있는 건축 설계가.

낼 수 있지만, 라디오 광고에서는 효과부를 사용하여 소비자들의 주의
를 환기시키고 있다.

공간이 바뀌면 행복이 두 배가 된다는 부분은 큰 차이를 보이지 않
는다. 그러나 (14가)에서는 '차도 사람이'라는 표현이 더 사용되고 있
음을 볼 수 있다. 이것은 텔레비전 광고에서는 모델이 이야기하는 상
황이 자동차 안이라는 것을 시각적으로 보여줄 수 있지만, 라디오 광
고에서는 어디인지를 보여줄 수 없기 때문에 별도의 표현을 사용한 것
으로 보인다. 즉, 배경부에 있어서도 텔레비전 광고는 시각적인 처리
를 통해 언어의 사용을 줄일 수 있으나, 라디오 광고는 상황적 배경까
지 말로 처리해야 한다.

텔레비전 광고와 라디오 광고 간에 언어적 차이가 가장 극명하게 드
러나는 부분은 바로 설명부이다. 실내 공간이 효율적임을 설명하는 부
분에서 (14가)는 '좌석 배치'라는 구체적인 표현을 통해 공간의 효율성
을 설명해 주고 있지만, (14나)에서는 '자, 이번엔 뭘까요? 카~ 편안
하지 않습니까?'라는 표현만으로 설명이 가능하다. 물론, 영상에서 그
부분을 다 보여주기 때문이다. '자, 이번엔 뭘까요? 카~ 편안하지 않
습니까?'가 (14가)에서 사용되었다면 이 부분은 효과부로 분류될 수
있다. 제품에 대한 감탄을 통해 광고의 분위기를 고조시키면서 소비자
의 관심을 지속적으로 끌고 가기 때문이다.

광고의 끝부분에서도 차이를 보인다. (14나)의 경우는 양진석이라
는 모델을 다시 한 번 부각시켜 공간활용이라는 장점을 전달하는 반면
에, (14가)의 경우는 모델을 부각시킬 방법이 없으므로 내레이션을 통
해 제품명을 말하는 명시부로 끝을 맺었다.

(15)의 경우도 (14)와 크게 다르지 않다. 그러나 그 구성은 (14)와

다소 다른 양상을 보인다. (14가)의 경우에는 모델을 부각시키기 위해 도입부에서 모델이 자신의 이름을 밝히며 인사를 하면서 시작하였다. 그러나 (15)의 경우는 그렇지 않다. 모델이 자연스럽게 내레이션을 시작하고 있다. 모델인 유인촌의 경우 목소리만 들어도 사람들이 알 수 있을 정도로 지명도가 있기 때문인 것으로 생각된다.

(15가)와 (15나) 모두 군주라는 술이 조선시대 왕실의 비법으로 빚은 술이라는 점을 부각한다는 면에서는 같은 내용을 담고 있다. 그러나 구성방식은 다르다. (15나)의 경우는 조선시대의 대표적인 과학 발명품과 고서적 사이에 선 유인촌의 모습을 보여준다.[38] 그리고 각종 고서적들을 배경 이미지로 보여주면서 '알고 계십니까? 500년 전 조선왕실에 우리 술에 대한 비법이 있었다는 사실.'과 같이 궁금증을 일으키는 표현을 사용하고 있다. 이러한 표현은 말로는 질문을 던지면서 시각적으로는 그 답을 보는 듯한 착각을 일으키게 함으로써 실제로 어떤 비법이 있을 것이라는 기대감을 준다.[39] 하지만 (15가)의 경우에는 그러한 구성을 사용할 수 없다. 라디오이기 때문에 청각적 표현과 시각적 표현이 어우러져 제3의 이미지(=어떤 비법이 있을 것이라는 기대감)를 만들어내는 구성이 원천적으로 불가능한 것이다. 그렇기 때문에 (15가)에서는 '조선 왕실에서 배운 술의 지혜, 그 지혜를 깊이 새겨 정성을 다해 빚습니다.'와 같은 평이한 표현을 사용하였다. 평이한 표현을 사용함으로써 독특하게 들리지 않는다는 단점이 있을 수 있으나,

---

38) 이러한 배경은 유인촌이 진행했던 KBS의 '역사 스페셜'의 세트와 비슷한 느낌을 주려는 의도가 있는 듯하다.

39) 물론, 실제로 어떤 비법이 없었다면 이러한 광고 언어는 광고 심의를 통과하지 못했을 것이다. 단지 광고에서는 그 비법이 어떤 것인지를 구체적으로 밝히지 않고 있는데, 그 이유는 명확하지 않다.

한편으로는 신뢰감을 준다는 장점도 있다.

또한 (15가)에서는 '이 시대 진정한 군주에게 바치는 술'이라는 표현을 사용하였고, (15나)에서는 비슷하면서도 다른 '이제 이 시대를 위한 술을 빚습니다.'를 사용하였다. (15가)의 경우는 이미 제품에 대한 소개와 설명이 그 이전에 모두 완료되었기 때문에 제품에 이미지를 부여함으로써 제품이 갖고 있는 가치를 부각시키고 있다. 하지만, (15나)의 경우는 시각적으로 고서적의 모습을 보여주면서 왕실의 비법을 전수한 듯한 표현이 가능하기 때문에 그 전통을 이어 오늘의 시대에 맞는 술을 빚는다는 표현을 사용할 수 있다.

제품명을 전달하는 방법에서도 (15가)와 (15나)는 차이를 보인다. '군주'라는 제품명은 (15가)와 (15나)에서 각각 2회씩 등장한다. 그런데 (15가)에서는 그와는 별도로 이 시대의 진정한 '군주'라는 동음어를 사용함으로써 제품명을 한 번 더 강조하려는 의도가 담겨 있다. (15나)에서는 시각적으로 술병을 보여줌으로써 그 제품에 대해 쉽게 각인을 시킬 수 있는 반면에 (15가)에서는 그러한 것이 불가능하기 때문이다.

광고의 끝부분도 (15나)에서는 단순히 제품명을 말하고 끝맺고 있지만, (15가)에서는 효과부에 해당하는 '자, 군주 한 잔 받으시죠~'를 사용함으로써 라디오 광고가 갖는 한계를 극복하려 하고 있다.

(14)와 (15)의 비교를 통해 파악할 수 있는 것은 텔레비전 광고가 라디오 광고에 비해 표현의 폭이 넓다는 것이다. 그것은 라디오에서 사용할 수 없는 영상을 사용하고 있기 때문이다. 라디오 광고에서는 텔레비전 광고에서 영상으로 표현하고 있는 것을 가능한 한 말로 표현하기 위해 각 기능별 구성요소들이 동원된다. 시각적으로 간단히 표현할 수 있는 상황적 배경을 표현하기 위해 배경부가 사용되고, 시각적으로

보여주기만 하면 되는 설명을 위해서도 라디오 광고에서는 설명부가 사용된다. 모델 활용의 효율을 높이기 위해서 효과부가 사용되기도 한다. 이렇게 텔레비전 광고와 라디오 광고를 비교해 보면 그 전달되는 정보의 양과 전달의 효율성이라는 면에서는 라디오가 앞선다고는 말할 수 없다. 그러나 시각적 표현이 불가능하다는 라디오의 단점을 라디오 광고 언어에서는 각 기능별 요소들을 적절히 사용함으로써 극복하고 있으며, 그러한 면으로 볼 때 여기에서 제시되는 라디오 광고 언어의 기능별 구성요소들은 광고의 메시지를 보다 명확히 전달하기 위해 유용한 것들임을 알 수 있다.

같은 제품에 대한 텔레비전 광고와 라디오 광고를 비교해 볼 때, (14), (15)처럼 비슷한 표현을 매체의 특성에 맞게 재정리한 것도 있지만, 텔레비전 광고와 라디오 광고의 광고 언어가 완전히 같은 것도, 완전히 다른 것도 있다. 전자의 경우는 텔레비전 광고량이 많은 경우에 흔히 일어나는데, 라디오가 텔레비전의 보조 미디어로서 사용되는 경우이다. 주로 전달하고자 하는 것은 텔레비전 광고를 통해 전달하고, 라디오 광고는 소비자들로 하여금 텔레비전에서 본 광고에 대한 기억을 되살리는 역할만을 담당하게 하는 것이다. 텔레비전 광고의 표현과 라디오 광고 표현이 완전히 다른 경우는 각각의 특성에 맞춰 각기 다른 구성을 한 경우이다. 이 두 경우는 구체적인 비교가 어렵기 때문에 논의에서 제외하였다.

# 제5장

# 미디어 글쓰기의 구조

- 제품군에 따른 라디오 광고의 전달구조 비교

# 1. 전달구조의 개념

라 디 오 글 쓰 기 를 통 해 본 미 디 어 글 쓰 기

## 구조에 대한 탐구의 필요성

앞에서 우리는 라디오 광고를 이루는 기능별 구성요소들에 관해 살펴보았다. 여기에서는 그러한 구성요소들이 어떻게 조합되어 라디오 광고라는 하나의 구조를 이루고 있는지에 관해 살펴보기로 한다. 그것을 위해 전달구조라는 개념을 도입하였다. 전달구조란 광고의 요소들이 광고 메시지의 전달을 위해 이루고 있는 구조를 말한다.

Leymore(1975, 1999:206)는 광고에 있어 구조에 관해 다음과 같이 언급하고 있다.

구조의 존재야말로 메시지의 이해에 있어서 기본적이고도 중요한 사항이다. 구조론적인 해석을 하지 않는 한 광고 자체는 애매한 상태를 벗어나지 못할 것이다. 그 광고의 의미는 광고주나 소비자 모두 이해하지 못하는 채로 있을 것이다. 어느 광고가 의미를 갖기 위해서는 구조화되지 않으면 안 된다.

....
**163**

　이러한 언급은 광고 연구에 있어서 구조 파악의 중요성을 말해주고 있다. 메시지를 주고받음으로써 의사소통은 이루어진다. 하지만, 발신자가 메시지를 전달하였다고 해서 수신자가 그 메시지를 항상 발신자의 의도대로 정확히 받아들인다고 보장할 수는 없다. 사람과 사람이 얼굴을 마주보고 대화를 하여도 의사소통에 오해가 생기는 경우가 있는데, 매스 미디어를 통해 메시지를 전달하는 광고에서 전하는 메시지가 광고주의 의도 그대로 전달된다는 것은 쉬운 일은 아니다.

　오늘의 소비자들은 수많은 정보들에 둘러싸여 있다. 매스 미디어에서 쏟아내는 프로그램, 기사, 광고 등이 24시간 소비자들에게 전달된다. 인터넷을 통해 클릭 몇 번만 하면 전세계의 수많은 정보들과도 접할 수 있다. 거리에 나선다고 해서 정보와의 접촉으로부터 자유로워지는 것은 아니다. 소비자들의 시각과 청각이 닿을 수 있는 한도 내에는 광고를 비롯한 수많은 정보들이 벌써 자리를 잡고 있다. 소비자들은 이미 그들이 하루에 받아들이고 이해할 수 있는 양 이상의 정보와 매일 만나고 있는 것이다. 그러한 과정에서 한 편의 광고가 소비자에게 정확히 전달되고, 그것이 소비자에게 기억되고, 나아가 제품 구매라는 행동을 이끌어 낸다는 것은 간단한 일이 아니다. 단순하게 생각할 때, 한 편의 광고가 전달되기 위해서는 경쟁하는 제품의 광고보다 돋보이면 될 것 같지만, 소비자의 입장에서 보면 다른 광고보다 돋보이는 광고를 더 기억하는 것이 아니다. 광고를 포함하여 24시간 전방위에서 몰려드는 수많은 정보들 가운데서 돋보이는 것을 기억하는 것이다. 그것은 광고가 될 수도 있지만, 기사가 될 수도 있고, 텔레비전의 프로그램일 수도 있다. 즉, 전달했다고 해서 반드시 전달된다고 말할 수는 없는 것이 오늘날 소비자들의 정보환경이다.

이런 상황에서 광고가 소비자에게 전달되는 가장 확실한 방법은 다른 광고, 다른 정보들과 확실히 차별화되는 것이다. 다른 광고에서는 보지 못했던 희한한 표현, 다른 정보들에서는 발휘하지 못하는 영상적·언어적 재미 등을 통해 소비자들로 하여금 그 광고에 관심을 갖게 하고, 나아가 그 광고가 전달하는 메시지를 받아들이게 해야 한다. 그러나 광고 메시지의 전달은 표현의 차별화만으로는 이루어지지 않는다. 광고에서 사용된 참신한 아이디어가 광고 차별화의 필요조건이기는 하지만, 그 역이 반드시 성립하는 것은 아니다. 때로는 아이디어의 독특함으로 인해 광고의 차별화는 이루어냈지만, 그 독특함이 지나쳐 메시지가 전달되지 않는 경우도 있기 때문이다.40) 즉, '광고를 통해 무엇을 전달할 것인가?'에 대한 고민이 우선되고, 그것을 해결하는 방법으로 '어떻게 전달할 것인가?'가 결정되어야 하는데, 그 반대가 되는 경우 외형적으로는 광고가 잘 전달되었으나, 실제로는 전달되지 않은 것과 마찬가지인 결과를 낳게 된다.

그렇다면, 소비자들에게 광고의 메시지를 명확하게 전달할 수 있는 방법은 무엇인가 하는 문제를 생각해 보아야 한다. 과연 소비자들은 자신을 향한 메시지들을 어떻게 이해하는가, 그리고 광고주나 광고 제작자들은 그 이해도를 어떻게 높일 것인가가 문제의 핵심이 된다.

여기에서 구조 파악의 필요성을 찾을 수 있다. 커뮤니케이션 공학

---

40) 이낙운(1988:163~164)에서는 이러한 사례를 들고 있다. 1984년 ACC(All Japan Radio & Television Commercial Confederation)상 대상을 수상한 미쓰비시 자동차 미라주의 광고가 그 예이다. 목도리 도마뱀이 등장하여 화제가 된 이 광고는 단 기간 내에 화제를 일으키는 데는 성공했으나 사람들이 목도리 도마뱀만을 기억할 뿐, 자동차를 기억하지 못해 결과적으로는 실패한 광고로 평가받았다. 이 일을 계기로 광고에서 제품을 보여주지 않고 이미지만을 보여주는 제품이탈(製品離脫) 광고의 문제점이 지적되었다.

자는 언어 메시지의 발신자와 수신자가 '사전에 작성된 거의 동일한 분류 체계'를 공유하고 있다는 사실을 인정한다는 Jakobson(1963, 1989:96)의 지적은 구조 파악의 필요성을 일깨워주는 실마리가 된다. 발신자는 메시지를 보내고, 수신자는 그것을 그냥 받아들이는 것이 아니다. 이미 발신자와 수신자 간에 '사전에 작성된 거의 동일한 분류 체계'가 존재하기 때문에 메시지의 주고받음이 가능한 것이다.

Jakobson(1963, 1989:96)은 이어서 어떤 '미리 예견되고 준비된 가능성의 집합'은 어떤 코드의 존재를 의미한다고 하면서, 공통적인 코드는 그들 간 커뮤니케이션의 도구이며, 이것은 메시지 교환의 실제적인 기초가 되며, 이를 가능케 한다고 언급했다. 한마디로 코드라고 집약된 '사전에 작성된 거의 동일한 분류 체계'와 '미리 예견되고 준비된 가능성의 집합'을 광고에 적용해 본다면, 이것이 바로 광고에서 메시지의 정확한 전달을 가능하게 하는 구조라고 말할 수 있다.

앞에서 언급된 Leymore(1975)가 주장했던 광고의 구조가 바로 그것이다. 광고주와 소비자가 공통적으로 이해하고 받아들이는 구조 위에서 광고가 만들어지고 메시지가 전달될 때, 비로소 소비자들은 광고주가 전달하고자 하는 메시지를 정확히 받아들일 수 있다는 것이다. 따라서 구조의 존재가 메시지 이해의 필수적인 사항이라는 Leymore (1975, 1999:206)의 언급은 이상의 이유로 설명될 수 있다.

### 광고에서 구조가 갖는 의미는?

그렇다면 광고에 있어 구조란 어떤 의미를 갖는 것인가를 생각해 보기로 한다.

군이 광고에 대해 깊이 연구하지 않은 평범한 소비자라고 할지라도, 한 편의 광고에 대해 좋고 나쁨을 이야기할 수 있고, 좀 더 자세히 말한다면 '그럴 듯하다', '그럴 듯하지 않다'라고 이야기할 수 있다. 과연 그들이 그런 판단을 할 수 있는 기준은 무엇인가. 또 소비자들은 왜 어떤 광고에는 설득되고 어떤 광고에는 설득되지 않는가. 물론, 그 과정에는 취향, 생활환경 등과 같은 개인적인 요인들이 작용할 수 있다. 하지만, 사람들에게 공통적으로 관심의 대상이 되고, 사람들이 공통적으로 설득되는 광고가 있다는 사실은 그러한 판단이 개인적인 요인들로만 이루어지지 않는다는 것을 알 수 있게 해준다.

소비자뿐만이 아니다. 광고 제작자의 입장에서 생각해 보아도 그런 의문이 생길 수 있다. 그는 자신이 만들어낸 한 편의 광고가 소비자에게 잘 전달될 것이라는 점을 어떤 근거로 확신할 수 있을까. 광고란, 한 편을 만들기 위해 동원되는 여러 명의 사람들이 갖고 있는 다양한 사상과 정서를 화학적으로 용해시켜 만든 새로운 열매이기 때문에 그 천차만별인 구성요소들을 하나의 공통분모로 모을 기준이 필요하다는 오창일(2002:179)의 지적은 광고의 아이디어나 광고 표현을 선택하는 데 기준이 되는 뭔가가 기저에 있음을 말하고 있는 것이라고 볼 수 있다. 소비자들이 광고를 이해하고, 광고에 설득되게 하는 무엇, 광고 제작자가 자신이 만든 광고를 소비자들이 잘 이해할 수 있을 것이라고 판단하게 되는 기준이 되는 무엇, 그것이 광고에 있어 구조이다.

광고에 있어서 구조가 어떻게 사용되는지를 파악하기 위해 소쉬르 (Saussure)의 용어인 랑그와 파롤을 도입해 보기로 한다.

예를 들어 냉장고를 광고한다고 할 때, 광고가 추구할 수 있는 방

향41)은 수없이 많다. 냉장고가 갖고 있는 냉장능력에 관해 이야기할
수도 있고, 냉장고가 갖는 품격에 관해 이야기할 수도 있다. 때로는
냉장고의 특별히 저렴한 가격에 관해서 이야기할 수도 있고, 디자인에
관해, 냉장고 안에 채용된 독특한 기술에 관해 이야기할 수도 있다.
냉장고라는 제품 하나에 대해서도 수많은 관점에서 이야기가 가능할
것이다. 그리고 그 이야기의 숫자만큼이나 많은 광고들이 가능할 것이다.

　그러나 그렇게 다양한 방향들 중에서 광고 제작자들은 늘 한 방향만
을 선택한다. 그 선택의 기준은 광고전략이다. 제품이 갖고 있는 특장
점, 소비자들의 인식, 경쟁사들과의 관계 등을 고려해 볼 때 지금 이
제품에서 광고를 통해 집중적으로 부각해야 하는 것은 무엇인지를 전
략적으로 결정한다.

　그 결과 냉장능력에 관해 이야기하도록 결정했다고 하자. 그런데 생
각해 보면 냉장능력에 관해 이야기하는데도 꼭 한 가지 방법만이 있는
것은 아니다. 예를 들어 인기 있는 모델이 등장하여 우수한 냉장능력
을 설명해줄 수도 있으며, 시원하고 싱싱해 보이는 과일이나 고기 등
을 보여주면서 냉장능력을 부각시킬 수도 있다. 좀 더 다른 방법이라
면 펭귄이나 북극곰과 같이 추운 지방에 사는 동물을 등장시켜 냉장고
안이 시원하다는 것을 상징적으로 보여줄 수도 있다. 그 밖에도 수없
이 많은 방법들이 있을 수 있다. 그런데 가능하다고 생각되는 방법들
을 모두 실제 광고로 만들 수는 없다. 또 만들 필요도 없다. 제작에
드는 비용에도 문제가 있고, 소비자에게 혼란을 줌으로써 일어나는 전
달효율의 저하 등이 걸림돌이 되기 때문이다. 결국 그들 가운데서 가
장 좋은 것 하나를 골라내야 한다.

---

41) 흔히 Concept이라고 한다.

오창일(2002:180)은 추상적이고 개념적으로만 정의되고, 모든 광고 제작자들의 행동규범과 사고패턴의 지침이 될 '숨은 신'이나 '보이지 않는 손'을 광고에 있어 랑그라고 말하고 있다. 그리고 이런 생각을 바탕으로 생산되는 시안[42]과 광고물들을 파롤이라고 규정하고 있다. 광고의 랑그를 탐구하는 것은 광고가 의미를 전달하기 위해 갖고 있는 가장 기본적인 틀, 즉 전달구조를 파악해내는 일이다. 그것은 광고에서 말을 사용하고, 광고에서 말의 사용을 분석하는데 기준이 될 것이다. 그 과정을 통해서 일반 언어와는 사용법이 다른(이현우, 1998:22) 광고 언어를 연구하는 하나의 방법론을 찾아낼 수 있을 것이다.

이러한 전달구조를 통해 광고 언어는 소비자들에게 광고가 전하고자 하는 핵심 메시지를 전달한다. 곧, 의미를 전달한다. 광고는 제품의 판매를 위해 하는 것이고, 제품의 판매량에 따라 광고의 성패여부가 판가름될 수도 있으나, 중요한 것은 판매가 이루어지려면 광고가 전달하고자 하는 의미가 명확히 전달되어야 한다는 점이 전제되어야 한다(이현우, 1998:15). 의미의 전달이 명확히 안 되면 제품의 판매량 증가도 기대할 수 없다. 그렇다면, 광고에서 전달하는 의미란 어떤 것인가.

우리가 의사소통을 통해 주고받는 의미는 지시적(denotative)의미와 함축적(connotative) 의미가 있다. 지시적 의미는 표현된 그대로의 의미를 말한다. 그러나 인간의 의사소통은 그런 지시적 의미를 주고받는데서 그치지 않는다. 대화를 나누는 주변 상황, 화자와 청자가 공유하고 있는 가치 및 배경에 따라 의미는 달라지게 된다. 이렇게 한 차원 깊이 들어간 의미를 함축적 의미라고 한다. 의사소통에서 중요한

---

42) 試案. 광고를 만들기 전에, 광고주에게 광고회사의 아이디어를 보여주기 위해 만드는 것.

것은 이 함축적 의미이다.

광고에서 그 예를 찾아보기로 한다. 예를 들어, 아파트 광고에서 모델하우스 전화번호가 명기되어 있다고 하자. 그것의 지시적인 의미는 전화번호 그 자체일 뿐이다. 그러나 광고 제작자들이 광고에 전화번호를 삽입한 이유가 단순히 그 번호를 가르쳐주기 위해서는 아니다. 그 다음의 뭔가를 기대하기 때문에 전화번호를 삽입하는 것이다. 그들이 원하는 것은 그 번호로 전화를 걸어 궁금한 점에 대해 문의하라는 것이다. 그랬을 때 광고주의 입장에서는 관심이 있는 소비자와 전화로 직접 이야기할 기회를 가지므로, 광고에서는 달성하지 못하는 밀도 높은 의사소통의 기회를 갖게 될 것이다. '전화를 해서 문의하라.'는 것이 광고에 삽입된 전화번호가 갖는 함축적 의미이다.

결국 광고의 전달구조에 관한 연구는 광고에서의 말이 함축적인 의미를 전달하기 위해 기본적으로 가져야 할 구조에 관한 연구이다. 이제 이러한 개념을 가진 전달구조를 연구하기 위한 구체적인 방법론을 살펴보기로 하자.

# 2. 전달구조, 어떻게 접근할까?

라 디 오 글 쓰 기 를 통 해 본 미 디 어 글 쓰 기

앞에서 이야기한 바 있듯이, 여기에서는 편의상 '한국광고 작품연감'에 수록된 라디오 광고들을 분석의 대상으로 삼았다. 그리고 이들을 제품군별로 분류하여 분석하였다. 광고의 차별화라는 측면을 보면 광고에 따라 당연히 그 표현이 달라지겠지만, 포괄적으로 보았을 때 제품군에 따라 표현의 유형이 있는 것은 사실이다. 특정한 제품이 어떠한 제품군에 들어가며, 그 제품군을 구매하는 소비자들의 특성이나 심리가 어떤가에 따라 대체적으로 비슷한 유형이 있게 마련이다.

전영우(1996:19~30)에서는 제품을 분류하는 방법으로 크게 세 가지를 제시하고 있다. 첫 번째는 제품의 성장단계(produce life cycle)에 따른 분류이다. 제품이 처음 시장에 소개된 상태인 도입기, 제품에 대한 인지도가 어느 정도 높아지고 제품의 판매량이 급격하게 증가하는 성장기, 안정적인 시장 점유율을 달성한 성숙기, 그리고 제품의 판매가 줄어드는 쇠퇴기로 나누어 제품을 분류하는 방법이다. 이 방법은 제품을 분석하는데 효과적이긴 하지만, 모든 제품이 이러한 발전 단계

를 필연적으로 거치는 것이 아니라는 한계점을 지니고 있다.

두 번째는 광고나선(advertising spiral)이다. 제품의 성장단계를 좀 더 효과적으로 설명한 것으로 제품을 시장에 도입된 개척단계, 많은 경쟁 제품이 쏟아져 나오는 경쟁단계, 안정된 시장 점유율을 확보한 보유단계, 한계에 도달한 제품에 변형을 가해 새롭게 시장에 진입시키는 재개척단계, 그로 인해 새로운 경쟁자들과 경쟁하는 재경쟁단계, 마지막으로 다시 한 번 안정된 시장 점유율을 확보한 재보유단계로 분류한 것이다. 이 방법은 제품의 성장단계에 따른 분류를 보다 정교화했다는 장점은 있으나, 역시 모든 제품이 같은 단계를 거치지 않는다는 면에서 한계가 있다고 하겠다. 또한 이 두 방법은 제품이 겪게되는 물리적인 수명에 근거한 것으로서, 소비자의 기호를 설명할 수 없다는 약점을 지니고 있다.

세 번째로 제시된 것이 FCB Grid Model이다. 미국의 광고회사 Foote, Cone & Belding사에서 개발한 방법으로 제품을 이성(think)과 감성(feel), 그리고 고관여(high-involvement)와 저관여(low-involvement)의 4가지 범주로 구분한 것이다. 전영우(1996:27)는 이 모델에 대해 우리나라 광고 대행사에서도 많이 참고하는 모델이며, 여러 학술논문을 통하여 효과적인 분류법으로 입증된 모델이라는 평가를 내리고 있다.

여기에서는 FCB Grid Model을 분류의 기준으로 삼았다. 제품의 성장단계나 광고나선은 그 한계점이 분명할 뿐만 아니라, 광고 제품을 각 단계별로 명확히 분류하기가 어렵다는 문제점을 갖고 있다. 그에 반해 FCB Grid Model은 비교적 그 분류가 명확한데, 전영우(1996:27)와 이성구(1999:160)에서는 다음과 같이 제품을 분류해 놓고 있다.

[FCB Grid Model의 제품 분류]

고관여

| 고관여-이성 제품군 | 고관여-감성 제품군 |
|---|---|
| 냉장고, 텔레비전, 가구, 보험, 컴퓨터 등 | 화장품, 보석, 패션, 오토바이, 향수 등 |
| 저관여-이성 제품군 | 저관여-감성 제품군 |
| 식품, 의약품, 세제, 샴푸, 치약, 신용카드 등 | 담배, 맥주, 캔디, 음료, 스낵, 패스트푸드 등 |

이성 　　　　　　　　　　　　　　　　　　　　　　감성

저관여

위의 분류에 따라 1990년~2002년까지의 '한국광고작품연감'에서 수집한 1,074편의 광고를 분류해본 결과 심한 편중 현상이 나타났다. 고관여-이성 제품군은 310편, 고관여-감성 제품군이 193편, 저관여-이성 제품군이 399편, 저관여-감성 제품군이 172편으로 고관여-이성 제품군과 저관여-이성 제품군에 편중되어 있는 것을 볼 수 있다. 따라서 1,074편 전체를 대상으로 하는 것은 제품군 간의 균형이 맞지 않는다고 보아 각각의 제품군에서 100편씩을 선정하여 총 400편의 라디오 광고를 분석하였다.[43]

각 제품군에서 100편씩을 선정한 기준은 다음과 같다.

우선 제품군 내에서 제품별로 광고를 나누고, 전체에서 차지하는 비중에 따라 분석 대상이 될 광고물의 숫자를 안배하였다. 분석 대상 광

---

43) 명확한 내용을 보이기 위해서는 400편을 모두 분석한 결과가 본서에 수록되어야 하나, 그 분량이 200쪽에 가까울 정도로 방대하여 수록되지 못했다. 그렇지만, 본서에서 소개된 제품군별 10편씩의 분석을 살펴보면, 개략적인 분석방법은 알 수 있을 것이라고 생각한다. 내용을 찾아볼 필요가 있는 경우에는 저자의 박사학위논문인 "광고 언어의 전달구조 연구"(김정우, 2003c)를 참조하면 된다. 논문에 부록으로 360편의 분석결과가 수록되어 있다.

고가 특정 제품에 편중되면 유의미한 결과를 파악해내기 어렵기 때문이다. 그리고 '한국광고 작품연감' 최근호에 수록된 것부터 100편을 선정하였다. 그 결과 고관여-이성 제품군에서는 자동차(21편), 가전제품·컴퓨터(22편), 금융(18편), 정보통신(10편), 대학교(8편), 아파트·인테리어(12편), 공산품·항공사(9편) 등 100편이다. 고관여-감성 제품군에서는 패션(71편), 화장품 및 기타(29편) 등 100편이다. 저관여-이성 제품군에서는 제약·드링크류(26편), 식품류(34편), 세제·욕실용품·위생용품(17편), 출판·신용카드·정유(14편), 기타(9편) 등 100편이다. 저관여-감성 제품군에서는 음료·커피(44편), 제과류·제빵류(28편), 맥주·기타 주류(18편), 기타 서비스(10편) 등 100편이다.

이렇게 추출된 400편의 라디오 광고를 앞에서 제시한 기능별 구성요소별로 분류하였다. 그리고 그 분류에 따라 기능별 구성요소의 사용양상을 파악하고 그 결과를 제품군별로 비교한다. 또한, 각 제품군별로 전달구조를 파악하고 그 결과를 비교해 보기로 하겠다.

# 3. 전달구조를 통한 미디어 글쓰기의 실제

라 디 오 글 쓰 기 를 통 해 본 미 디 어 글 쓰 기

여기에서는 앞에서 제시된 기능별 구성요소와 분석 자료를 중심으로 라디오 광고 언어가 어떻게 구성되어 있는지를 분석해 본다. 이미 언급했던 바와 같이, 각 제품군별로 100개씩의 광고에 대한 분석이 이루어졌는데, 본서에서는 각 제품군별로 10개씩 총 40개의 광고를 직접 분석한다.

각각의 라디오 광고 표현을 기능별 구성요소에 따라 분석하는 과정에서, 때로는 하나의 광고 표현이 2가지 기능을 수행하는 경우가 있다. 그런 경우에는 '주제부/명시부'와 같이 분류하였는데, 그 의미는 앞에 제시된 것이 주된 기능이라는 뜻이다. 예를 들어 '주제부/명시부'는 주제부로서의 기능이 강하지만, 명시부로서의 기능도 갖고 있다는 것을 의미한다.

## 제품군 1의 라디오 광고 분석(고관여-이성 제품군)

제품군 1은 고관여-이성 제품군이다. 분석의 대상이 된 제품들은

자동차, 가전제품, 컴퓨터, 금융, 정보통신(휴대폰 서비스 포함), 대학교, 아파트, 인테리어, 항공사, 각종 공산품 등이다. 구입하는 데 있어 수많은 비교와 고려를 거치는 제품들이 이에 속한다.

## (1) 〈리오 '랩' 편 / 기아자동차〉

| 광고언어 | 구성요소 |
|---|---|
| [랩] 안녕하세요, 여러분! | 효과부 |
| 대한민국의 소형차에 새 천년의<br>새로운 바람을 몰고 올<br>기아자동차 리오입니다. | 배경부 |
| 리오~ | 효과부 |
| MI-TECH 엔진의 108마력 출력을<br>느껴보시죠. | 설명부/주제부 |
| 자! 리오를 타보세요! | 권유부 |
| 네에! | 효과부 |
| 기아자동차 리오. | 명시부 |

\* 기능별 구성요소의 쓰임

효과부 – 배경부 – 효과부 – 설명부/주제부 – 권유부 – 효과부 – 명시부

광고 내에서도 언급되었듯이, 기아자동차의 리오는 소형차[44]에 속하는 자동차이다. 소형차는 중형차나 대형차에 비해 경제적이라는 장점이 있지만, 경제성은 경차를 따라갈 수 없다. 그리고 자동차가 갖고 있는 품격과 같은 이미지들은 중형차나 대형차와 비교되기 어렵다. 따라서 소형차의 경우는 자동차의 성능에 중점을 두어 광고를 전개함으로써 차별화된 이미지를 확보할 수 있다. (1)에서도 그러한 면을 볼 수

---

44) 일반적으로 엔진의 배기량이 800cc 미만이면 경차, 1,500cc 미만이면 소형차, 2,000cc 미만이면 중형차, 2,000cc 초과면 대형차로 분류한다. – serch.naver.com

있다. '대한민국의 소형차에 새 천년의 새로운 바람을 몰고 올~'이라는 표현을 통해 이 차가 기존의 소형차들과는 차별화된 점이 있다는 것을 기대하게 한다. 그 차별화된 점은 바로 'MI-TECH 엔진의 108마력 출력'이다. 자동차의 성능은 여러 가지 측면에서 이야기할 수 있겠으나, 어떤 것이 되었든 이렇게 구체적인 수치를 말해줌으로써 소비자들에게 자세한 정보를 전달해 주고, 신뢰도를 높일 수 있다. 따라서 (1)에서는 'MI-TECH 엔진의 108마력 출력을 느껴보시죠.'를 주제부로 분류하였다. 물론, 이 부분은 제품의 특성을 말해주고 있으므로 설명부의 역할도 함께 담당하고 있다.

## (2) 〈옵티마 택시 / 기아자동차〉

| 광고언어 | 구성요소 |
|---|---|
| 하루 12시간 이상 운전하시는<br>택시 기사님들을 위하여<br>기아가 힘 좋고 조용한 택시를 선보입니다. | 배경부 |
| 동급 최강 123마력 DOHC,<br>11가지 소음방지 대책. | 설명부 |
| 2001년형 옵티마 택시. | 명시부 |
| 이제 옵티마 택시로 한층 올라오십시오. | 주제부 |
| 기아자동차. | 명시부 |

* 기능별 구성요소의 쓰임
  배경부 – 설명부 – 명시부 – 주제부 – 명시부

(2)는 승용차 광고가 아닌 택시용 차량의 광고이다. 따라서 도입부부터 '하루 12시간 이상 운전하시는 택시 기사님'이라는 표현을 통해 이 광고가 택시 기사들을 위한 광고임을 명확히 밝혀 주고 있다. 이 부분을 듣는 택시 기사들이라면 다음에 어떤 내용이 나올까를 기대하

게 될 것이다. 그것이 바로 배경부로 분류된 이유이다. 제품에 대한 기대감을 높여주는 역할을 담당하고 있기 때문이다. 도입부에서 '힘 좋고 조용한' 택시를 선보인다고 전제한 후, 구체적으로 '동급 최강 123마력 DOHC, 11가지 소음방지 대책'이라는 특장점을 나열하고 있다. (1)에서는 이렇게 직접적인 제품의 특성이 곧 그 광고의 주제가 되었다. 그러나 (2)의 경우는 다르다. 단순히 성능이 좋아졌다는 것에서 머무르지 않고, 그 성능의 개선이 운전자에게 어떤 심리적 만족감을 주는가를 제시해 주고 있다. '이제 옵티마 택시로 한층 올라오십시오.' 라는 표현은 기존의 흔한 택시들과는 다른 차원의 택시라는 점을 우회적으로 표현한 것이며, 그것이 곧 옵티마 택시가 택시 기사들에게 주는 심리적인 약속이다. 따라서 이 부분을 주제부로 분류하였다.

### (3) 〈공기방울 세탁기 강스파이크 / 대우전자〉

| 광고언어 | 구성요소 |
| --- | --- |
| 이제 때를 향한 무차별 공격이 시작된다. | 효과부 |
| 강스파이크. | 명시부 |
| 공기방울 연구진이 완성한 '98 대우의 야심작. | 설명부 |
| 강스파이크로 때려 빤다. | 설명부 |
| 찌든 때, 때리면 빠집니다. | 주제부 |
| 공기방울 세탁기 강스파이크. | 명시부 |
| 절찬리 빨래중. | 효과부 |

* 기능별 구성요소의 쓰임
   효과부 – 명시부 – 설명부 – 주제부 – 명시부 – 효과부

세탁기가 가져야 할 가장 기본적인 기능은 빨래가 얼마나 깨끗하게

되는가 하는 점이다. (3)에서는 '공기방울 세탁기 강스파이크'라는 긴 제품명을 가진 세탁기가 왜 다른 세탁기에 비해 세탁력이 뛰어난가를 전달해 주고 있다. 이 제품이 갖고 있는 세탁력의 비결은 '강스파이크' 이다. 공기방울 세탁기[45]가 갖고 있는 특징을 더욱 고도화시킨 제품 으로 공기방울이 더욱 강력하게 세탁물을 때림으로써 세탁력이 강해 졌다는 것을 전달해 주고 있다. 강하게 때린다는 점을 배구의 강스파 이크에 비유하였으며, 그것을 제품명으로 사용함으로써 소비자들에게 제품의 특성을 쉽게 전달하는 이미지로 활용하고 있다. 따라서 전체적 인 광고의 표현은 감성적이라기보다는 직선적이다. '무차별 공격', '때 려 빤다.'등 강한 인상을 주는 표현을 사용함으로써 제품이 갖고 있는 특성을 좀 더 자극적으로 표현하고자 했다. (1), (2)에서처럼 제품이 갖고 있는 기술적 특징을 구체적으로 이야기하고 있지는 않지만, 그 기술을 상징적으로 보여줄 수 있는 '강스파이크'라는 표현을 통해 기 술력을 우회적으로 표현했으며, 그것이 곧 '찌든 때, 때리면 빠집니 다.'라는 소비자 편익과 연결되고 있음을 알 수 있다. 따라서 이 부분 을 주제부로 분류하였다.

이 광고에서 재미있는 부분은 마지막의 '절찬리 빨래중'이라는 표현 이다. 일반적으로 제품이 잘 팔릴 때 '절찬리 판매 중'이라는 말을 많 이 사용하는데, 그것을 차용하여 '절찬리 빨래중'이라고 표현함으로써 많은 사람들에게 사랑받고 있음을 표현하고 있다.

---

45) 대우전자의 대표적인 세탁기 브랜드로, 공기방울을 이용한 세탁원리를 갖고 있는 제품임. - search.naver.com

## (4) 〈엑스캔버스 / LG전자〉

| 광고언어 | 구성요소 |
|---|---|
| 인생은 게임이 아니다. | 배경부 |
| 단지 음미하는 긴 여행일 뿐... | 배경부 |
| 벽걸이형 대화면 PDP TV,<br>엑스캔버스. | 설명부/명시부 |
| 당신을 말해줍니다. | 주제부 |
| 엑스캔버스 | 명시부 |

* 기능별 구성요소의 쓰임

　배경부 - 설명부/명시부 - 주제부 - 명시부.

텔레비전은 생활필수품으로 여겨질 정도로 우리 생활에 깊숙이 들어와 있는 제품이다. 그러나 (4)의 주체인 PDP TV[46]는 그렇지 않다. 최근에 많이 가격이 내렸다고 해도, 아직까지 일반화되어 있지 않은 상태이다. 따라서 광고에서는 일반 텔레비전에 비해 현격하게 비싼 제품을 어떻게 소비자들이 구매하도록 하는가가 중요한 과제이다. 그 방법을 (4)에서는 소비자의 심리적 만족에서 찾고 있다. 이 텔레비전의 소비자들을 일반 텔레비전의 소비자들과는 품격이 다른 사람들로 이미지화함으로써, 소비자들이 이 텔레비전을 구입하는 심리적 동기를 마련해 주고 있는 것이다. '인생은 게임이 아니다. 단지 음미하는 긴 여행일 뿐...'이라는 표현을 통해 이 텔레비전을 사용하는 사람들은 인생을 경쟁 속에서 피곤하게 살기보다는 여행을 즐기듯 여유있게 살아가는 사람들이라고 규정짓고 있다. 화질이 선명하다, 음질이 좋다 등 텔레비전이 갖고 있는 본연의 기능에 대해 말하기보다는 이 텔레비전

---

46) PDP(Plasma Display Panel)를 사용한 TV로, 두께가 얇아 벽걸이형 TV 구현이 가능함. - www.naver.com.

을 사용하는 소비자들만의 차별화된 이미지를 만들어냄으로써 그러한 삶을 누리는 사람들에게 어울리는 텔레비전이라는 점을 전달해 주고자 하는 것이다. '당신을 말해줍니다.'라는 표현이 주제부로 분류된 것은 그런 이유 때문이다. PDP TV는 성공적이고 여유로운 삶을 상징하는 하나의 표상이 된다는 것을 알려줌으로써, 남들보다 우월한 삶을 누리기를 원하는 소수의 소비자들을 겨냥하고 있다.

### (5) 〈e-리베로 '택시' 편 / 현대증권〉

| 광고언어 | 구성요소 |
|---|---|
| (SE : 탁! 택시 문닫는 소리) | |
| [손님] 요즘 택시마다 다 e-리베로 광고네! | 배경부 |
| [기사] 아, e-리베론 광고하면 안 되는데... | 배경부 |
| [손님] 왜요? | 효과부 |
| [기사] 사람들 많이 모이면 접속만 느려지잖아요! | 배경부 |
| [손님] 에이~ 대용량 서버라 접속이 빨라요! | 설명부 |
| 게다가 직원용 화면으로 정보 알차죠,<br>인터넷까지 무료니까! | 설명부 |
| [기사] 그래서 손님마다 e-리베로, e-리베로 하는구만! | 주제부 |
| [Na] 사이버투자의 강자, 현대증권 e-리베로. | 명시부 |

\* 기능별 구성요소의 쓰임
   배경부 - 효과부 - 배경부 - 설명부 - 주제주 - 명시부

(5)가 표현하고자 하는 것은 인터넷을 통한 증권투자 시스템인 e-리베로가 일반화되어 있다는 사실이다. 그것은 (5)의 상황적 배경이 택시 안이라는 점에서 알 수 있다. e-리베로와 같은 사이버 트레이딩 시스템에 대한 광고라면 일반적으로 컴퓨터를 사용할 수 있는 공간이

그 배경이 되는 것이 자연스럽다. 그러나 그 배경을 택시 안으로 설정 함으로써, 그만큼 많은 사람들이 e-리베로에 관해 알고 있음을 암시 하고 있다. 따라서 '그래서 손님마다 이 리베로, 이 리베로 하는구만!' 을 주제부로 분류하였다. 그것은 그만큼 많은 소비자들이 e-리베로에 관해 만족한다는 뜻이다. 그 근거로 '대용량 서버', '직원용 화면', '인 터넷까지 무료' 등을 들고 있다. 많은 사람이 접속해도 속도가 느려지 지 않는다는 점, 직원들만 보는 정보를 볼 수 있어 더욱 정확한 투자정 보를 접할 수 있다는 점, 그리고 인터넷까지 무료로 사용할 수 있다는 점 등이 많은 사람들이 e-리베로를 사용하는 이유인 것이다. 명시부 로 분류된 '사이버투자의 강자, 현대증권 e-리베로'를 주제부라고 생 각할 수도 있는데, 그 부분을 단순히 명시부로 분류한 것은 광고가 단 순히 시스템의 강점을 부각하는데 그치지 않고, 그 강점들로 인해 많 은 사람들이 이 시스템을 사용하고 있으므로 소비자도 사용해보라는 함축적 의미를 담고 있다고 판단하였기 때문이다.

### (6) 〈기업광고 / 국민은행〉

| 광고언어 | 구성요소 |
|---|---|
| [여] 살림하다 보면 걱정이 많죠? | 효과부 |
| 전 그때마다 국민은행을 만나요. | 배경부 |
| 결혼, 주택, 교육자금 대출은 물론 노후설계까지... | 설명부 |
| 무슨 일이든 속 시원하게 해결해 주거든요. | 설명부 |
| "국민은행, 너 밖에 없어!" | 효과부 |
| [Na] 가계 생활 금융의 모든 것. | 주제부 |
| [Song] 국민은행. | 명시부 |

\* 기능별 구성요소의 쓰임
   효과부 − 배경부 − 설명부 − 효과부 − 주제부 − 명시부

(6)은 가계 금융과 관련된 각종 대출 서비스에서 국민은행이 앞서가고 있음을 전달하기 위한 광고이다. 도입부에서 '살림하다 보면 걱정이 많죠?'라는 표현을 통해 이 광고가 부유한 사람들을 대상으로 한 광고라기보다는 평범한 서민들을 대상으로 한 광고라는 점을 말해주고 있다. 이러한 표현은 광고를 듣는 소비자들의 공감을 얻을 수 있어, 광고에 대한 거부감이나 경계심을 줄여주는 역할을 한다. 또한 뭔가 걱정을 해결할 수 있는 방안을 기대하면서 다음에 나오는 내용에 대한 관심을 높여준다는 면에서 효과부라고 볼 수 있다. '결혼, 주택, 교육자금 대출은 물론 노후설계까지…'는 국민은행이 제공하는 금융 서비스를 직접적으로 언급했다는 면에서, '무슨 일이든 속 시원하게 해결해 주거든요.'는 그렇게 다양한 서비스를 통해 국민은행이 소비자들에게 제공하는 심리적 가치를 언급했다는 면에서 설명부로 분류하였다. '가계 생활 금융의 모든 것.'이 주제부로 분류된 것은 도입부의 질문과 그 질문에 따른 설명부의 내용이 압축되어 있기 때문이다.

(7) 〈투넘버 써비스 / 한솔PCS〉

| 광고언어 | 구성요소 |
|---|---|
| [차태현] 말해줘. | 효과부 |
| [김정은] 묻지마. | 효과부 |
| [차태현] 말해줘, 그 번호. | 배경부 |
| [김정은] 안돼. | 배경부 |
| [차태현] 괜찮아. | 배경부 |
| [김정은] 묻지마. | 배경부 |
| [차태현] 살짝 말해줘. | 배경부 |
| [김정은] 안돼. | 배경부 |

| | |
|---|---|
| [차태현] 아~ 왜? | 효과부 |
| [김정은] 안돼~ | 효과부 |
| [Na] 018엔 번호가 두 개 있다. | 주제부 |
| 아무에게나 가르쳐 주는 번호와<br>한 사람에게만 가르쳐 주는 번호. | 설명부 |
| 한 대에 번호가 두 개. | 설명부 |
| 018 투넘버 서비스. | 명시부 |
| [김정은] 이 번호 묻지마, 다쳐~ | 효과부 |
| [Na] 원샷 018. | 명시부 |

* 기능별 구성요소의 쓰임
  효과부 – 배경부 – 효과부 – 주제부 – 설명부 – 명시부 – 효과부 – 명시부

(7)은 도입부부터 짧은 대화를 배치함으로써 긴장감을 높이고 있다. 두 모델의 대화는 단순히 가르쳐 달라는 것과 가르쳐 줄 수 없다는 것을 반복하고 있다. 그 반복이 곧 소비자들의 주의를 끄는 힘이 된다. 그런 무의미해 보이는 반복 끝에 어떤 내용이 나오는지가 궁금해지기 때문이다. 이런 짧은 대화가 10회에 걸쳐 오간 후 주제부로 분류된 '018엔 번호가 두 개 있다.'가 이어진다. 대화의 반복을 통해 주의를 끈 후, 직접적인 설명이 담긴 주제부를 사용하고 있다. 그 두 개의 번호를 '아무에게나 가르쳐 주는 번호와 한 사람에게만 가르쳐 주는 번호'라고 규정하고 있다. 그것은 곧 일반적으로 사용하는 번호와 함께, 은밀하게 사용할 수 있는 번호가 또 하나 있다는 것을 의미한다. 사생활을 지킬 수 있다는 면에서 한 사람에게만 가르쳐 주는 번호는 일반적인 전화번호와는 또 다른 유용함이 있다. '이 번호 묻지마, 다쳐~'는 가르쳐 줄 수 없다는 것을 보다 자극적으로 표현함으로써, 한 사람에게만 가르쳐 주는 번호의 유용함을 더욱 부각시켜 주고 있어 효과부

로 분류하였다.

## (8) 〈학교광고 / 덕성여자대학교〉

| 광고언어 | 구성요소 |
|---|---|
| [여1] 덕성여대 영문과 이보경입니다. | 효과부 |
| 웨스터민스터 대학에 교환학생으로 와 있구요, <br> 제 경쟁상대이자 친구는 토마스예요. | 설명부 |
| [여2] 유아교육과 홍민아예요. | 효과부 |
| 제 경쟁상대는 빅토리아 대학의 제니퍼죠. | 설명부 |
| [Na] 세계 속의 여성으로 크자. <br> 세계 속의 대학으로 가자. | 주제부 |
| 글로벌 스탠다드, 덕성여자대학교. | 명시부 |

\* 기능별 구성요소의 쓰임
효과부 – 설명부 – 효과부 – 설명부 – 주제부 – 명시부

(8)은 전형적인 증언 형식의 광고이다. 특정 대학에 다니는 학생들이 직접 광고에 출연하여 자신의 학교생활에 대해 이야기함으로써 소비자들에게 신뢰도를 높이고, 나아가 응시하도록 유도하려는 의도를 담고 있다. 특히 (8)에서는 세계 유수의 대학에서 공부하고 있는 여학생들의 진취적인 모습을 보여줌으로써 여자들만 모여 있어 다소 소극적인 듯한 일반적인 여대들과는 다른 이미지를 부각시키려 하고 있다. '덕성여대 영문과 이보경입니다.'라는 도입부를 효과부로 분류한 것은 실명을 언급하는 것이 '덕성여대 학생입니다.'라는 표현보다는 훨씬 구체적이어서 소비자들의 관심을 집중시킬 수 있기 때문이다. '세계 속의 여성으로 크자. 세계 속의 대학으로 가자.'는 주제부로 분류되었는데, 덕성여대를 선택하는 학생들에게 학교가 약속하는 바를 명쾌하게 담고 있

기 때문이다. 리듬감 있는 대구 형식으로 표현함으로써 소비자들은 전하고자 하는 바를 보다 쉽게 이해할 수 있다는 장점이 있다고 본다.

### (9) 〈수성대백인터빌 / 대백종합건설〉

| 광고언어 | 구성요소 |
|---|---|
| 만족이 다릅니다. | 배경부 |
| 가치가 다릅니다. | 배경부 |
| 수성구에서도 참 귀한 자리에 탄생하는 수성대백인터빌. | 설명부/명시부 |
| 넉넉한 수성구 생활, 그 중심에 사십시오. | 주제부 |
| 수성대백인터빌. | 명시부 |
| 분양문의 대구 761-3456. | 권유부 |

\* 기능별 구성요소의 쓰임
배경부 – 설명부/명시부 – 주제부 – 명시부 – 권유부

아파트는 들어서는 위치에 따라 그 가치가 달라진다. 그 때문에 많은 사람들이 좋은 위치에 건설되는 아파트에 살고 싶어 한다. (9)는 그러한 사람들의 심리를 반영한 광고이다. (9)에서 부각하고자 하는 것은 아파트라면 말할 수 있는 여러 가지 특성 중 위치에 관한 내용이다. 그러나 그 위치를 구체적으로 표현하고 있지는 않다. 단지 '수성구47)에서도 참 귀한 자리'라는 표현을 통해 수성구 중에서도 입지가 뛰어난 곳에 세워진다는 것을 암시하고 있을 뿐이다. 그 위치에 대해 구체적으로 언급하고 있지 않기 때문에, 주제부 역시 '넉넉한 수성구 생활, 그 중심에 사십시오.'와 같이 추상적인 이미지만을 제시하고 있다. 마지막의 '분양문의 대구 761-3456'을 권유부로 분류한 것은 그 부분의 의도가 단순히 전화번호 전달에만 있는 것이 아니라고 보았기 때문이

---

47) 대구광역시의 행정구역.

다. 전화번호를 제시하는 것은 아파트에 대한 궁금증이 있을 때 전화해 보라는 의미의 함축적 표현이라고 말할 수 있다. 단순히 전화번호의 제시에만 그친다면 그것은 지시적 표현에 머무는 것이지만, 그것을 넘어 전화를 하라는 권유의 의미가 담겨 있기 때문에 권유부로 분류하였다.

## (10) 〈허니문 / 대한항공〉

| 광고언어 | 구성요소 |
|---|---|
| [여] 결혼하세요? | 효과부 |
| 둘만의 허니문, 많이 기다려지시죠? | 효과부 |
| 피지, 하와이, 유럽, 호주 –<br>원하는 허니문을 선택하세요. | 설명부 |
| 설레는 그 마음까지<br>대한항공이 정성을 다해 모시겠습니다. | 주제부 |
| 대한항공 허니문 | 명시부 |

\* 기능별 구성요소의 쓰임
 효과부 – 설명부 – 주제부 – 명시부

(10)은 도입부에서부터 이 광고가 누구를 향한 광고인지를 명확하게 제시하고 있다. (10)은 결혼을 앞둔 남녀들이라는 한정된 사람들만을 대상으로 한 광고이다. 따라서 '결혼하세요?'라는 말을 들으면 결혼을 앞둔 사람들이나, 결혼을 꿈꾸는 사람들이라면 누구나 관심을 갖게 될 것이다. 거기에 이어서 '둘만의 허니문, 많이 기다려지시죠?'라는 내용을 제시함으로써 '결혼'의 설레임을 '허니문'을 통해 증폭시키고 있다. 그럼으로써 이어지는 내용에 대해 소비자들이 더욱 집중하게 하는 효과를 가져온다. 이어지는 내용은 행선지가 다양하다는 점, 서비스가 남다르다는 점 등이다. 이 두 가지 내용을 담은 부분들 중 '설레는 그

마음까지 대한항공이 정성을 다해 모시겠습니다.'를 주제부로 분류한 것은 설명부로 분류된 앞부분과 연계성 때문이다. 설명부의 주된 내용은 다양한 허니문 여행 상품이 있다는 것인데, 이러한 다양성에 서비스를 더해 가장 편리한 신혼여행을 약속하겠다는 내용이 담겨 있으므로 그 부분을 주제부로 분류하는 것이 합당하다고 본다.

## 제품군 2의 라디오 광고 분석(고관여-감성 제품군)

여기에서 분석할 광고들은 고관여-감성 제품군의 광고들이다. 분석 대상이 된 광고 제품들은 패션, 화장품, 손목시계 등이다. 이 제품군에 속하는 제품들은 살 때는 많은 비교를 하는 것은 사실이지만, 가격 대비 성능과 같은 이성적인 판단보다는 사용했을 때, 혹은 가지고 있을 때의 감성적인 만족이 더 중시되는 것들이다.

(11) 〈빌트모아 / 삼성물산〉

| 광고언어 | 구성요소 |
|---|---|
| [언니] 애애, 만났니? | 효과부 |
| [동생] 응, 그런데 그 사람 너무 바빠. | 배경부 |
| 일찍 출근하지, 출장 자주 가지, 전화통화 힘들지... | 배경부 |
| 언니, 그 사람한테선 바람소리가 나! | 배경부 |
| [언니] 안 되겠다, 얘. | 배경부 |
| [동생] 그런데 나랑 데이트할 여유는 있대. | 배경부 |
| [Na] 행동과 활동정장, 빌트모아. | 주제부/명시부 |

| [언니] 네 형부도 빌트모아였으면. | 효과부 |
| --- | --- |

\* 기능별 구성요소의 쓰임
　효과부 – 배경부 – 주제부/명시부 – 효과부

　결혼한 언니와 연애중인 여동생과의 대화를 통해 멋진 남자의 이미지를 제시하는 대화 형식의 광고이다. 전체적으로는 두 사람의 대화를 엿듣는 듯한 분위기를 풍김으로써 소비자들이 좀 더 귀를 기울이게 하는 효과를 갖고 있다. 약간은 수다스러운 두 사람의 대화를 통해 동생이 만나고 있는 남자가 묘사되고 있다. '바람소리'가 날 정도로 바쁘지만, '데이트할 여유'는 있는 남자, 다시 말해 일에는 최선을 다하면서도 여자에 대한 배려도 잊지 않는 남자를 멋진 남자의 이미지로 제시하고 있는 것이다. 이 이미지는 곧 그가 입는 옷으로 전이된다. 그것은 마지막 행의 '네 형부도 빌트모아였으면.'에서 명확히 드러난다. 여기에서 말하는 빌트모아는 제품명으로서의 빌트모아가 아니라 동생의 연인처럼 멋진 남자를 상징하는 표상으로서의 빌트모아이다. 그럼에도 불구하고 '행동파 활동정장'을 주제부로 분류한 것은 대화를 통해 제시된 빌트모아의 이미지를 신사복이라는 제품 성격에 맞도록 집약시켜 표현하였기 때문이다. 광고 안에서 제시된 '빌트모아 = 멋진 남자'라는 등식에만 국한된 표현에 그친다면 그것은 실패할 확률이 높다. 이 광고에서 중요한 것은 소비자들에게 빌트모아는 멋진 남자들에게 어울리는 '정장'이라는 메시지를 전달해야 하는 것이기 때문이다. 빌트모아라는 제품이 어떤 성격인지도 말해주지 못하면서 단순히 멋진 이미지로 포장하기만 하는 것은 이 광고의 목적이 아니다.

(12) 〈슈슈 '갑사 가는 길' 편 / 고려〉

| 광고언어 | 구성요소 |
|---|---|
| [여] 갑사 가는 길. | 배경부 |
| 계룡산의 겨울나무들 앙상한 채<br>매서운 바람에 떨고 있었다. | 배경부 |
| 남매탑의 전설이 슬픈 이 길을<br>나, 슈슈와 함께 걷고 있었다. | 배경부 |
| [남] 길이 있다. 슈슈로 간다. | 주제부 |
| 슈슈 | 명시부 |

\* 기능별 구성요소의 쓰임
배경부 - 주제부 - 명시부

　구체적인 정보는 없지만, 이 광고를 접하고 나면 슈슈라는 신발이 어떤 성격을 가진 것인지를 쉽게 알 수 있다. 그것은 (12)에서 라디오의 특성인 상상성이 충분히 발휘되고 있기 때문이다. 겨울, 갑사 가는 길의 스산함이 겨울나무, 매서운 바람, 남매탑의 전설 등과 어우러져 눈앞에 보이는 듯이 펼쳐진다. 이러한 상황적 배경이 제시된 후 이어지는 '길이 있다. 슈슈로 간다.'는 표현을 통해 제품이 등장한다. 자유로운 여행길에 어울리는 신발이라는 메시지를 여행 중 만나는 풍경을 묘사함으로써 한 편의 영상을 보는 듯한 느낌과 함께 전달하고 있다. 따라서 여행 풍경을 묘사한 부분들은 배경부로 분류하였다. 제품이 있는 상황을 시각화하고 있기 때문이다. 광고가 여행자의 시각에서 표현되고 있으므로, 말에 의해 시각화된 겨울 갑사 가는 길 속에는 이미 슈슈가 개입되어 있다. 단지, 배경 속에서 돋보이지 않을 뿐이다. 그리고 그것이 '길이 있다. 슈슈로 간다.'에 의해 등장하면서 슈슈와 함께 걷는 즐거움을 느끼게 해준다. 광고 안에서 걷는 사람이 누구인지

는 알려주지 않고 단지 그가 슈슈라는 신발을 신고 간다는 점을 주제
부를 통해 부각시킴으로써 소비자들의 관심을 제품에 집중시키고 있
다. 이러한 기법을 통해 실제 제품의 디자인이나 품질에 대해서는 단
한 줄의 언급도 없으면서 제품의 좋은 이미지를 소비자들의 가슴 속에
남게 하고 있다.

## (13) 〈쌩상 '눈에 띈다, 빨간 치마' 편 / 삼성물산〉

| 광고언어 | 구성요소 |
|---|---|
| 막 빨간 치마 하나 샀어. | 배경부 |
| 그리고 나니까 온통 빨간 치마밖에 안 보이는 거 있지. | 배경부 |
| 세상에 이렇게 빨간 치마가 많은지 오늘 첨 알았어. | 배경부 |
| 그래도 눈에 띈다, 내 빨간 치마! | 효과부 |
| 왜냐구? 그냥! | 효과부 |
| 컬러 캐주얼, 쌩상. | 주제부/명시부 |

* 기능별 구성요소의 쓰임
  배경부 – 효과부 – 주제부/명시부

(13)의 표현에서 특징적인 점은 철저한 구어체를 사용하고 있다는
점, 그리고 경어체를 사용하지 않는다는 점이다. 이를 통해 이 광고는
특정한 연령층을 겨냥하고 있음을 알 수 있다. 다양한 연령층을 대상
으로 하는 광고라면, 이렇게 반말투의 표현은 지양하였을 것이기 때문
이다. (13)에서 표현의 중심이 되는 것은 빨간 치마이다. 쌩상이라는
패션 브랜드의 대표 제품으로 빨간 치마가 등장한 것은 주제부에서 표
현되었듯이 '컬러 캐주얼'이기 때문이다. 디자인보다는 색의 독특함이
쌩상이라는 브랜드가 갖고 있는 차별점임을 알 수 있다. 따라서 도입

부의 내용들은 전체의 내용 중에서 '빨간 치마'가 돋보이도록 하는 상황적 배경들이므로 모두 배경부로 분류하였다. 이어지는 '그래도 눈에 띈다, 내 빨간 치마!', '왜냐구? 그냥!'은 논리에 맞지 않는 연결을 통해 생경한 느낌을 줌으로써 오히려 소비자들에게 주의를 환기시키고 있다고 보아 효과부로 분류하였다. '컬러 캐주얼'은 앞에서 언급한 모든 내용들이 집약되어 있으며, 쎙상이라는 브랜드를 한마디로 표현한 것이므로 주제부로 분류하였다.

### (14) 〈'가을' 편 / 헌트〉

| 광고언어 | 구성요소 |
|---|---|
| 가을이 되면 외출이 잦아지는 옷이 있죠? | 효과부 |
| 장식고리에, 착탈식 조끼,<br>큼직큼직한 주머니가 달린 헌트 사파리! | 설명부 |
| 돌아오는 길엔 주머니에 가득 가을 풍경을 담아오세요. | 주제부 |
| 헌트인의 자부심, 헌트. | 명시부 |

\* 기능별 구성요소의 쓰임
  효과부 – 설명부 – 주제부 – 명시부

'가을이 되면 외출이 잦아지는 옷이 있죠?'라는 질문으로 시작되는 (14)는 도입부부터 독특한 느낌을 받게 한다. 가을이 되면 사람들이 많이 입는 옷이 있다는 것을 '외출이 잦아지는 옷'이라고 표현함으로써 다른 가을 옷에 비해 유달리 사랑받는 뭔가가 있을 것 같은 궁금증을 갖게 한다. 그 과정에서 소비자들의 관심을 높일 것이므로 이 부분을 효과부로 분류하였다. (14)의 독특한 점은 일반적인 패션광고와는 달리 설명부를 사용하고 있다는 것이다. 이 설명부는 효과부에서 제기한 의문에 대한 답을 제시하면서 자연스럽게 헌트 사파리의 특징을 전

달해 주고 있다. '돌아오는 길엔 주머니에 가득 가을 풍경을 담아오세
요.'는 헌트 사파리를 입었을 때의 느낌과 기분을 표현한 것으로, 단순
히 제품의 소개에만 그치지 않고 옷의 가치와 이미지를 전달하고 있다
는 점에서 주제부로 분류하였다. 이 표현은 설명부의 '큼직큼직한 주
머니'와 연관지어 생각할 수 있는 것으로, 제품의 물성적 특징이 어떻
게 소비자들의 감성적 만족으로 연결되는지를 알 수 있게 해준다.

(15) 〈돈앤돈스 / 좋은 사람들〉

| 광고언어 | 구성요소 |
|---|---|
| [여] 즐거운 내의 돈앤돈스, 즐거운 내의 돈앤돈스, 즐거운 내의 돈앤돈스, 즐거운 내의 돈앤돈스, 네 번! | 효과부 |
| [남] 즐거운 내의 돈앤돈스, 즐거운 내의 돈앤돈스, 즐거운 내의 돈앤돈스, 즐거운 내의 돈앤돈스, 즐거운 내의 돈앤돈스, 난 다섯 번, 아하하! | 효과부 |
| [여] 입으면 즐겁습니다. | 주제부 |
| 즐거운 내의, 돈앤돈스 [남] 주식회사 좋은 사람들. | 명시부 |
| [여] 너두 해봐. | 효과부 |

\* 기능별 구성요소의 쓰임
  효과부 – 주제부 – 명시부 – 효과부

(15)는 독특한 표현보다는 메시지를 전달하기 위한 아이디어가 돋보
인다. 이 광고의 상황적 배경은 남자와 여자가 단숨에 '즐거운 내의 돈
앤돈스'를 얼마나 여러 번 말할 수 있나 내기를 하는 것이다. 빠른 속도
로 같은 말을 반복함으로써, 관심없이 듣던 소비자들의 귀를 사로잡는
자극적인 표현을 만들어 내었다. 내용상으로는 좋은 내의를 입었을 때

의 기분 좋은 느낌을 '즐겁다.'라는 기분으로 표현하고, 그 즐거움을
게임의 즐거움과 결합하여 표현하였다. 제품에 대한 구체적인 정보는
제공하지 않은 채, 오로지 '즐거운 내의 돈앤돈스'라는 메시지 하나만
을 집중적으로 부각시키고 있다. 또한 광고 안에서 남자와 여자, 두
화자가 대화를 나누다가 마지막의 '너두 해봐.'를 통해 소비자를 게임
에 개입시킴으로써 광고 속의 게임에 현실의 소비자들이 참여하도록
유도하고 있다. 주제부로 분류된 '입으면 즐겁습니다.'는 '즐거운 내의
돈앤돈스'가 메시지로서의 역할보다는 게임의 소재로서의 역할에 머물
수 있기 때문에 보다 명확한 메시지 전달을 위해 사용된 것으로 보인다.

### (16) 〈아이비 클럽 '버스' 편 / 제일모직〉

| 광고언어 | 구성요소 |
|---|---|
| (SE : 버스 안 소음, 버스 타는 발걸음 소리) | |
| [여1] (속삭이듯) 저 교복, 자세 나온다. | 배경부 |
| [여2] 눈을 뗄 수가 없어. | 배경부 |
| [Na] 자세가 나온다! | 주제부 |
| 패션학생복, 아~~이비,<br>아~~~~이비 클럽~ | 명시부 |
| [남] 저거 교복 맞아? | 효과부 |

\* 기능별 구성요소의 쓰임
　배경부 - 주제부 - 명시부 - 효과부

　(16)이 대상으로 하는 연령층은 교복을 입어야 하는 중고등 학생들
이다. (16)에서는 그들이 흔히 쓰는 말을 광고에 사용함으로써 광고에
대한 거부감을 줄이고, 나아가 교복에 대한 거부감을 줄여 제품을 선
택하도록 유도하려는 의도를 갖고 있다. '자세 나온다.'는 멋있다는 의

미로 쓰인 것으로 보이는데, '자세'라는 말을 통해 이 교복을 입으면 사람들의 시선을 모을 수 있는 멋진 자세가 연출된다는 함축적 의미를 담고 있는 것으로 생각된다. 따라서 주제부로 분류된 '자세가 나온다!'는 기존의 교복과는 달리 패션 감각에서 앞서가는 교복이라는 메시지를 담고 있다. 효과부로 분류된 '저거 교복 맞아?'는 지시적인 의미로는 저것이 교복인가, 아닌가 하는 질문일 뿐이다. 하지만 그 안에 담긴 함축적 의미는 교복이라고 할 수 없을 정도로 멋있다는 뜻이다. 제품의 특성상 그 대상 연령층이 한정되어 있긴 하지만, 이렇게 말을 통해 이 광고와 제품이 어떤 연령층을 대상으로 삼고 있다는 것을 명확히 보여주고 있는 것이 이 광고의 언어적 특징이다. 발화 상황도 독특하다. 버스 안에서 발화가 이루어지고는 있지만, 일상적인 발화가 아니라 버스 안의 여학생들이 버스에 탄 누군가를 보며 그가 들을까 속삭이듯 말하고 있다. 이는 라디오의 특징인 상상성을 발휘하도록 하는 것으로, 구체적으로 어떻게 멋있는지는 알 수 없지만 버스에 탄 여학생들이 '눈을 뗄 수 없'을 정도로 멋있어 보이는 누군가가 그들의, 그리고 소비자의 눈앞에 서 있는 듯한 상상을 가능하게 한다. 남들이 볼 때 멋있다는 것은 자신이 스스로 멋있다고 느끼는 것보다 훨씬 객관적이라는 점에서 이 광고는 속삭이는 여학생들의 대화를 빌어 제품의 패션성을 잘 드러내고 있다고 하겠다.

## (17) 〈에리트 베이직 / 새한〉

| 광고언어 | 구성요소 |
| --- | --- |
| 안녕하세요, 강타입니다. | 효과부 |
| 강타가 학생복을 입은 이유요? | 배경부 |

| | |
|---|---|
| 음... 제 마음을 강타하는 아주 막강한 스타일을 찾았거든요. | 배경부 |
| 막강비례 3:7 | 주제부 |
| 에리트 베이직. | 명시부 |

* 기능별 구성요소의 쓰임
효과부 - 배경부 - 주제부 - 명시부.

(17)은 전형적인 증언 형식의 광고이다. 강타[48]라는 모델을 기용, 제품의 특징을 말하게 함으로써 모델의 이미지를 제품의 이미지로 전이시키고 있다. 특히 '제 마음을 강타하는'과 같은 표현을 통해 모델의 이름 강타와 마음에 강하게 와닿는다는 의미로 쓰인 강타를 대비시킴으로써 언어의 중의성을 활용하고 있다. 도입부의 '안녕하세요, 강타입니다.'는 인기있는 모델을 통해 소비자들의 주의를 환기시키고 있어 효과부로 분류하였다. 주제부로 분류된 '막강비례 3:7'은 (16)에서의 '자세가 나온다!'와 마찬가지로 특별한 이유는 제시하고 있지 않지만 그만큼 다리가 길어보이는 학생복임을 암시하고 있다.

### (18) 〈마몽드 $O_2$ 바이탈UV 화이트닝 / 태평양〉

| 광고언어 | 구성요소 |
|---|---|
| 상큼한 여자, 이매리가 드리는 말씀! | 효과부 |
| 여름 피부는 자외선에 약하다? | 배경부 |
| 천만의 말씀! | 효과부 |
| 마몽드 $O_2$ 바이탈UV 화이트닝. | 명시부 |
| 하얗고 산뜻한 여름피부 대책. | 주제부 |
| $O_2$ 바이탈UV 화이트닝. | 명시부 |

---

48) 교복의 주 구매자들인 10대들에게 인기있는 가수.

| | |
|---|---|
| 정말 하얗게 지키냐구요? | 효과부 |
| 당연한 말씀. | 효과부 |
| 태평양 | 명시부 |

\* 기능별 구성요소의 쓰임
효과부 – 배경부 – 효과부 – 명시부 – 주제부 – 효과부 – 명시부

(18)에서는 이매리49)를 기용하여 제품에 관해 이야기하고 있으나 (17)과 같이 증언 형식의 광고라고 말하기는 어렵다. (17)의 경우는 '강타가 교복을 입는 이유는…'과 같은 표현을 통해 마치 모델이 그 학생복을 입어본 것처럼 표현하였으나, (18)에서는 단순히 제품이 갖고 있는 특성, 그 제품을 발랐을 때의 효과를 '~한 말씀'이라는 표현을 반복하면서 전달하고 있기 때문이다. (18)은 리듬감 있는 구어체로 구성되어 직접 전달이라는 인상이 다소 완화되어 있긴 하지만, 전체적인 형식은 직접 전달 형식이라고 말할 수 있다. 구성상으로는 화자가 스스로 질문과 대답을 하면서 제품에 관해 설명하는 형식으로 이루어져 있다. 내용상으로는 여름철 자외선으로부터 피부를 하얗게 지키는 방법을 말하고 있다. 소비자에게 중요한 것은 어떤 원리로 하얗게 지키느냐가 아니라, 얼마나 하얗게 지켜주는가 하는 것이기 때문에 제품이 갖고 있는 성분이나 품질에 대한 언급은 없고, 단지 태평양이라는 기업명이 제품의 품질을 보증하는 근거가 되고 있다. 광고에서 강조되는 것은 하얗게 지킨다는 기능뿐이다. 이것을 설명하기 위해 '이매리가 드리는 말씀', '천만의 말씀', '당연한 말씀'을 사용하여 설득논리를 전개해 나가고 있다.

---

49) 방송에서 활동하는 전문MC임.

## (19) 〈세르비오 엔시아 '잘 먹는 투웨이케이크' 편 / 코리아나〉

| 광고언어 | 구성요소 |
| --- | --- |
| [매장직원] 뭘 드릴까요? | 배경부 |
| [여1]　　　다~ 보여주세요. | 배경부 |
| 　　　　　디자인 보고 사지, 뭐. | 배경부 |
| [매장직원] (독백) 쯧쯧, 겉멋만 들었어. | 배경부 |
| [여2]　　　잘 먹는 투웨이케이크 주세요! | 배경부 |
| [매장직원] (독백) 화장할 줄 아는 여자네. | 배경부 |
| 　　　　　좋았어! | 효과부 |
| [Na]　　　아름다움은 매장에서부터 시작된다. | 주제부 |
| 　　　　　잘 먹는 투웨이케이크,<br>세르비아 엔시아.<br>코리아나. | 명시부 |

\* 기능별 구성요소의 쓰임
　배경부 – 효과부 – 주제부 – 명시부

　(19)에는 세 사람의 화자가 등장한다. 세 화자는 화장품 매장이라는 같은 공간 안에 있다. 두 사람은 손님이고 한 사람은 매장직원이다. 따라서 일반적인 경우라면 이들 간에 대화가 있어야 한다. 그러나 (19)에서는 그러한 대화가 이루어지지 않는다. 각자 발화가 있긴 하지만, 대화를 위한 발화는 아니다. (19)가 갖고 있는 특징은 바로 이런 점이다. 뭔가 어긋난 듯한 대화 상황을 설정함으로써 소비자들로 하여금 일상적인 대화 상황과 다른데서 오는 생경함을 느끼게 하고, 그런 생경함을 해소하기 위해 소비자는 광고에 더욱 몰입하게 되는 것이다. 그렇다면 (19)의 핵심 메시지, 즉 주제부는 무엇인가. 여기에서는 '아름다움은 매장에서부터 시작된다.'를 주제부로 분류하였다. 그 이유는 전체적인 상황이 매장에서 투웨이케이크를 구입하는 데 초점이 맞춰

져 있기 때문이다. '잘 먹는 투웨이케이크'도 제품의 특성을 집약하여 표현했다는 점에서 주제부로 볼 수 없는 것은 아니지만, 광고 전체의 상황적 맥락에서 살펴보면 제품이 갖고 있는 특성보다는 소비자들의 구매습관 쪽에 더 무게가 가 있다고 보여지므로, '잘 먹는 투웨이케이크'는 주제부가 될 수 없다고 생각된다.

(20) 〈하이드로 에센스/ 라네즈〉

| 광고언어 | 구성요소 |
|---|---|
| [여]  59분 기상정보~ | 배경부 |
| [Na] 날씨에 수분을 뺏기지 말자! | 효과부 |
| 오늘도 메마르지 않았습니다. | 주제부 |
| 라네즈 울트라 하이드로 에센스.<br>에브리데이 뉴 페이스, 라네즈. | 명시부 |

\* 기능별 구성요소의 쓰임
배경부 - 효과부 - 주제부 - 명시부

(20)에서는 라디오의 일기 예보 프로그램의 형식을 도입하였다. 앞에서 언급했던 바와 같이, 라디오 청취자들은 일기 예보에 큰 관심을 갖는다. 따라서 라디오가 갖고 있는 병행성이라는 특성에 의해 라디오 광고에 주목하기 어려운 소비자들을 일기 예보 형식을 통해 집중시키고 전하고자 하는 메시지를 전달하는 것이다. 이 광고의 핵심 메시지는 제품이 피부에 수분을 공급하기 때문에 피부가 메마르지 않는다는 것이다. 그런 점을 보다 효과적으로 표현하기 위해 날씨와 피부상태를 대비시켜 '날씨에 수분을 뺏기지 말자!'라고 선언하고 있다. 이 선언을 통해 소비자들은 제품에 대한 기대감을 갖게 되므로, 이 부분을 효과부로 분류하였다. 그리고 제품의 효용이 한마디로 집약된 '오늘도 메

마르지 않았습니다.'를 주제부로 분류하였다.

## 제품군 3의 라디오 광고 분석(저관여-이성 제품군)

여기에서 분석할 라디오 광고들은 저관여-이성 제품군의 광고들이다. 분석의 대상이 된 제품들은 제약, 드링크, 식품, 세제, 욕실용품, 위생용품, 출판, 신용카드, 정유, 기타 등이다. 처음에 선택하기는 쉽지 않지만, 대체로 한번 사용하게 되면 습관적으로 특정 브랜드를 지속적으로 사용하게 되는 제품들을 말한다.

### (21) 〈케토톱 / 태평양제약〉

| 광고언어 | 구성요소 |
|---|---|
| [여] 영수야~ 도시락! | 효과부 |
| [Na] 대한민국 아줌마는 버스보다 빠르다! | 배경부 |
| 빠르게 캐낸다, 케토톱! | 설명부/명시부 |
| 관절염 빠르게 캐내십시오. | 주제부 |
| 케토톱. | 명시부 |
| [여] 관절 파이팅! 케토톱 파이팅! | 효과부 |

\* 기능별 구성요소의 쓰임
  효과부 - 배경부 - 설명부/명시부 - 주제부 - 명시부 - 효과부

(21)에서 표현의 독특한 면을 찾아낸다면 '캐낸다.'와 '케토톱'의 관계이다. 제품명과 광고 표현 사이에서 'ㅋ'이 반복되고 있는 두운의 유형을 띠고 있기 때문이다(이현우:1998, 27). 이러한 관심은 음운적 관찰에 의한 것으로, 광고 표현 전체에 관한 관심이라기보다는 일부분에

서 나타나는 현상에 대한 관심이라고 말할 수 있다. (21)을 보면 오히
려 '캐낸다'와 '케토톱'의 관계는 큰 의미를 차지하지 못한다. 그 둘 간
의 관계는 수사학적 관점에서 보면 두운법에 속하지만, 광고라는 측면
에서 보면 제품명을 보다 쉽게 알리려는 표현기법임을 알 수 있다. '케
토톱'이라는 생소한 제품명을 알려주기 위해 '관절염을 캐낸다.'는 표
현을 병용하는 것이기 때문이다. (21)에서 중요한 역할을 차지하고 있
는 것은 '빠르다.'이다. (21)은 도입부에서 '대한민국 아줌마는 버스보
다 빠르다.'라는 의외의 상황을 제시하여 소비자들의 관심을 끌고 있
다. 그 '빠르다'는 것은 뒤에서 케토톱의 약효가 '빠르다'는 것과 연결
된다. 약효가 빠르기 때문에 케토톱을 사용하는 아줌마는 버스보다 빨
리 달릴 수 있다는 다소 과장된 메시지가 이 광고의 중심을 이루고 있
다. 그 과장된 메시지는 약효가 뛰어나다는 것을 입증하는 근거로 받
아들여질 수 있다. 약효가 빠르다는 것을 설득적으로 설명하는 것도
한 방법일 수 있지만, 버스보다 빠르다는 과장된 상황을 제시함으로써
보다 쉽게 받아들여질 수 있었다고 본다. 따라서 '관절염 빠르게 캐내
십시오.'가 주제부로 분류된다. 이 광고의 초점은 관절염을 캐내는 것
에 그치지 않고, '빠르게' 캐내는 것에 맞춰져 있기 때문이다. 마지막
의 '관절 파이팅! 케토톱 파이팅!'은 광고의 마지막 부분에서 강한 인
상을 남겨 주기 위해 사용되었다고 보아 효과부로 분류하였다.

(22) 〈비코그린 / 코오롱제약〉

| 광고언어 | 구성요소 |
|---|---|
| 즐겁다. | 효과부 |
| 즐겁다. | 효과부 |

| | |
|---|---|
| 화장실 가는 게 즐겁다. | 배경부 |
| 즐거운 변비약, 비코그린. | 주제부/명시부 |
| 생약과 양약의 복합성분으로 빠르고 부드럽게. | 설명부 |
| 비켜 비켜 변비 비켜! | 효과부 |
| 하하하하하하하하 | 효과부 |
| 코오롱제약 비코그린. | 명시부 |

\* 기능별 구성요소의 쓰임
　효과부 – 배경부 – 주제부/명시부 – 설명부 – 효과부 – 명시부

(22)에서 볼 수 있는 표현 상 특징은 (21)에서와 같이 제품명을 기억시키기 위한 언어적 장치를 사용하고 있다는 점이다. '비코그린'이라는 이름을 소비자들에게 쉽게 기억시키기 위해 '비켜 비켜 변비 비켜!'와 같은 표현을 사용하고 있다. 발음상의 유사성 때문에 기억하기 쉽고, 또한 변비 치료제라는 제품의 성격을 '변비 비켜!'라는 표현을 통해 나타내 주고 있다. 따라서 '비켜 비켜 변비 비켜!'는 제품에 대한 소비자의 청각적 관심을 높여준다는 면에서 효과부로 분류되었다. 또한 도입부에서도 '즐겁다.'를 2회 반복하여 소비자들의 호기심을 자극하고 있다. 왜 즐거운지를 명확히 밝히지 않은 채 '즐겁다.'만을 반복하기 때문에, 소비자들은 그 원인을 알기 위해 광고에 더욱 집중하게 된다. 따라서 소비자들의 호기심을 자극하고, 광고에 대한 주의를 환기시키고 있다는 면에서 2회에 걸친 '즐겁다.'는 모두 효과부로 분류되었다. '즐거운 변비약, 비코그린.'은 비코그린이라는 변비약을 단순히 변비 해소라는 약리적 성격에 국한시키지 않고 복용 후 소비자들이 느낄 수 있는 감성적 가치까지 표현했다는 면에서 주제부로 분류하였다.

(23) 〈짜장파티 / 오뚜기라면〉

| 광고언어 | 구성요소 |
|---|---|
| [남] 자장파리~ | 배경부 |
| [여] 짜! 장! 파! 티! | 명시부 |
| [남] 그래, 자장파리... | 배경부 |
| [여] 아, 짜 장 파 티 라니까. | 명시부 |
| 넌 짬뽕을 잠봉이라고 읽냐? | 배경부 |
| [남] 으윽~ | 효과부 |
| [Na] 제대로 알고 제대로 먹자. | 주제부 |
| [남] 자장파티 ~ | 배경부 |
| [여] 야~ | 효과부 |
| [Na] 오뚜기 짜장파티. | 명시부 |

\* 기능별 구성요소의 쓰임
배경부 – 명시부 – 배경부 – 명시부 – 배경부 – 효과부 – 주제부 – 배경부 –
효과부 – 명시부

유사한 제품이 많은 시장상황[50])에서 소비자들에게 제품명인 '짜장
파티'를 어떻게 정확히 알려줄 것인가. 그것이 바로 이 광고의 목적이
다. 특히, 제품간의 차별점을 명확히 느끼기도 어렵고, 원치 않는 제
품을 구매했을 때 생겨나는 문제점도 그리 큰 편이 아니기 때문에 제
품 그 자체로 제품명을 차별화하는 것은 거의 불가능하다. 따라서 제
품명을 정확히 전달하기 위한 광고적 장치들이 필요한데, 일반적으로
쓰이는 방법은 (21)이나 (22)에서처럼 제품명과 비슷한 발음의 어휘들

50) 오뚜기의 경쟁사인 농심의 경우 '짜파게티', '사천짜장'을, 야쿠르트에서는 '팔도짜
장면', 삼양식품에서는 '짜짜로니', '수타짜장' 등이 있으며, 오뚜기에서도 '짜장파티'
와 별도로 '북경반점'을 생산하는 등, 유사한 제품이 시장에서 치열한 경쟁을 벌이고
있다. – www.nongshim.com, www.yakult.co.kr, www.samyangfood.co.kr,
www.ottogi.co.kr.

을 결합하여 사용함으로써 제품명과 제품의 효용을 주입시키는 것이
다. 하지만 (23)에서는 (21), (22)와 달리 제품명을 기억시키기 위해
발음 공부라는 상황을 도입하였다. 광고 안에 등장한 여자가 '자장파
리'라는 남자의 발음을 '짜장파티'로 교정해 주는 것이 이 광고의 주된
내용이다. 특히 '짜! 장! 파! 티!'와 같이 한 음절씩 강조해서 불러주는
것은 제품명을 더욱 강력하게 부각시켜 주는 효과적인 방법으로 보인
다. 그것이 억지가 아니라 광고 안의 이야기 흐름에 따라 자연스럽게
나올 수 있기 때문에 더욱 그렇다. 따라서 도입부의 '자장파리~'는 부
정확하긴 하지만 제품명을 이야기했다는 면에서 명시부로 볼 수도 있
으나, 발음 공부라는 상황을 제시하기 위한 배경부로 분류하는 것이
더 합당하다고 본다. '넌 짬뽕을 잠봉이라고 읽냐?'는 발음 공부를 하
고 있는 상황적 배경을 더욱 풍부하게 만들어 주기 때문에 효과부로
분류하였다. 전편에 걸친 이러한 노력들이 집약되어 있는 부분이 바로
'제대로 알고 제대로 먹자.'이다. 비슷한 제품이라고 대충 아무거나 사
서 먹지 말고 정확히 짜장파티를 먹으라는 광고주의 의도가 담겨 있
다. 따라서 이 부분을 주제부로 분류하였다. 제품의 특성을 강조하였
다기보다는 구체적이지는 않지만 '제대로'라는 말을 통해 제품을 먹었
을 때 얻을 수 있는 가치를 표현해 주고 있기 때문이다.

**(24) 〈롯데미림 '한잔 받으세요, 김치찌개' 편 / 롯데칠성〉**

| 광고언어 | 구성요소 |
|---|---|
| (SE : 보글보글, 찌개 끓는 소리) | |
| [여]　김치찌개님~<br>　　　미림 한 잔 받으세요! | 배경부 |

| | | |
|---|---|---|
| 국물맛 시원~ 하고,<br>김치맛 개운~ 하고. | | 주제부 |
| [남] | 캬~ 맛있다, 여보~ | 효과부 |
| [Song] | 롯데 미림 | 명시부 |
| [Na] | 미림이 마술이에요! | 효과부 |

\* 기능별 구성요소의 쓰임
 배경부 – 주제부 – 효과부 – 명시부 – 효과부

　(24)는 제품이 요리용 술이라는 데서 착안한 아이디어이다. 김치찌개에 미림을 넣는다는 것을 광고에서는 '김치찌개님~ 미림 한 잔 받으세요!'라고 표현하고 있다. 이러한 표현을 통해 미림을 넣는다는 것이 단순한 조미료를 넣는 것 이상의 가치가 있음을 느끼게 해주고 있으며, 또한 김치찌개에도 미림을 넣는 상황을 보여줌으로써 특별한 요리뿐만 아니라 김치찌개와 같이 일상적인 음식도 미림을 넣으면 맛이 달라질 수 있다는 점을 알게 해준다. 그런 면에서 보면 '김치찌개님~ 미림 한 잔 받으세요!'는 함축적인 의미로 파악하였을 때 김치찌개에도 미림을 넣으라는 권유부의 성격을 갖고 있다고 생각할 수도 있다. 그러나 이 경우에는 김치찌개가 더 맛있는 김치찌개로 바뀌게 되는 상황적 배경으로 기능한다는 면에서 배경부로 분류하였다. 그리고 '국물맛 시원~하고, 김치맛 개운~하고.'는 미림을 김치찌개에 넣었을 때 소비자가 받을 수 있는 이익이 집약되어 있다는 면에서 주제부로 분류하였다. 마지막 행인 '미림이 마술이에요.'는 마치 음식에 마술이 걸린 듯 미림을 넣으면 맛이 바뀐다는 함축적으로 표현하고 있는 내용으로, 제품에 관한 강한 인상을 남겨줌으로 해서 소비자들로 하여금 제품에 대해 더 큰 관심을 가질 수 있도록 유도하기 위한 의도로 사용된 부분이

다. 따라서 효과부로 분류하였다.

## (25) 〈다시다 / 제일제당〉

| 광고언어 | 구성요소 |
|---|---|
| (SE : 도마소리, 라디오 음악소리, 전화벨 소리) | |
| [남] (전화목소리) | |
| 난데~ 오늘 좀 늦어! | 배경부 |
| 먼저 저녁 먹어. | 배경부 |
| [여] (실망한 듯) 네~ | 배경부 |
| (SE : 된장찌개 끓는 소리) | |
| [여] (독백) 불 위의 된장찌개가 울고 있다. | 배경부 |
| [아이] (아빠 흉내내며) 캬~ 시원한데! | 효과부 |
| [여] 뭐? 호호호… | 효과부 |
| [Na] 가족과 함께 먹는 저녁에 제일 맛있습니다. | 주제부 |
| 다시다. | 명시부 |

\* 기능별 구성요소의 쓰임
  배경부 – 효과부 – 주제부 – 명시부

(25)는 전형적인 드라마 형식의 라디오 광고이다. 제품으로부터 소비자들이 받을 수 있는 편익, 제품이 갖고 있는 특성을 부각시키는 것이 아니라, 그 제품이 사용되는 자연스러운 상황 속에서 제품과 우리 생활과의 관계를 강화시켜주는 광고라고 말할 수 있다. 이런 광고는 제품이 생활 속에 깊이 자리잡고 있을 때 가능하다. 누구나 자연스럽게 생활의 일부로 그 제품을 사용하고 있을 때, 그 제품과 생활의 모습 사이에서 한 편의 작은 드라마가 탄생하는 것이다. (25)에서 보여주는 드라마는 남편을 기다리며 된장찌개를 끓이고 있는 주부가 저녁식사를 하고 들어오겠다는 남편의 전화를 받고 실망하다가, 아이의 익살스

러운 아빠 흉내로 기분이 풀어진다는 내용을 담고 있다. 어떻게 보면 평이해 보이는 이런 내용들이 라디오 광고에서 한 편의 드라마처럼 엮여질 수 있는 것은 소비자들의 상상력을 자극하는 표현들이 있어 가능하다고 본다. 남편이 저녁식사를 하고 돌아온다는 전화를 받고 실망한 아내의 모습을 '불 위의 된장찌개가 울고 있다.'라고 표현함으로써 서운한 마음으로 끓고 있는 된장찌개를 바라보는 아내의 모습을 떠올리게 한다. 그리고 아이의 익살로 기분이 풀어진 아내의 웃음 뒤에 '가족과 함께 먹는 저녁이 제일 맛있습니다.'라는 표현을 더함으로써 된장찌개를 중심으로 둘러앉은 가족의 행복한 모습을 떠올리게 한다. 라디오가 갖고 있는 상상성이라는 특성을 잘 활용한 이 광고는, 다양한 음향효과와 어우러져 기분 좋게 끝나는 작은 드라마를 만들어 가고 있다. '불 위의 된장찌개가 울고 있다.'는 아내의 마음을 표현함과 동시에 다시다를 넣어 만든 찌개가 애처롭게 끓고 있는 상황을 보여준다는 면에서 배경부로 분류하였다. '가족과 함께 먹는 저녁이 제일 맛있습니다.'는 다시다라는 제품을 통해 광고주가 소비자들에게 하고 싶은 핵심 메시지라는 면에서 주제부로 분류하였다. (24)에서 미림을 넣으면 음식이 맛있어진다는 것을 직접 표현하지 않아도 가장 맛있는 '가족과 함께 먹는 저녁'에 다시다가 함께 한다는 것을 느끼게 함으로써 제품이 갖고 있는 감성적 가치를 높여주고 있다.

(26) 〈LG센스비누 / LG화학〉

| 광고언어 | 구성요소 |
|---|---|
| 까만 스타킹 위에 하얀 양말 신는 여자와 여드름 난 여자의 공통점은? | 배경부 |

| | |
|---|---|
| 뭔데? | 배경부 |
| 그럼 미팅 나가서 음료수 두개 시키는 여자와 여드름 난 여자의 공통점은? | 배경부 |
| 뭔데에? | 배경부 |
| 센스가 없다. | 배경부 |
| 센스. | 명시부 |
| 여드름 비누, LG센스. | 주제부/명시부 |
| 여드름 있으면 센스 없다. | 효과부 |

\* 기능별 구성요소의 쓰임
배경부 – 명시부 – 주제부/명시부 – 효과부

(26)에서 가장 돋보이는 것은 센스의 중의성이다. 광고 내에서 센스는 '감각이 있다.'는 뜻과 제품명의 두 가지 의미로 사용된다. '까만 스타킹 위에 하얀 양말을 신는 여자'는 패션 센스가 없다. '미팅 나가서 음료수 두 개 시키는 여자'는 여자로서의 도도함을 지키려는 센스가 없다. 이 두 가지는 젊은층이라면 별 무리 없이 이해할 수 있는 것들이다. 그러나 '까만 스타킹 위에 하얀 양말을 신는 여자와 여드름 난 여자의 공통점은?', '미팅 나가서 음료수 두 개 시키는 여자와 여드름 난 여자의 공통점은?'이라는 질문에 이르면 그 대답이 쉽지 않다. 광고에서는 '센스가 없다.'는 답을 제시한다. 이러한 답은 소비자들로서는 쉽게 이해할 수 있는 것이 아니다. 따라서 그 답에 대한 궁금증을 해소하기 위해 소비자들은 광고에 더욱 몰입하게 되는 것이다. 그 궁금증은 주제부인 '여드름 비누, LG센스'에 와서 해소가 된다. 센스가 중의적으로 쓰였음을 알게 되는 것이다. 마지막 행의 '여드름 있으면 센스 없다.'는 여드름이 있는 여자는 센스 없는 여자다, 라는 의미와 여드름이 있는 여자는 센스 비누를 사용하지 않는 여자라 라는 두 가지 의미를

담고 있는 중의적 문장으로 여드름과 센스와의 관계를 다시 한번 결속
시켜 주는 역할을 담당하고 있다. 따라서 광고 표현을 통해 제품에 관
한 관심이 높여진다는 면에서 효과부로 분류하였다.

## (27) 〈헤어팩 샴푸린스 / 태평양〉

| 광고언어 | 구성요소 |
| --- | --- |
| [Na] 색이 빠지고 갈라진다! | 배경부 |
| 푸석푸석 윤기가 없다! | 배경부 |
| 린스로 살리자. | 배경부 |
| 비타민 헤어팩 염색모발용 린스~ | 명시부 |
| 염색머리! 팩~ 하세요! | 주제부 |
| 헤어팩 샴푸·린스, | |
| 태평양. | 명시부 |

\* 기능별 구성요소의 쓰임
배경부 - 명시부 - 주제부 - 명시부

(27)은 전형적인 직접 전달 형식의 라디오 광고이다. 머리 염색이
일반화되어 있는 요즘, 염색으로 인한 모발의 손상을 직접적으로 표현
하고, 그 해결책으로 제품을 제시함으로써 제품의 효용을 부각시키고
있다. 따라서 모발 손상을 표현한 '색이 빠지고 갈라진다!', '푸석푸석
윤기가 없다!'와 '린스로 살리자.'는 배경부로 분류할 수 있다. 이들은
모두 비타민 헤어팩 염색모발용 린스가 등장하기 위한 상황적 배경이
되기 때문이다. 표현 상 재미있는 부분은 '염색머리! 팩~하세요!'이
다. 염색머리에는 팩을 하라는 의미인데, '팩하세요!'는 '팩'이라는 어
근에 '-하다'라는 접미사가 쓰여 파생된 임시어[51]이다. 그리고 또한

---

51) 한 언어 공동체의 개별 구성원이 일시적으로 만들어 사용하고 있으나, 사회적 승

'팩하세요!' 속에는 모발을 피부처럼 소중하게 보호하라는 의미가 담겨 있다. 팩은 일반적으로 피부에 바르는 화장품이기 때문이다. 제품명에도 나와 있듯이, 이러한 표현을 통해 (27)은 마치 피부에 팩을 바르는 것처럼 모발에 작용하여 염색으로 손상되기 쉬운 모발을 보호해 준다는 의미를 전달해 주고 있다.

### (28) 〈동아전과 '부드러운 공부' 편 / 두산동아〉

| 광고언어 | 구성요소 |
|---|---|
| [아이1] 교과서는 너무 딱딱해! | 효과부 |
| [아이2] 에이, 재미없어! | 효과부 |
| [여]　교과서를 부드럽게 풀어 쓴 동아전과! | 설명부 |
| 　　　아이에 맞게, 하나하나 부드럽게,<br>　　　구석구석 재미있게 - | 설명부 |
| 　　　공부도 부드러워야 소화가 잘 돼죠. | 설명부 |
| [남]　부드러운 동아전과,<br>　　　이제 학교공부가 부드러워집니다. | 주제부 |
| 　　　두산동아. | 명시부 |

\* 기능별 구성요소의 쓰임
　효과부 - 설명부 - 주제부 - 명시부

　(28)은 딱딱함과 부드러움의 비교를 통해 동아전과의 장점을 부각시키는 광고이다. (28)에서 관심을 갖고 볼 부분은 역시 중의성의 활용이다. '딱딱함'과 '부드러움'이 각각의 중의성을 활용하여 광고 메시지 전달에 기여하고 있다. '딱딱함'은 재미없다는 의미와 소화하기에

---

인을 얻지 못한 상태의 단어(정재은:2003, 146). 유사한 형태로 '엘라스틴하다.', '구몬하다', '팅하다', '데오그란트하다', 'Say하다', '쿠쿠하다', '피죤하다' 등이 있다(정재은:2003, 156).

어렵다는 의미로 사용되고 있다. '교과서는 너무 딱딱해!'와 같은 표현은 지시적인 의미로 볼 때는 교과서는 재미없다는 것으로 받아들일 수 있다. 그러나 '공부도 부드러워야 소화가 잘 돼죠.'와 같은 표현과 비교해 볼 때는 단순히 재미없다는 것으로는 그 의미를 설명하기가 어렵다. 이 경우에는 소화하기 어렵다는 의미, 즉 실력 향상에 도움이 되지 않는다는 의미로 파악하는 것이 합당하다고 본다. '부드러움'의 경우는 '딱딱함'과 대비되어 재미있다는 의미로 파악될 수 있으나, 거기에 소화하기 쉽다, 즉 실력 향상에 도움이 된다는 의미로도 파악할 수 있다. 이러한 의미의 대립쌍을 중심으로 광고의 도입부에서는 기존 교과서는 딱딱하다는 문제점을 제시하고, 부드럽게 구성된 동아전과가 그 문제가 해결해 주고 있음을 보여주고 있다. 주제부로 분류된 '부드러운 동아전과, 이제 학교공부가 부드러워집니다.'에서는 부드러움의 중의적 의미가 동시에 사용되고 있다. 앞의 '부드러운'은 재미있게 구성되었다는 의미이며, 뒤의 '부드러워집니다.'는 소화가 잘 되어 실력 향상에 도움이 된다는 의미로 사용되고 있다고 볼 수 있다. 따라서 딱딱함과의 의미적 대립을 통해 표현하고자 했던 핵심 메시지들이 응축되어 있으므로 이 부분이 주제부로 분류되는 것은 당연한 일이라고 본다.

## (29) 〈씨티카드 / 씨티은행〉

| 광고언어 | 구성요소 |
|---|---|
| [이병헌] 안녕하세요, 이병헌입니다. | 효과부 |
| 전 늘 당당한 생활을 꿈꾸죠. | 배경부 |
| 그래서 전 씨티카드입니다. | 명시부 |
| 5%에서 100%까지 자유롭게 낼 수 있으니까 생활이 더욱 당당해지거든요. | 설명부 |

| | |
|---|---|
| [Na]　단순한 신용카드가 아닙니다. | 배경부 |
| 　　　결제가 다르면 생활이 달라집니다. | 주제부 |
| 　　　문의 02-2186-5500. | 권유부 |

\* 기능별 구성요소의 쓰임
효과부 - 배경부 - 명시부 - 설명부 - 배경부 - 주제부 - 권유부

(29)의 핵심 메시지는 결재의 편리성이 가져다주는 생활의 변화이다. 사용금액의 5%부터 100%까지 자유롭게 낼 수 있기 때문에 그만큼 자금 운용의 여유가 생겨 생활이 달라진다는 것이다. 이병헌52)을 모델로 등장시킨 증언 형식의 광고로서 씨티카드를 사용하면서 좀 더 당당하게 세상을 살아갈 수 있게 되었다는 점을 부각시키고 있다. '5%에서 100%까지 자유롭게 낼 수 있으니까 생활이 더욱 당당해지거든요.'는 제품이 갖고 있는 결재의 편의성을 직접적으로 설명해 준다는 면에서 설명부로 분류하였고, '단순한 신용카드가 아닙니다.'는 이어서 나오는 '결제가 다르면 생활이 달라집니다.'라는 주제부를 좀 더 돋보이게 만들기 위한 기능을 수행하므로 배경부로 분류하였다. 주제부는 씨티카드가 갖고 있는 결제의 편의성만을 표현한 것이 아니라, 그로 인해 얻을 수 있는 심리적 만족까지 함께 표현하고 있다.

## (30) 〈'시간 가는 줄 모른다!'-1 / 코엑스몰〉

| 광고언어 | 구성요소 |
|---|---|
| [교수님] 이호준! | 효과부 |
| [이호준] 네! | 효과부 |
| [교수님] 김진호! | 효과부 |

---

52) 영화배우.

| | | |
|---|---|---|
| [김진호] 네! | | 효과부 |
| [교수님] 이종원! | | 효과부 |
| (소리지르듯) 이종원! | | 효과부 |
| [Na] 학교에 없으면 코엑스몰에 있다. | | 배경부 |
| 쇼핑, 영화, 수족관, 게임, 패스트 푸드, 서점까지 - | | 설명부 |
| 시간가는 줄 모른다. | | 주제부 |
| [Song] 코엑스몰! | | 명시부 |

\* 기능별 구성요소의 쓰임

효과부 - 배경부 - 설명부 - 주제부 - 명시부

(30)의 도입부를 보면, 이 광고가 어느 연령층을 대상으로 하고 있음을 쉽게 알 수 있다. 교수님이 출석을 부르는 상황이라는 것은 곧 이 광고가 20대 초반을 대상으로 하고 있다는 뜻이다. 그것은 곧 코엑스몰은 20대 초반을 대상으로 한 종합 엔터테인먼트 공간임을 뜻한다. 도입부의 출석을 부르는 상황은 짧은 호칭과 대답이 오가면서 듣는 사람에게 긴장감을 준다. 아무런 정보도 없이 단순히 이름을 부르고 대답하는 것이 반복되면서, 소비자들은 어떤 내용이 이어질지 관심을 갖게 되는 것이다. 따라서 이 부분은 소비자들의 주의를 환기시켜 준다는 면에서 효과부로 분류될 수 있다. '쇼핑, 영화, 수족관, 게임, 패스트푸드, 서점까지 -'가 설명부로 분류된 것은 별다른 이의가 없을 듯하다. 문제는 '학교에 없으면 코엑스몰에 있다.'와 '시간가는 줄 모른다.'의 분류이다. 결론적으로, '학교에 없으면 코엑스몰에 있다.'를 배경부로, '시간가는 줄 모른다.'를 주제부로 분류하였다. 둘 다 코엑스몰이 재미있는 곳이라는 점을 표현한 것으로 모두 주제부로 분류될 수도 있다. 하지만, '시간가는 줄 모른다.'에 비해 '학교에 없으면 코엑스몰에 있다.'가 다소 한정적이라는 면에서 '시간가는 줄 모른다.'를

주제부로 분류하였다. '학교에 없으면 코엑스몰에 있다.'는 전체 줄거리와 연관되어 나타난 표현이어서 광고의 아이디어가 달라지면 그 표현도 달라지겠지만, '시간가는 줄 모른다.'는 광고 아이디어와 관계없이 코엑스몰의 특징을 집약하여 표현한 것으로 용인될 수 있기 때문이다.


## 제품군 4의 라디오 광고 분석(저관여-감성 제품군)

여기에서 분석할 제품들은 저관여-감성 제품군이다. 이 제품군에 포함되는 것들은 음료, 커피, 제과, 제빵, 맥주, 기타 주류, 기타 서비스 등이다. 대체로 제품의 가격도 그리 비싸지 않고, 제품 간의 차이도 거의 없는 제품들이 여기에 속한다. 그렇기 때문에 어떤 제품을 구입했을 때 생길 수 있는 문제점도 그다지 크지 않으므로, 소비자들이 그리 큰 고민을 하지 않고 쉽게 구매하는 제품들이다.


(31) 〈참두유 / 롯데칠성음료〉

| 광고언어 | 구성요소 |
| --- | --- |
| [딸] 다녀올게요. | 효과부 |
| [엄마] 오늘 또 늦니? | 배경부/명시부 |
| [딸] 네 - | 배경부 |
| [엄마] 너 그러다 일하고 결혼할래? | 배경부 |
| [딸] 엄마도 참... | 배경부 |
| [엄마] 참참 그러지 말고 몸도 좀 생각해라. | 배경부 |
| 자, 롯데 참두유 마시고 가! | 명시부 |
| [딸] 네~ | 배경부 |

| | |
|---|---|
| [엄마] 참! 점심 때 시간낼 수 있지? | |
| 참한 남자 한 명 있는데... | 배경부 |
| [딸] 엄마도 참! | 배경부 |
| 난 롯데 참두유면 충분해요! | 주제부/명시부 |

\* 기능별 구성요소의 쓰임

효과부 – 배경부 – 명시부 – 배경부 – 주제부/명시부

(31)은 일상적인 모녀간의 대화일 뿐이다. 결혼보다는 일에 몰두하는 딸과 아침도 안 먹고 출근하는 딸의 혼사가 안쓰러운 어머니가 나누는 대화이다. 그러나 그 대화들을 자세히 살펴보면, 그 속에서 '참'이 반복되고 있음을 알 수 있다. (23)의 짜장파티와 마찬가지로 유사제품들이 많은 상황[53]에서 '참'두유라는 제품명을 부각시키려는 의도가 은연중에 깔려 있는 것이다. '엄마도 참...', '참참 그러지 말고...', '참, 점심 시간에...' '참한 남자', '엄마도 참!' 등 5회에 걸쳐 자연스럽게 참을 언급함으로써 제품명 참을 강조하고 있다. 일상적인 듯한 대화는 마지막 행의 '난 롯데 참두유면 충분해요.'로 마무리된다. 몸을 생각한다면 참두유 하나로 충분하다는 의미를 담고 있는 이 부분은 참두유를 먹었을 때 소비자가 받을 수 있는 이익이 담겨있다는 면에서 주제부로 분류될 수 있다.

---

53) 삼육식품의 '삼육두유', 정식품의 '베지밀', 매일유업의 '뼈로 가는 칼슘두유', 등 다양한 두유 제품들이 시장에서 경쟁을 벌이고 있다.

　– www.bizwe.com, www.vegimil.co.kr, www.mammaplus.com

(32) 〈아침에주스 '너, 아침에 주스 먹었지?' 편 / 서울우유〉

| 광고언어 | 구성요소 |
|---|---|
| [오빠] 야~ 니가 아침에주스 먹었지? | 배경부 |
| [동생] 아니, 아침에 주스 안 먹었어. | 배경부 |
| [오빠] 에이, 아침에주스 먹었잖아~ | 배경부 |
| [동생] 아침에 주스 안 먹었다니까! | 배경부 |
| [오빠] 요게 정말, 니가 아침에주스 안 먹었어? | 배경부 |
| [동생] 왜 그래~ 아침에 주스 안 먹었다니까... | 배경부 |
| 좀 전에 먹었단 말이야! | 배경부 |
| [Na] 신선하고 부드러운 맛, 아침에주스! | 명시부 |
| [동생] 아침에주스는 아무 때나 먹어도 맛있다! | 주제부 |
| [Na] 서울우유. | 명시부 |

\* 기능별 구성요소의 쓰임
배경부 - 명시부 - 주제부 - 명시부

(32)의 도입부부터 6번째 행까지에는 계속 '아침에 주스', 혹은 '아침에주스'가 언급되고 있다. 그러나 오빠와 동생이 말하는 '아침에 주스'는 다르다. 오빠는 제품명인 '아침에주스'를 말하고 있는 것이고, 동생은 '아침에 마신 주스'를 말하고 있다. 여기에 표현 상으로 주목할 부분이 있다. '아침에주스'와 '아침에 주스'의 동음성을 활용하여 내용을 전개시키고 있는 것이다. 앞에서 중의성을 활용한 표현과는 다른 양상이다. 내용상으로는 오빠와 동생이 의미하는 '아침에주스'가 다르지만, 광고를 듣는 소비자에게는 '아침에주스'라는 제품명이 반복적으로 전달되고 있다. 그럼으로 해서 소비자는 '아침에주스'라는 제품명에 친숙해지고, 매장에서 그 제품을 보았을 때 거부감 없이 구매하게 되는 것이다. 그것이 바로 (32)가 노리는 점이다. 동음성을 적극적으

로 활용함으로써 제품명의 노출을 극대화하는 것이다. 그러나 단순 반복만으로 이루어졌다면 제품에 대한 인식보다는 아이디어만 머릿속에 남을 우려가 있다. (32)에서 적용된 방법은 일종의 언어유희[54]인데, 그것이 광고에 사용될 경우에는 언어유희를 통해 주의를 환기시키면서도 소비자로 하여금 광고내용을 어렵지 않게 수용할 수 있도록 해야 한다(구명철, 2001:64). 다시 말해 언어의 유희적인 사용에만 집착한 나머지 광고가 전달해야 하는 제품과 관련된 메시지를 전달하지 못해서는 안 된다는 것이다. (32)에서도 그러한 이유로 '아침에주스'를 빠르게 반복한 후에 제품의 맛을 부각시키고 있다. (32)에서 부각되는 맛은 구체적인 맛이 아니라 은유적인 맛[55]이다. '신선하고 부드러운 맛'이기 때문이다. 이어서 등장하는 '아침에주스는 아무 때나 먹어도 맛있다!'는 소비자들이 언제나 은유적으로 표현된 그 맛을 느낄 수 있다고 주장하고 있으며, 그런 이유로 이 부분을 주제부로 분류하였다.

## (33) 〈오란씨 / 동아오츠카〉

| 광고언어 | 구성요소 |
|---|---|
| [여] 오란씨 노래로 저 애 관심을 끌어봐?<br>(SE : 전화벨 소리. 하늘에서 별을 따다~) | 배경부 |

---

54) 구명철(2001:63)에서는 Janich의 정의를 빌어 언어유희를 다음과 같이 정의하고 있다. 언어유희란 사람들의 주의를 끌기 위해 언어규범이나 의사소통 참가자의 예상을 벗어나는 언어행위를 하는 것을 말한다. 이는 실수에 의한 비고의적 규범이탈이 아니라 의도된 규범이탈에 속한다.

55) 김정우(2003a:196)에서는 라디오 광고에서 표현되는 맛을 구체적인 맛과 은유적인 맛으로 구분하고 있다. 구체적인 맛은 달다, 시다, 맵다 등 미각을 통해 느낄 수 있는 맛을 표현하는 것이고, 은유적인 맛은 신혼의 맛, 첫사랑의 맛처럼 은유적 표현을 통해 맛을 표현하는 것을 말한다.

| | |
|---|---|
| [남] 이거 오란씨잖아? | 배경부 |
| 누구야, 누구 핸드폰이야? | 배경부 |
| [여] 상큼한 게 주인을 닮았지? | 배경부 |
| [Na] 상큼한 리듬을 마시자, 오란씨. | 주제부/명시부 |

\* 기능별 구성요소의 쓰임
배경부 – 주제부/명시부

(33)의 의도는 출시된 지 30년이 넘은[56] 오란씨라는 제품이 젊은 이미지를 갖게 하는 것이라고 말할 수 있다. 젊은이들이 많이 사용하는 음악 전화벨소리 서비스를 소재로 사용하고 완전한 구어체의 대화를 사용함으로써 젊은 소비자들의 관심을 끌고자 노력하고 있다. 그러한 젊은 이미지의 핵심은 '상큼함'이다. 따라서 '상큼한 리듬을 마시자, 오란씨.'를 주제부로 분류하였다. 젊음을 느끼게 하는 '상큼함'과 오란씨 광고 노래에서 느껴지는 '리듬'이 결합하여 젊은이들에게도 사랑받을 수 있는 오란씨의 이미지를 만들어 가고 있기 때문이다.

### (34) 〈맥심 '김은국' 편 / 동서식품〉

| 광고언어 | 구성요소 |
|---|---|
| (SE : 기차소리) | |
| [Na] 그림자는 늘 고향 쪽으로 뻗어 있고, <br> 붓은 언제나 사람들을 향해 달린다. | 배경부 |
| 너와 나, 그리고 우리 – <br> 사람을 사랑하듯 커피를 사랑한다. | 배경부 |
| (SE : 커피 물 따르는 소리) | |

---

56) 오란씨가 처음으로 발매된 것은 1971년이며, 광고 노래가 사용된 것은 1973년부터이다. – 동아일보, 2002년 4월 1일자.

| | |
|---|---|
| [Na] 가슴이 따뜻한 사람을 만나고 싶다.<br>(SE : 기차 소리) | 주제부 |
| [Na] 커피의 명작, 맥심. | 명시부 |

\* 기능별 구성요소의 쓰임
  배경부 - 주제부 - 명시부

(34)에서는 재미 소설가인 김은국이 모델로 등장한다. 그가 직접 커피에 관해 이야기하는 것은 아니지만, 재미 소설가라는 그의 이미지를 제품의 이미지로 전이시키고 있다. 재미 소설가이기에 느끼는 '그림자는 늘 고향 쪽으로 뻗어 있'는 마음과, 소설가이기에 갖고 있는 '붓은 언제나 사람들을 향해 달린다.'라는 마음이 맥심의 이미지로 이어져 맥심 커피에 고급스러움을 더해주고 있다. 거기에, 커피라는 제품을 단순한 기호식품의 범주에서 인생과 삶의 동반자와 같은 인격체로 격상시킴으로써 더욱 품위있는 이미지를 형성하고 있다. '너와 나, 그리고 우리 - 사람을 사랑하듯 커피를 사랑한다.'라는 표현을 통해 커피를 사랑의 대상으로 인격화시키고 있으며, 그것은 '가슴이 따뜻한 사람과 만나고 싶다.'로 연결되고 있다. 화자가 만나고 싶어하는 사람은 가슴이 따뜻한 사람이다. 그 사람은 따뜻하고 향기가 있는 커피와 동일시되고 있다. 그럼으로 해서 커피라는 제품이 갖고 있는 물성적 특성 위에 여유로운 삶의 동반자라는 의미를 부여함으로써 제품의 이미지를 높이고 있다.

(35) 〈파리바게뜨 / 파리크라상〉

| 광고언어 | 구성요소 |
|---|---|
| [여] 늘 함께 있는 사람들에게<br>조금은 특별한 마음을 전하고 싶을 땐<br>부드러운 파리바게뜨에<br>환한 웃음만 더하세요. | 배경부 |
| 파리바게뜨라면<br>사람과 사람 사이가 더욱 아름다워집니다. | 주제부 |
| [Na] 가슴에 하나 가득 –<br>[Song] 파리바게뜨. | 명시부 |

\* 기능별 구성요소의 쓰임
  배경부 – 주제부 – 명시부

(35)는 빵과 케이크를 판매하는 파리바게뜨 광고이다. 앞서 (34)에서 커피에 특별한 의미를 부여함으로써 그 이미지를 높였듯이, (35)에서도 파리바게뜨의 빵과 케이크에 특별한 마음을 전하는 매개체라는 의미를 부여하여 일반 빵이나 케이크에 비해 한 단계 높은 이미지를 만들어가고 있다. '늘 함께 있는 사람들에게 감사의 마음을 전하고 싶을 땐 부드러운 파리바게뜨에 환한 웃음만 더하세요.'는 사람과 사람 사이에 케이크와 빵이 놓여있는 상황적 배경을 표현한 것으로 배경부로 분류할 수 있다. 그러한 배경부에서 파리바게뜨 빵과 케이크의 역할은 그 자리를 더욱 아름답고 풍성하게 빛내주는 것이므로 '파리바게뜨라면 사람과 사람 사이가 더욱 아름다워집니다.'가 주제부이다.

(36) 〈조청유과 / 농심〉

| 광고언어 | 구성요소 |
|---|---|
| 운전하는데 졸리시죠? | 효과부 |

| | |
|---|---|
| 조청유과로 4행시 한 번 지어보세요. | 배경부 |
| 조! 조금만 먹어도 | 배경부 |
| 청! 청춘남녀가 함께 먹어도 | 배경부 |
| 유! 유부남, 유부녀가 따로따로 먹어도 | 배경부 |
| 과! 과연 조청유과, 되게 맛있네. | 배경부 |
| 조청으로 맛을 낸 조청유과. | 설명부/명시부 |
| 조청유과, 되게 맛있네. | 주제부 |

\* 기능별 구성요소의 쓰임
 효과부 – 배경부 – 설명부/명시부 – 주제부

(36)은 한 때 젊은이들 사이에서 유행하던 3행시, 4행시 짓기를 광고에 도입하였다. 젊은이들이 즐기는 말장난 놀이를 광고의 상황적 배경으로 차용한 것은 소비자들의 귀에 익은 표현형식을 제시하여 자연스럽게 광고와 제품에 주의를 집중시키는 효과를 노린 것이다. 이 광고에서 핵심적으로 전달하고자 하는 것은 조청유과라는 제품명과 '맛있다'라는 제품의 특성이다. 제품명 전달을 목표로 하는 광고답게 4행시 짓기를 통해 광고 전편에 걸쳐 제품명을 외치고 있으며, '맛있다'라는 특성도 조청유과 광고에서 지속적으로 사용해온 '되게 맛있네.'라는 표현을 2회 반복시킴으로써 비교적 명확하게 전달되고 있다. 분류에 있어 생각해야 할 부분은 '과! 과연 조청유과, 되게 맛있네.'와 마지막 행인 '조청유과, 되게 맛있네.'의 분류이다. 전자는 배경부로, 후자는 주제부로 분류되었다. 스낵이라는 제품의 속성 상 광고를 통해 그 맛을 전달해야 하는 것은 당연한 일이다. 그러나 같은 표현이라도 사용되는 상황에 따라 분류는 달라질 수 있다고 본다. 전자가 배경부로 분류된 것은 앞에서부터 이어온 4행시의 연장선상에 있기 때문이다. 따라서 그 부분은 4행시라는 아이디어가 없으면 성립될 수 없는 부분

이기 때문에 주제부로 분류될 수는 없다. 하지만 마지막 행의 경우에
는 제품의 특성과 제품을 먹음으로써 소비자가 느끼는 감정이 솔직히
표현되었기 때문에 주제부로 분류될 수 있다.

(37) 〈초코파이 '시험' 편 동양제과〉

| 광고언어 | 구성요소 |
|---|---|
| [여] 선배님, 그동안 힘드셨죠? | 효과부 |
| 시험보러 가기 전에 제가 드린 초코파이 꼭 드세요. | 배경부 |
| 왜 초코파이는 情이잖아요.<br>정답만 쓰시라고요. | 배경부 |
| 맘속으로 열심히 응원할게요. | 배경부 |
| [Na] 情은 따뜻한 힘이 됩니다. | 주제부 |
| 오리온 초코파이 情. | 명시부 |

* 기능별 구성요소의 쓰임
  효과부 – 배경부 – 주제부 – 명시부

(37)의 가장 기본적인 아이디어가 되고 있으며, 독특하게 나타나는
언어적 특성은 동음성이다. 정답의 正과 제품명의 情 사이의 동음성을
아이디어로 하여 '초코파이로 따뜻한 정을 전하자.'라는 내용을 전달하
고 있다. '정답'과 '정(情)'은 분명 다른 것임에도 불구하고 이 아이디어
가 무리하지 않게 느껴지는 것은 시험을 보는 선배들이 모두 정답을
쓰기를 바라는 마음이 바로 정이기 때문이다. 正과 情 사이에는 엄청난
거리가 있으나 그 전혀 다른 관념들을 '따뜻한 마음'이라는 공통분모로
엮어 초코파이의 이미지를 만들어내고 있다는 것이 재미있는 착상이
다. 따라서 전체의 주제와 연관시켜 볼 때 '시험 보러 가기 전에 제가
드린 초코파이 꼭 드세요.'는 권유부처럼 보이지만, 실제로는 상황의

연결을 위해 사용되었다고 판단되므로 배경부로 분류하였으며, 단순한 과자라는 물리적 특성을 넘어 따뜻한 마음이라는 초코파이의 이미지를 만들어주는 '정은 따뜻한 힘이 됩니다.'를 주제부로 분류하였다.

(38) 〈카스-1 / 진로쿠어스 맥주〉

| 광고언어 | 구성요소 |
|---|---|
| [남] 딸의 고사리 같은 작은 손을 붙잡고<br>감사하는 마음으로 사랑스런 볼에<br>입을 맞추며<br>도란도란 자장가를 불러줍니다.<br><br>내 인생을 돌이켜보면 잘못한 일투성이지만,<br>딸아이를 볼 때마다<br>그래도 잘한 일 하나는 있구나, | 배경부 |
| 그렇게 생각하면서 저는 다시 힘을 얻습니다. | 배경부 |
| [Na] 살아가는 맛, 살아있는 맛, 카스. | 주제부/명시부 |

\* 기능별 구성요소의 쓰임
배경부 – 주제부/명시부

(38)은 딸을 바라보는 아빠의 진솔한 독백을 통해 듣는 사람들로 하여금 공감을 갖게 하는 광고이다. 내용상으로는 딸을 바라보며 다시 힘을 얻은 아빠가 카스 맥주 한잔과 함께 살아가는 맛을 느낀다는 것이다. 이 광고에서 언어적으로 주목해야 하는 것은 대구로 쓰인 '살아가는 맛, 살아있는 맛[57]'이다. 같은 구조를 갖고 있으나 그 안에 담긴 내용은 전혀 다르다. '살아가는 맛'은 소비자들이 일상생활 속에서 느끼는 삶의 보람을 의미하며, '살아있는 맛'은 카스 맥주 특유의 맛을 의미한다. 전혀 다른 두 의미를 대구적 표현을 통해 결합해 놓음으로

---

57) 살아있는 맛은 카스맥주가 지속적으로 사용하고 있는 슬로건이다.

써 카스 맥주에 살아가는 맛을 더해주는 살아있는 맛의 맥주라는 이미
지를 부여해 주고 있다.


### (39) ⟨OB라거 '여름' 편 / OB맥주⟩

| 광고언어 | 구성요소 |
| --- | --- |
| [Na] OB라거를 마시면 하~ | 배경부 |
| 캬~ 상쾌하다! | 효과부 |
| 이 맛에 OB라거를 마시는구만! | 배경부 |
| (SE : 펑!) | |
| [Na] 하~ 이 맛이 맥주다. | |
| 이 맛이 맥주다. 이 맛이 맥주다. | 주제부 |
| OB라거. | 명시부 |

\* 기능별 구성요소의 쓰임
배경부 - 효과부 - 배경부 - 주제부 - 명시부


　같은 맥주 광고이지만 (38)과 (39)는 아주 다르다. (38)은 생활 속의
작은 감동과 함께 즐기는 맥주를 표현하였다면, (39)는 맥주의 맛을
직접적으로 표현하고 있다. 특히 주제부인 '이 맛이 맥주다. 이 맛이
맥주다. 이 맛이 맥주다.'를 3회 반복함으로써 맛에 대한 느낌을 증폭
시켜 주고 있다. (39)가 광고적으로 성공적일 수 있는 이유는 감탄사의
사용이 많기 때문이다. 'OB라거를 마시면 하~', '캬~ 상쾌하다!',
'하~ 이 맛이 맥주다.'와 같은 표현을 통해 언어 표현의 한계를 뛰어
넘어 실감을 전해주고 있다. 이 역시 라디오의 특성인 상상성을 이용한
것이라고 말할 수 있는데, 청각으로 받아들인 언어 정보를 머릿속에
시각화하는 것만을 상상성이라고 표현하였지만, 언어 정보를 청각으
로 받아들임으로써 미각을 자극할 수 있다는 것도 넓게 보면 의미 전달

에 인간의 감각을 활용한다는 면에서 상상성에 포함될 수 있다고 본다.


(40) 〈700-5425 1편 / (주)5425〉

| 광고언어 | 구성요소 |
|---|---|
| 제 첫사랑은 감자튀김에 소금만 뿌려 먹었어요. | 배경부 |
| 왜 꼭 이런 게 기억나지? | 효과부 |
| 근데 오늘 감자튀김을 그렇게 먹는 사람을 봤어요. | 배경부 |
| 그 애한테 5425나 보내볼까? | 배경부 |
| 사랑은 작은 버릇까지 기억하는 거래요. | 주제부 |
| 700-5425 | 명시부 |

\* 기능별 구성요소의 쓰임
배경부 - 효과부 - 배경부 - 주제부 - 명시부


(40)은 잊지 못하는 첫사랑과 같은 버릇을 가진 사람을 본 화자가 첫사랑에게 700-5425를 통해 음악선물을 보낸다는 내용이다. 드라마 형식의 라디오 광고에 속한다. 화자는 700-5425와는 전혀 관계가 없는 듯한, 그러나 700-5425를 많이 사용하는 연령층에서는 흔히 있을 법한 첫사랑 이야기를 하는데 그 속에서 자연스럽게 700-5425가 드러나기 때문이다. 여기에서 표현상으로 주목해야 것은 '그 애한테 5425나 보내볼까?'이다. 5425가 갖는 지시적 의미는 전화번호라는 것이다. 그러나 전체 맥락으로 볼 때 5425는 그보다 더 깊은 함축적 의미를 갖는다. (40)에서 5425는 전화를 통한 음악선물을 총칭하는 일반명사로 사용되고 있다. 그것은 그만큼 사람들에게 700-5425의 인지도가 높다는 것을 입증한다. 인지도가 높지 않다면 그런 표현은 사람들이 쉽게 이해하지 못하는 암호와도 같은 표현이 될 우려가 많기 때문이다. 전체 내용으로 볼 때, '사랑은 작은 버릇까지 기억하는 거래

요.'는 주제부로 분류될 수 있다. 또한 첫사랑과 관련된 모든 이야기들은 이 주제부와 700-5425를 부각시키기 위한 배경부, 혹은 효과부로 분류된다.

# 4. 미디어 글쓰기에서 기능별 구성요소의 활용 양상

라 디 오 글 쓰 기 를 통 해 본 미 디 어 글 쓰 기

이제까지 라디오 광고를 제품군별로 분류, 각각의 광고에서 구체적으로 기능별 구성요소들이 어떻게 활용되고 있는가를 살펴보았다. 이제부터는 이러한 기초적인 분석을 바탕으로 구체적으로 라디오 광고의 제작에 있어 기능별 구성요소들이 어떻게 활용되고 있는가를 살펴보고자 한다. 총 7개의 기능별 구성요소들이 제품군별로 어떤 활용 양상의 차이를 보이는지를 파악해보는 것이다. 그럼으로써 제품군별 차이를 파악, 미디어 글쓰기의 한 방법론을 찾아낼 수 있다.[58]

## 제품군 1에서의 기능별 구성요소의 쓰임(고관여-이성 제품군)

제품군 1에서의 기능별 구성요소의 사용 양상을 살펴보기 위해, 먼

---

58) 여기에서 보이는 양적인 통계는 본서에 수록된 40편의 광고와 분량 때문에 수록하지 않은 360편을 합친 400편의 광고분석을 바탕으로 이루어진 것이다. 360편도 수록하는 것이 옳겠지만, 분량 때문에 부득이하게 수록하지 못한 것에 대해 독자들의 양해를 바란다.

저 7가지 기능별 구성요소들이 얼마나 많이 쓰이고 있는지를 알아보
기로 한다.

7개의 기능별 구성요소가 모든 광고에서 모두 사용되는 것은 아니
다. 광고의 분석을 바탕으로 빈도를 추출, 그것을 빈도순으로 나열하
면 다음과 같다.

[제품군 1의 기능별 구성요소 사용빈도순]

| |
|---|
| 주제부, 명시부(100) 〉 설명부(99) 〉 효과부(81) 〉 배경부(61) 〉 권유부(25) 〉 부가부(8) |

먼저 주제부와 명시부가 100개의 광고 모두에서 사용되고 있는 것
을 볼 수 있다. 이런 현상이 일어나는 것은 분석대상 광고가 반드시
제품군 1에 속하는 것이기 때문은 아니다. 그들 모두가 '광고'이기 때
문이다. 광고대사전(코래드 광고전략연구소, 1996:49)에 의하면 광고
란 '불특정 다수에게 상품 또는 서비스의 존재, 특징, 편익성을 제시하
고 설득하여 소비자의 욕구나 필요를 자극함으로써 상품이나 서비스
에 대한 구매행동을 촉진시키거나 광고주 자신에 대한 일반의 신뢰를
높이기 위해서 행하는 유료 커뮤니케이션 행위'라고 정의하고 있다.
이 중 '상품 또는 서비스의 존재, 특징, 편익성을 제시'하는 역할을 담
당하는 것이 광고의 주제부이다. 앞에서 주제부가 가져야 할 자질로
제품의 특성을 부각하거나, 제품에 대한 명확한 인상을 심어줄 수 있
어야 한다고 한 것도 이러한 맥락에서이다. 주제부 안에는 핵심 메시
지가 담겨 있다. 광고를 통해 소비자들에게 반드시 전해야 하는 내용
이 바로 핵심 메시지이다. 광고에서 핵심 메시지가 빠진다면 그 광고
는 광고로서의 기능을 상실하게 된다고 해도 과언이 아니다. 따라서

핵심 메시지를 담은 주제부가 모든 광고에서 사용되고 있는 것은 당연한 일이라고 하겠다.

명시부의 경우도 마찬가지이다. 핵심 메시지가 전달되었다고 하더라도 그 광고의 주체, 다시 말해 소비자가 구매를 해야 할 제품이 무엇인지, 소비자가 이용해야 할 서비스가 무엇인지가 명쾌하게 드러나지 않으면 소비자들을 구매로 이끄는 데는 효과를 발휘하지 못하게 된다. 그것은 곧 그 역시 광고로서의 기능을 잃게 된다는 것을 의미한다. 따라서 주제부 못지않게 명시부도 모든 광고에서 당연히 사용되어야 하는 핵심적인 기능별 구성요소라고 말할 수 있다.[59]

효과부도 81편의 광고에서 사용되고 있다. 이현우(1998:25)는 정보화 시대의 광고가 직면해 있는 최대의 문제점 중 하나는 클러터링(cluttering) 현상이라고 지적하고 있다. 이는 하루 평균 수천 개의 광고물이 소비자의 주의와 관심을 끌기 위해 경쟁하고 있는 현상을 지칭한다. 클러터링의 문제에 직면해 있는 현대의 광고는 일단 소비자의 주의를 확보하는 것이 무엇보다도 시급한 과제가 되고 있다고 언급하고 있다. 이런 상황에서 소비자의 주의 확보에 가장 유용한 것이 효과부이다. 앞에서 효과부가 가져야 할 자질로 소비자들의 주의를 환기시키고, 소비자들의 관심을 높여주어야 한다는 것을 들고 있는데, 이러한 자질을 지닌 효과부의 적절한 활용은 수많은 광고들 사이의 치열한 경쟁에서 소비자의 관심을 끄는 방법이 될 수 있다. 따라서 효과부가

---

59) 광고 내용을 한번에 제시하지 않고 조금씩 몇 차례에 나누어 보여줌으로써 소비자들의 호기심을 자극하여 관심을 유도하는 티저(teaser) 광고의 경우에는 광고 안에 주제부와 명시부가 생략될 수 있다. 그러나 티저 광고도 관심을 높이기 위한 단기적인 방법일 뿐, 결국에는 소비자들에게 주제부와 명시부가 담긴 광고를 제시하지 않으면 안 된다.

많이 사용되고 있는 것은 뒤에서 살펴보겠지만, 제품군 1에서만 관찰되는 현상은 아니다. 모든 제품군에서 효과부는 비교적 고르게 사용되고 있다.

제품군 1의 광고에서 기능별 구성요소 사용과 관련하여 특징적인 현상으로 볼 수 있는 것은 설명부의 사용이 많다는 점이다. 앞에서 제시된 대로, 설명부는 제품의 구체적인 특성을 보여주거나, 제품의 가치를 보여주는 기능을 수행한다. 제품군 1의 100개 분석대상 광고들 중 99개 광고에서 사용될 정도로 설명부가 많이 사용되고 있는데, 모든 광고에 필수적으로 사용되는 주제부와 명시부를 제외하고는 가장 큰 비중을 차지하고 있다.

설명부가 많이 사용되고 있는 이유는 무엇인가. 분석대상을 보면 자동차, 가전제품, 컴퓨터, 금융, 정보통신, 대학교, 아파트, 인테리어, 항공사 등 선택이 쉽지는 않은 제품들의 광고들이 포함되어 있다. 이들은 모두 FCB Grid Model에서 고관여-이성 제품군에 속하는 것들로서, 소비자가 구매나 선택하는데 있어 신중을 기하게 되는 제품들이다. 고관여 제품(high involvement product)이란 제품을 구매할 때 여러 사람에게 물어보기도 하고 오랜 시간과 노력을 소비하면서 구매과정에 깊이 관여하게 되는 제품(코래드 광고전략연구소, 1996:34)을 말하는데, 그 이유는 가격이 비싸거나 자신에게 중요한 영향을 미치는 제품, 혹은 잘못 구매했을 때 많은 위험이 따르는 제품들이기 때문이다. 따라서 소비자들은 기분에 따라 구매하는 감성적 구매과정보다는 많은 것을 비교해보고 따져본 후 구입하는 이성적 구매과정을 통해 제품을 구입하게 된다. 즉, '인지-느낌-구매(learn-feel-do)'의 구매과정을 거치는 것이다. 이들 소비자는 깊이 생각하는 사람들(thinker)(코

래드 광고전략연구소, 1996:108)로서, 이들에게 효과를 발휘하는 광고
는 확실하게 인지시킬 수 있는 광고이다. 그들의 구매과정이 제품에
대한 명확한 인지에서 비롯되기 때문이다.

이 경우, 광고 내용 역시 이성적인 소구 방식이 효과적이다. 소비자
의 이성적인 판단을 도와주는(전영우, 1996:28) 이성소구는 소비자가
그 제품을 구매해야 하는 이유를 합리적인 설득방법을 통해 제시하는
것으로, 소비자가 구매에 깊이 관여하는 고관여 제품의 광고에 적합한
소구방식이다. 설명부는 고관여 제품에 대한 이성적인 소구에 유용한
기능을 발휘한다. 제품이 갖고 있는 특징, 제품을 구매함으로써 소비
자가 획득할 수 있는 합리적 가치 등을 자세히 설명해 주는 역할을 담
당하기 때문이다. 설명부에서 제시된 내용에 의해 소비자들은 제품에
대한 자세한 정보를 얻고, 객관적이고 이성적인 시각에서 제품에 관해
판단하게 되고 구매하게 되는 것이다. 이렇듯, 제품이 갖고 있는 특징,
그리고 그 제품을 구매하는 소비자들이 갖고 있는 특징으로 살펴볼
때, 제품군 1의 광고에서 설명부가 많이 사용되는 것은 당연한 일이라
고 생각할 수 있다.

배경부의 사용이 비교적 적은 것은 설명부의 사용이 많은 것과 연관
지어서 이해될 수 있다. 그 이유는 크게 두 가지이다. 첫 번째는 설명
부의 사용에 관한 부분에서 언급하였듯이 제품군 1은 고관여-이성 제
품들이기 때문이다. 광고에 있어서 상황적 배경이 되는 배경부는 이성
적이라기보다는 감성적인 측면이 많기 때문에 이성소구가 절대적인
제품군 1의 광고에서 상대적으로 적게 사용될 수밖에 없다. 두 번째
이유는 시간상의 문제이다. 현행 라디오 광고는 기본적으로 20초 단
위로 제작된다. 그런데 제품군 1에 속하는 제품들의 속성 상 제품의

특징이나 제품을 구매함으로써 얻게 되는 가치를 상세하게 설명해야 하는 설명부가 많은 시간을 차지하기 때문에 상대적으로 배경부의 활용은 줄어들게 되는 것이다.

권유부는 제품의 사용을 권유함으로써 소비자의 행동을 촉발하는 기능을 한다. 광고라면 당연히 가져야할 기능이므로 많은 광고에서 사용되고 있을 것으로 생각될 수 있으나, 분석에 의하면 전체 100개 광고들 중 불과 25개 광고에서만 사용된 것으로 나타났다. 이는 다소 의외의 결과로 생각될 수도 있다. 하지만, 광고 안에 권유부가 사용되고 있지 않다고 해서 '권유'의 기능을 포기했다고 생각하는 데는 무리가 있다. 권유부가 사용되지 않더라도 전체 광고를 듣고 났을 때, 소비자가 자연스럽게 구매욕구가 촉발될 수 있다면 굳이 시간적 제약을 무릅쓰고 별도의 권유부를 사용할 필요는 없어진다.

부가부는 불과 8편의 광고에서만 사용되었다. 이는 20초라는 짧은 시간, 그리고 병행성이 강해 소비자들이 집중하지 않는다는 라디오의 특성 상 한 가지 중요한 메시지만을 집중적으로 전달하는 것이 더 효과적이라는 판단 때문일 것이라고 생각된다. 한 광고 안에 여러 메시지가 혼재되어 있는 것은 가뜩이나 짧은 시간 동안 집중하지도 않는 소비자에게 혼돈만을 줄뿐이기 때문이다.

이상과 같이 각각의 기능별 구성요소의 사용빈도와 그 이유에 대해 살펴보았다. 이에 따라 기능별 구성요소들을 핵심요소, 주요소, 부요소로 구분해보도록 하자.

핵심요소는 모든 광고에 핵심적으로 사용되는 기능별 구성요소를 말한다. 위에서 언급했던 대로 주제부와 명시부가 여기에 속한다. 주요소는 제품군별로 많이 사용되는 기능별 구성요소를 말한다. 당연히 제품군에 따라 주요소에 포함되는 기능별 구성요소는 달라진다. 여기에서는 핵심요소에 이어 가장 많이 사용된 2개의 기능별 구성요소를 주요소로 분류하였다. 제품군 1의 경우에는 설명부와 효과부가 주요소로 분류되었다. 그리고 부요소는 상대적으로 적게 사용되는 기능별 구성요소들로써, 제품군 1의 경우에는 배경부, 권유부, 부가부가 여기에 포함된다.

## 제품군 2에서의 기능별 구성요소의 쓰임(고관여-감성 제품군)

제품군 2는 고관여-감성 제품군으로 제품군 1처럼 제품의 선택에 소비자의 관여도가 깊지만, 반면에 구매는 감성적으로 이루어지는 제품들을 말한다. 먼저 7가지 기능별 구성요소의 활용 양상을 살펴보기로 한다.

[제품군 2의 기능별 구성요소 사용빈도순]

주제부, 명시부 (100) 〉 배경부(89) 〉 효과부(51) 〉 권유부(16) 〉 설명부(12) 〉 부가부(5)

제품군 1에서와 마찬가지로, 제품군 2의 모든 광고에서도 주제부와 명시부가 사용되고 있다. 그리고 효과부 역시 약 절반 정도의 광고에서 사용되고 있어 앞에서 언급한 바와 같이 모든 제품군에서 고르게 쓰이고 있는 것으로 나타나고 있다.

기능별 구성요소의 사용과 관련해 제품군 2에서 나타나는 특징적인 현상은 배경부가 많이 사용된다는 점이다. 앞에서 배경부란 주제부나 제품을 돋보이게 하는 상황적 배경이라고 정의한 바 있는데, 100편의 분석대상 광고들 중 89편에서 사용될 정도로 큰 비중을 차지하고 있다.

　제품군 2에서 배경부가 많이 사용되고 있는 것은 그 제품들이 FCB Grid Model 상의 고관여-감성 제품군에 속하기 때문이다. 분석 대상이 된 광고들은 패션, 화장품, 시계 광고들인데, 이들 제품들은 이성적인 선택보다는 감각적인 선택에 의해 구매되는 제품들이라고 말할 수 있다. 이들은 대체로 감성적이고 값이 비싼 제품(전영우, 1996:29)들로, 소비자가 구매과정에서 다양한 정보수집이나 광범위한 의견수렴 등 높은 관여도를 보이는 고관여 제품인 동시에 실생활에 반드시 필요해서 구입한다기보다는 감성적인 만족을 '느끼기' 위해 구입하는 제품들이다. 즉 소비자들은 '느낌-인지-구매(feel-learn-do)' 과정을 거친다. 먼저 제품이 내 감각과 맞는지를 판단해보고, 그 다음에 제품에 대한 정보수집을 통해 제품의 품질이나 가치를 파악한 후 구매한다는 것이다. 이러한 경향을 감성소비라고 하는데, 감성소비란 합리적이고 규범적인 가치기준에 의해 제품을 선택하는 것이 아니라, 감각적으로 좋아하고 싫어하는 것이 선택의 기준이 되는 소비형태를 말한다(코래드 광고전략연구소, 1996:18).

　여기에서 주목할 것은 소비자들이 '느끼기' 위해 구입한다는 점이다. 그렇기 때문에 이 제품의 소비자들을 느끼는 사람(feeler)들이라고 규정한다(코래드 광고전략연구소, 1996:108). 이것은 곧 광고 역시 소비자를 이성적으로 설득하려 하기보다는 감각적인 공감을 이끌어내야 하는데 중점을 두어야 한다는 사실을 말해준다. 제품의 구매는 소비자가 자신의 감각과 맞는다고 느끼는데서 시작하기 때문이다.

　따라서 이런 제품들의 광고에서는 적절한 분위기와 이미지의 창조가 중요한 광고의 목표가 된다(전영우, 1996:29). 이러한 분위기와 이미지의 창조에 유용한 것이 배경부이다. 배경부는 그 명칭대로 상황적인 배경이기 때문이다. 제품, 혹은 주제부를 중심에 두고, 그것이 소비자들에게 감각적인 공감대를 가질 수 있도록 하는 기능을 배경부가 담당한다. 앞에서 제시했던 대로, 제품이 있는 상황을 시각화하거나 제품의 등장에 대한 기대감을 줘야 한다는 배경부의 자질들은 이성적인 공감보다는 감각적인 공감을 이끌어내는데 유용한 기능들이다.

상대적으로 설명부는 100편 중 불과 12편에서만 나타날 정도로 드물게 사용되고 있다. 이러한 현상은 배경부의 활용이 많아짐에 따라 상대적으로 나타나는 현상이라고 말할 수 있다. 배경부의 활용을 통해 감각적인 공감을 이끌어내는 감성소구형 광고들이 많아짐에 따라 제품에 대해 논리적이고 합리적으로 설명하는 설명부의 역할은 줄어들 수밖에 없다. 또한 제품군 1에서 언급하였듯이 20초라는 한정된 시간 속에서 배경부가 많은 시간을 차지하므로 설명부를 사용할 수 있는 시간이 제한을 받게 되는 것도 또 하나의 요인이라고 말할 수 있다.

권유부와 부가부의 활용은 제품군 1의 경우와 크게 다르지 않다고 본다.

이러한 분석을 바탕으로 7개의 기능별 구성요소들을 핵심요소, 주요소, 부요소로 나눠보자. 제품군 2의 경우에도 핵심요소는 주제부와 명시부이다. 주요소는 제품군 1과는 달리 배경부와 효과부이다. 부요소는 설명부, 권유부, 부가부이다.

## 제품군 3에서의 기능별 구성요소의 쓰임(저관여-이성 제품군)

제품군 3의 라디오 광고들 속에서 기능별 구성요소가 어떻게 쓰이는지, 먼저 구성요소별 사용빈도를 살펴보기로 한다.

### [제품군 3의 기능별 구성요소 사용빈도순]

주제부, 명시부(100) 〉 배경부(87) 〉 효과부(71) 〉 설명부(56) 〉 권유부 (20)〉 부가부(10)

주제부와 명시부가 제품군 3의 모든 광고에서 사용되고 있는 것은 이미 제품군 1에서 지적한 바와 같은 이유에서이다.

제품군 3의 기능별 구성요소 사용빈도를 살펴보았을 때 특징적인 현상으로 느낄 수 있는 것은 다른 제품군에 비해 사용빈도가 높은 구성요소들이 많다는 점이다. 배경부, 효과부, 설명부가 그것들인데, 각각 87편, 71편, 56편에서 사용되고 있다. 설명부의 56편은 제품군 2의 주요소인 효과부보다도 높은 숫자이다.

제품군 3은 저관여-이성 제품군들이다. 분석의 대상이 된 것은 제약, 식품, 세제, 욕실용품, 위생용품, 출판, 금융, 정유 등의 광고들이다. 이들 제품들은 가격이 저렴하여 구매에 위험부담이 별로 없는 경우가 많다. 따라서 소비자들은 일단 구입하여 제품을 사용해보다가 마음에 들면 계속 사용하고, 마음에 들지 않으면 다른 제품으로 바꾸는 경향이 있다(전영우, 1996:28). 즉 소비자들은 느낌이나 이성적 판단보다는 행동이 앞서는 사람(doer)으로, 제품을 구매하는데 있어 '구입-인지-느낌(do-learn-feel)'의 과정을 거치는 것이다. 그 구매는 습관적으로 이루어진다(코래드 광고전략연구소, 1996:109). 제품 구입에 대해 크게 고민을 하지 않는 만큼, 특별히 그 제품이 마음에 들지 않는 이상 습관처럼 구입하는 경향이 크다는 것이다.

이 경우, 광고는 두 가지 문제를 해결해야 한다. 제품군 3의 소비자들은 제품을 구매할 때 큰 고민을 하지 않으므로, 차근차근 이성적으로 설득하기보다는 감각적인 공감을 이끌어내는 것이 효과적이다. 그리고 일단 제품을 구입한 후에는 그것을 지속적으로 구입할 수 있도록 제품의 상기도를 끝없이 높여야 한다(코래드 광고전략연구소, 1996:109).

앞에서 논의되었듯이, 배경부는 감각적인 공감을 이끌어내는데 적절한 기능을 발휘한다. 제품이나 주제부를 돋보이게 하는 배경으로써 사용되는 배경부는 그 자체가 이성적, 논리적이라기보다는 감각적이기 때문이다. 제품의 상기도를 끝없이 높이기 위한 광고에서는 효과부가 유용하게 사용된다. 제품의 상기도를 높이는 광고라는 것은, 결국 소비자들이 그 광고에 끊임없이 주목하게 하는 광고라고 말할 수 있다. 소비자들의 주목을 끌었을 때 제품에 대해 다시 한 번 이야기할 수 있는 기회가 생기기 때문이다.

그러나 설명부의 경우는 조금 관점이 다르다. 위와 같은 논의에서 유추해보면, 설명부는 빈도수가 적지 않은 것은 사실이지만 광고 안에서는 제품군 1에서처럼 절대적인 기능을 발휘하지는 못하는 듯하다. 비록 관여도가 낮아 소비자들이 크게 고민을 하지 않는 제품들이긴 하지만, 그래도 어쨌든 이성적 구매가 이루어지는 제품들이기 때문에 다소간의 설명과 정보전달은 필요할 것이다. 그 안에서 설명부가 수행해야 할 기능은 분명히 있다. 그리고 어느 정도는 그 기능을 발휘하고 있다는 것을 56편에서 사용되었다는 빈도수가 입증하고 있다. 그러나 제품군 3의 광고가 달성해야 하는 두 가지 목표, 즉 소비자들과 감성적인 공감대를 만들고, 끝없이 제품을 상기시켜야 한다는 관점에서 볼 때는 한정된 시간 안에서 단순한 정보 전달 이외에는 큰 기능을 기대하기 어렵다고 본다.

따라서 제품군 3의 핵심요소는 주제부와 명시부, 주요소는 배경부와 효과부이다. 설명부를 포함, 권유부와 부가부는 부요소로 분류하기로 한다.

### 제품군 4에서의 기능별 구성요소의 쓰임(저관여-감성 제품군)

마지막으로 제품군 4의 기능별 구성요소의 쓰임에 관해 파악해 보기로 한다. 먼저, 기능별 구성요소의 사용빈도는 다음과 같다.

[제품군 4의 기능별 구성요소 사용빈도순]

| 주제부, 명시부(100) 〉 배경부(99) 〉 효과부(59) 〉 설명부(20) 〉 권유부(17) 〉 부가부(6) |
| --- |

제품군 4에서 분석된 광고들은 음료, 커피, 제과, 제빵, 맥주 등등 우리가 평소에 큰 부담을 느끼지 않고 구입하는 제품의 광고로 이루어져 있다. 이들은 모두 FCB Grid Model 상 저관여-감성 제품군에 속하는 제품들이다. 저관여 제품이기 때문에 고관여 제품과는 달리 구매 이전부터의 정보수집, 제품간의 면밀한 비교 등의 과정들은 거의 없다. 또한 합리적인 판단보다는 좋고 싫음에 판단기준을 둔 감성적 소비를 통해 구매되는 제품이기도 하다. 매장에 들러 제품을 보았을 때,

문득 광고에서 본 기억이 나거나 왠지 마음이 끌리면 별 부담없이 구입하게 되는 제품들이 바로 제품군 4의 저관여－이성 제품군들이다.

이를테면 음료의 경우, 가격도 저렴하거니와 제품간의 차이도 크게 느껴지지 않으므로 소비자들은 매장에서 별다른 고민 없이 손이 가는 대로 구매하곤 한다. 단, 들어보지 못한, 다시 말해 광고 등을 통해 제품명을 사전에 접해보지 못한 경우에는 다소 망설임이 있을 수 있으나, 설사 잘못 구매했다고 하더라도 크게 문제가 될 것이 없으므로 소비자들은 별다른 저항감 없이 구매한다. 소비자들은 일단 구매해 보고 나서 그 맛이 '좋다', '나쁘다'라는 기준에 의해 그 음료를 평가할 뿐이다. 그 안에 어떤 영양소가 들어있는지, 어떤 기술이 적용된 것인지에 관해서는 큰 관심을 갖지 않는다.

즉, 제품군 4의 소비자들은 '구매－느낌－인지(do-feel-learn)'의 구매과정을 거친다(코래드 광고전략연구소, 1996:109). 그런 소비자들에게 광고에서 제품에 관한 논리적인 근거를 조목조목 대가면서 이성적인 판단을 요구한다면, 그 광고는 오히려 역효과가 날 수도 있다. 그 제품에 대해 소비자들이 생각하는 관점과 지나치게 다른 방향에서 접근하고 있기 때문이다.

따라서 제품군 4의 경우 광고가 취해야 할 기본적인 전략은 소비자들에게 제품에 관한 강한 인상을 심어줘야 한다는 것이다. 여기서 강한 인상이란 합리적인 근거를 제시하여 형성되는 인상이 아닌, 감각적인 공감을 통해 형성되는 인상을 말한다. 그리고 광고에서 제시된 그 인상은 즉시 제품의 구매와 연결될 수 있어야 한다. 이러한 성향으로 인해 제품군 4의 소비자들을 반응하는 사람들(reactor)이라고 규정짓는다(코래드 광고전략연구소, 1996:109). 광고를 보고 나서 즉각적으로 구매가 일어나기 때문이다.

이러한 소비자들을 대상으로 한 광고에서 배경부는 효과적인 기능을 발휘한다. 배경부는 소비자들이 제품과 감정적으로 자연스럽게 연결될 수 있게 한다. 제품이 사용되는 상황을 보여줌으로써 그 편리함이나 새로움을 느끼게 해주고, 제품을 사용하였을 때의 만족감을 말해주므로 소비자들은 그 제품이 왜 그런 편리함, 새로움, 만족감을 주는가를 합리적으로 파악하기 전에 좋은 제품이라는 막연한 호의감을 갖게 될 것이다. 또한 제품의 주 소비자들의 생활 속에서 흔히 일어날 수 있는 에피소드를 제시한다면, 광고 속 이야기가 나의 이야기 같다는 느낌을 받게 되어 감정이입 효과가 일어나게 되고, 그 과정에서 제품에 대한 강한 인상을 받게 될 것이다.

효과부의 사용 역시 배경부가 많이 사용되는 것과 같은 맥락에서 그 원인을 파악할 수 있다. 배경부에 의해서 이루어지는 소비자와 광고 간의 감성적인 공감대를 좀 더 극적으로 만들고, 좀 더 몰입하게 만드는 기능을 수행하는 것이 효과부이다.

위의 빈도에서 명확히 드러나듯이, 제품군 4에서의 주요소는 배경부와 효과부이다. 핵심요소는 주제부와 명시부, 부요소는 설명부, 권유부, 부가부이다.

# 5. 제품군별 전달구조로 본 미디어 글쓰기의 실체

라 디 오 글 쓰 기 를 통 해 본 미 디 어 글 쓰 기

지금까지, 라디오 광고라는 하나의 전달구조를 구성하는 기능별 구성요소에 대해 논의하였고, 아울러, 그 기능별 구성요소들이 개별 라디오 광고에서 어떻게 사용되고 있는가를 파악하였다. 이제부터는 제품군에 따라 라디오 광고의 전달구조가 어떻게 다른지를 살펴보기로 한다.

전달구조 파악의 기본은 핵심요소와 주요소의 결합관계이다. 주제부와 명시부가 포함되어 있는 핵심요소와 제품군에 따라 다른 주요소들이 어떻게 결합되어 구조를 이루고 있는가를 파악해 보면 제품군별 라디오 광고의 구조가 드러날 것이다. 이를 기본형이라 명명한다.

거기에 부요소가 더해지는 구조가 있다. 새로운 요소가 더해짐으로 해서 기본형 구조의 표현이 더욱 풍부해지고, 그에 따라 전달력에도 차이가 있을 것임을 예상할 수 있다. 이를 확장형이라고 명명한다. 단, 부요소에 포함된 모든 요소들의 개입을 유의미하게 분석하지는 않았다. 제품군별로 최소한 50편 이상에서 사용된 부요소가 개입되었을 때만 확장형으로 분류하였다. 50편 미만으로 사용된 요소들에 대해서

는 큰 의미를 두지 않았다. 앞에서 표를 통해 보았듯이, 부요소들 중 50편 이상에서 사용된 것은 제품군 1에서 배경부, 제품군 3에서 설명 부뿐이다. 제품군 2와 제품군 4에서는 설명부가 각각 12편, 20편에서 사용되었을 뿐이어서 구조파악의 대상에서 제외되었다. 전 제품군에 걸쳐 최대 25편에 사용되었을 뿐인 권유부와 최대 10편에서 사용된 부가부 역시 제외되었다. 적은 숫자가 사용된 요소들을 제외한 이유는 그들까지 구조파악을 위한 변수로 포함시킨다면 제시되는 광고 언어 의 구조가 지나치게 복잡해져서 오히려 구조파악에 도움을 주지 못할 것이라는 판단 때문이다.

마지막으로 변이형을 설정하였다. 전달구조를 파악하는 과정에서 기 본형과 확장형의 구조와는 다른 요소들을 사용하거나, 특정 요소가 배 제된 구조들을 발견하게 되었다. 이들은 비록 각 제품군의 전달구조에 있어 주류를 이루는 것은 아니나 구조의 차별화를 통해 광고의 차별화 를 도모하려고 하는 것으로 보인다. 따라서 숫자는 많지 않으나 변이형 에 관한 연구도 전달구조의 한 양상으로서 가치있는 것이라고 생각된다.


### 제품군 1의 전달구조(고관여-이성 제품군)

제품군 1의 전달구조에 있어 기본형은 핵심요소인 주제부와 명시부, 그리고 주요소인 효과부와 설명부 간의 결합을 통해 이루어진다.

기본형은 효과부를 사용하여 소비자들의 관심을 끌고 설명부를 통 해 설득하며 주제부와 명시부를 제시하는 형식이다.

[제품군 1의 기본형 전달구조]

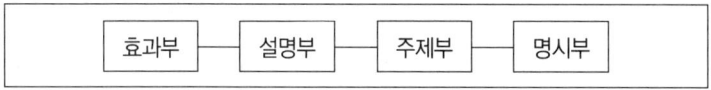

이 구조는 이성적 설득이 필요한 제품군 1의 광고에서 가장 설득이 용이한 형태라고 볼 수 있다. 효과부와 설명부, 명시부, 주제부로 이어지는 선형적인 구조는 소비자들이 광고에 주목하고, 광고의 주된 설득내용을 듣고, 그것이 집약된 주제부를 듣고, 마지막으로 광고의 주체가 되는 명시부를 확인하는 과정을 거침으로써 이성적이고 관여도 높은 소비자들의 구매선택과정과 거의 일치하기 때문이다. 이러한 구조를 갖고 있는 광고의 예를 들어 기본형 구조의 전달과정에 관해 파악해 보기로 한다.

## 〈'중고차' 편 / 대우자동차〉

| 광고언어 | 구성요소 |
|---|---|
| 두껍아, 두껍아, 헌 집 줄게 새 집 다오. | 효과부 |
| 두껍아, 두껍아, 헌 집 줄게 새 집 다오. | 효과부 |
| 대우자동차가 신차구입 고객의 중고차를<br>직접 매입해 드리거나,<br>서울 자동차 경매장을 통해<br>공정하게 처리해 드리겠습니다. | 설명부 |
| 새 차는 고객이 가져가시고<br>중고차는 대우자동차에 맡기십시오. | 주제부 |
| 대우자동차. | 명시부 |

광고의 도입부에서 '두껍아, 두껍아, 헌 집 줄게 새 집 다오.'가 두 번 반복되고 있다. 이것은 소비자들의 귀에 익은 전래동요의 한 구절

이다. 아무래도 생소한 표현보다는 어릴 적부터 귀에 익어 있는 전래 동요가 소비자들의 관심을 더 끌게 마련이다. 그렇게 해서 일단 소비자들의 관심을 끈 후, 대우자동차가 새롭게 제공하는 서비스에 대해 명쾌하게 설명하고 있다. 신차를 구입했을 때 고객들이 기존의 차를 어떻게 처분할까를 고민한다는 사실을 정확히 파악하고, 그러한 고객의 고민을 구체적으로 어떻게 해결해드리겠다는 점을 설명부를 통해 밝히고 있다. 그에 이어지는 '새 차는 고객이 가져가시고 중고차는 대우자동차에 맡기십시오.'는 설명부에서 제시한 약속이 고객에게 어떤 편익으로 돌아오는가를 전달해 주고 있다. 고객은 새로 산 차를 기분 좋게 가져가기만 하면 그만이다. 중고차에 대한 처리는 새 차를 판매한 대우자동차가 알아서 해준다는 내용을 전달함으로써 소비자의 편익이 표현되고 있다. 마지막으로는 '대우자동차'라는 기업명을 밝혀 이 광고의 주제가 누구인지를 명확히 하고 있다. '전래동요를 이용한 주의 환기→새로운 서비스에 대한 정확한 설명→고객의 이익 제시→기업명 제시'의 전달구조를 통해 제품력 이외에도 소비자들이 대우자동차를 선택했을 때 많은 이익이 있다는 사실을 전달해 주고 있다.

때로는 그 순서가 약간 바뀌는 경우도 없지 않다. 그러나 그것은 내용의 흐름상 불가피한 것으로 보아 기본형으로 분류하였다.

확장형은 기본형에 배경부가 사용된 구조를 말한다. 확장형을 도식화하면 다음과 같다.

[제품군 1의 확장형 전달구조]

| 효과부 ⟺ 배경부 | 설명부 — 주제부 — 명시부 |

위 도식에서 효과부와 배경부의 위치는 서로 바뀔 수도 있음을 의미한다. 기본형은 효과부를 사용하여 소비자들의 관심을 끌어들인 후 설명부를 통해 직접적인 메시지를 전달하지만, 확장형은 배경부라는 기능별 구성요소를 하나 더 개입시켜 소비자들과의 감성적 공감대를 만들어가고 있다. 비록 광고는 이성적이고 설득적인 내용을 담고 있지만, 그것이 소비자들에게 보다 부드럽게 받아들여질 수 있도록 배경부를 활용한 것이다. 기본형에 배경부를 더한 구조이기 때문에 기본형에 비해 표현의 폭이 풍부하다고 할 수 있다. 예를 들어 구체적으로 어떤 구조를 이루고 있는지를 살펴보기로 한다.

### 〈대진 썰타침대 / 대진침대〉

| 광고언어 | 구성요소 |
|---|---|
| [Na]   침대에도 세균이 산다. | 효과부 |
| [모델] 침대, 세균이 산다는 사실을 아십니까? | 배경부 |
| 특히 얼룩은 세균의 온상.<br>그렇다고 빨 수도 없죠! | 배경부 |
| 얼룩과 세균이 생기지 않는 대진침대. | 설명부 |
| [Na]   얼룩 방지, 항균 방취. | 설명부 |
| [모델] 침대, 건강까지 생각하십시오. | 주제부 |
| [여]   아! 잘 잤다 | 효과부 |
| [Na]   대진 썰타 침대 | 명시부 |

도입부에서 '침대에도 세균이 산다.'는 내용을 전달함으로써, 일반 소비자들의 주의를 환기시키고 있다. 자신이 매일 잠드는 침대에 세균이 산다는 것을 듣고 쉽게 넘겨버릴 수 있는 소비자들은 많지 않을 것이다. 그러므로 다음의 내용을 귀담아 듣게 되는 것이다. 도입부가 다

소 위협적으로 시작되었다면, 배경부에서는 어쩔 수 없는 침대의 세균과 그 문제점에 대해서 차근차근 이야기해주고 있다. 마치 침대를 앞에 두고 모델이 자세히 설명하는 듯한 표현을 통해 소비자는 그러한 상황을 마음속에 시각적으로 그리면서 광고를 듣게 된다. 설명부에서는 세균의 온상인 얼룩이 생기는 것을 방지한다는 것과 항균 방취작용에 대해 운율을 맞춰 제시함으로써 쉽게 이해할 수 있도록 하였다. 주제부에서는 침대를 선택하는 새로운 기준을 제시하는 듯한 내용으로 표현되어 있으나, 그 안에 담긴 함축적 의미는 '대진침대는 건강까지 생각하는 침대이다.'라는 것으로 파악할 수 있어 소비자가 받을 수 있는 이익을 정서적으로 표현하였다. 마지막에는 제품명을 정확히 밝혀 광고의 주체를 명시하였다. '소비자 위협→문제점 제시→해결책 제시→정서적 이익 제시→제품명 제시'의 구조를 통해 문제점과 해결을 정확히 보여줌으로써 대진 썰타 침대의 우수성, 혹은 필요성을 논리적으로 전달해 주고 있다.

변이형은 기본형과 확장형의 구조에서 특정 기능별 구성요소가 빠져 있는 경우이다. 주로 확장형에서 효과부가 빠진 경우가 많다. 즉, '배경부–설명부–주제부–명시부'의 경우이다. 실질적으로 이러한 구조를 변이형으로 보아야 하는지에 관해서는 의문의 여지가 있다. 효과부의 사용이나 배경부의 사용은 그 둘 중 하나만 사용되더라도 그 기능상으로는 큰 차이를 보이지 않기 때문이다. 소비자의 주의를 환기시키고 관심을 끌기 위한 효과부나, 제품이 사용되는 상황을 시각화하거나 제품 등장에 대한 기대감을 주는 배경부는 모두 도입부에서부터 소비자들의 관심을 끌어들이기 위해 사용되는 것이기 때문이다. 하지만, 기본형과 확장형이 갖고 있는 구조와 다르다는 면에서 일단은 변이형

으로 분류하였다. 변이형으로 특이한 것은 설명부–주제부–명시부의
구조이다.

### 〈N–TOP / SK텔레콤〉

| 광고언어 | 구성요소 |
|---|---|
| [Song] 전철에서 지루할 때 엔탑. | 설명부 |
| 버스에서 심심할 때 엔탑. | 설명부 |
| 카페에서 너를 기다릴 때 엔탑. | 설명부 |
| 분위기가 썰렁할 때 엔탑. | 설명부 |
| 옆구리가 허전할 때<br>세상 소식 너무너무 궁금할 때 엔탑. | 설명부 |
| 즐겁게, 더 똑똑하게 나는 엔탑을 한다. | 주제부 |
| 엔탑. | 명시부 |
| [Na] 엔탑은 생활이다, 엔탑. | 명시부 |

다양한 설명부를 통해 제품을 사용하는 다양한 상황을 보여주고 있
다. 그리고 '즐겁게, 더 똑똑하게 나는 엔탑을 한다.'는 주제부를 통해
엔탑을 즐기는 소비자들은 남들보다 더 즐거운 생활을 누릴 수 있으
며, 세상을 살아가는 더 똑똑한 방식을 알고 있다는 점을 제시함으로
써 소비자들이 받을 수 있는 심리적 우월감을 표현하였다. 효과부와
배경부는 논리적이고 합리적인 설명 중심의 제품군 1의 광고에서 감초
와 같은 역할을 한다. 단조롭고 딱딱하기 쉬운 광고들을 좀 더 부드럽
고 이해하기 쉽도록 만들어 주는 것이다. 이 경우는 배경부나 효과부
가 사용되지 않았다. 그래서 구조로만 보면 딱딱할 것 같은 느낌을 주
는 광고이다. 그러나 실제로는 노래 가사이기 때문에 설명부의 표현들
이 딱딱하고 설명적이라기보다는 다양한 상황들을 연상할 수 있도록

해주고 있어, 이들은 거의 배경부와 같은 기능을 하고 있다고 생각된다. 그것이 바로 구조상으로는 딱딱한 구조를 갖고 있는 듯 보이는 이 광고에서 전달력을 느낄 수 있는 이유이다.

## 제품군 2의 전달구조(고관여-감성 제품군)

제품군 2의 경우 기본형을 이루는 기능별 구성요소는 그 기준이 다소 다르다. 핵심요소인 주제부와 명시부, 주요소인 효과부와 배경부가 이루는 구조를 파악하면 될 듯하나, 실제로 4가지 요소들이 이루는 구조를 기본형이라고 말하기는 어렵다. 제품군 2에서 주요소로 분류된 효과부와 배경부의 사용 빈도를 비교해보면, 배경부가 89번의 빈도를 갖고 있는데 비해, 효과부는 불과 51회밖에 사용되지 않고 있다. 따라서 기본적으로 주요소에 포함되는 50회 이상 사용된 것이기는 하나, 배경부에 비해 현격한 격차를 보이므로, 효과부까지 기본형에 넣어 전달구조를 파악하는 것은 다소 문제가 있다고 생각된다. 따라서 효과부를 제외한 나머지 네 가지 기능별 구성요소를 중심으로 제품군 2의 기본형이 정의되어야 하는 것이 바람직하다고 본다. 따라서 제품군 2의 기본형 전달구조를 도식화하면 다음과 같다.

[제품군 2의 기본형 전달구조]

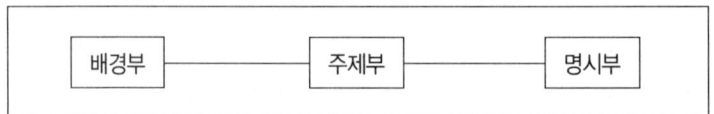

논리적인 설득이 필요한 광고가 아닌, 감성적인 공감을 이끌어 내는

것이 중요한 제품군 2의 광고의 경우에는 전달구조를 통한 광고의 흐름 역시 논리에 따른 전개라기보다는 감정의 흐름에 따른 전개가 많이 이용된다고 볼 수 있다. 구체적인 예를 들어 보기로 한다.

### 〈보디가드 '선물' 편 / 좋은사람들〉

| 광고언어 | 구성요소 |
|---|---|
| 봉투를 잘못 선물하면 쇠고랑을 찹니다. | 배경부 |
| 꽃을 함부로 선물하면 오해를 삽니다. | 배경부 |
| 선물을 포기하면 미움을 삽니다. | 배경부 |
| 보디가드를 선물하면 마음을 삽니다. | 주제부 |
| 선물 이상의 선물, 보디가드.<br>좋은사람들. | 명시부 |

도입부부터 풍자적이다. '봉투를 잘못 선물하면 쇠고랑을 찹니다.'는 사회에 만연되어 있는 부정부패를 비판하는 듯한 표현이다. '꽃을 함부로 선물하면 오해를 삽니다.'는 일반적으로 꽃은 사랑 고백과 어울리는 선물이기 때문에 잘못 선물했을 때는 엉뚱한 오해를 살 수 있다는 익살스러운 표현이다. '선물을 포기하면 미움을 삽니다.'는 그렇다고 선물을 하지 않을 수도 없는 상황을 풍자적으로 표현하고 있다. 이들 3개의 배경부를 들은 소비자는 일단 광고 표현 속에 담겨 있는 재치에 흥미를 느끼게 되고, 그렇게 문제가 많은 선물로 도대체 무엇이 좋은지를 궁금하게 여기게 된다. 거기에서 '보디가드를 선물하면 마음을 삽니다.'라는 주제부가 등장한다. 쇠고랑을 차지도, 오해를 사지도, 미움을 사지도 않으려면 마음을 사야한다는 당연한 말과 함께, 보디가드를 결합시켜 보디가드가 선물용으로 가장 좋은 것임을 제시

해 주고 있다. '배경부를 통한 문제점 제시→해결책 제시→제품명 제시'의 구조를 이루고 있는데, 그 문제와 해결의 과정이 논리적이고 이성적인 것이 아니라 풍자적인 표현을 통한 감각적인 공감에 의해 이루어지고 있다. 배경부의 내용들이 잘못된 말은 아니지만, 합리적이라기보다는 재치있는 말장난 같기 때문에 감성적인 표현이 된다고 본다.

제품군 2의 확장형 전달구조는 기본형에 효과부가 사용된 것이다. 효과부의 사용을 통해 감성적인 느낌을 더해주는 것들이 확장형 전달구조를 갖고 있는 광고들이다. 이것을 도식화해서 표현하면 다음과 같다.

[제품군 2의 확장형 전달구조]

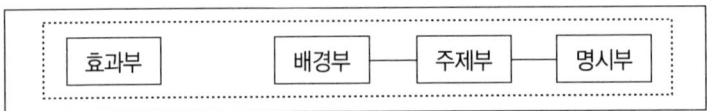

위의 도식에서 효과부가 점선으로 전체를 포괄하고 있는 것은 효과부가 서두를 비롯, 광고 전편에 걸쳐 다양하게 등장하고 있음을 뜻한다. 제품군 2의 광고들은 감성소구를 활용한 광고들이기 때문에, 감정의 흐름을 좀 더 고도화시키거나 감각적으로 자극을 주어야 할 필요가 생기면 효과부가 사용되고 있는 것이다. 그 예를 들어 보기로 한다.

〈부룩스힐 / 제일모직〉

| 광고언어 | | 구성요소 |
|---|---|---|
| [여] | 좋아요, 솔직하게 말하면… | 효과부 |
| [남] | 솔직하게 말하면? | 효과부 |
| [여] | 이번 신입사원 중엔 댁이 제일 멋져요! | 배경부 |
| [Na] | 젊은 정장, 브룩스힐. | 주제부/명시부 |

| | | |
|---|---|---|
| [여] | 남다른 패기도 있고,<br>뭐랄까... 열정이 넘쳐 난다고나 할까? | 배경부 |
| [남] | 사실, 마음도 따뜻합니다. | 배경부 |
| [여] | 다 좋은데 손은 왜 잡는 거죠? | 효과부 |
| [Na] | 젊은 정장, 부룩스힐 | |
| [Song] | 하티스트 | 주제부/명시부 |

이 광고의 도입부는 독특하다. 광고의 시작과 함께 대화가 시작되는 것이 아니라, 두 사람간의 대화 사이에 소비자가 불쑥 끼어든 듯한 느낌을 준다. 그 내용도 뭔가 솔직하게 고백할 듯한 것이어서, 소비자들은 자연스럽게 광고의 내용에 관심을 갖게 된다. 이후 배경부에서는 상대방에 대한 묘사가 진행되는데, '그런데 손은 왜 잡는 거죠?'라는 효과부를 통해 도입부에서 느낄 수 있었던 긴장감을 다시 한번 되풀이하게 해준다. 결국 '호기심 자극→호기심 해소→제품명 제시→일상적 대화→호기심 자극→제품명 제시'의 구조를 이루고 있는데, 이 구조는 이성적인 구조라기보다는 철저히 감성적인 구조라고 말할 수 있다. 제품과 관련된 이성적 언급은 보이지 않고, 사랑이야기 중심의 줄거리와 제품에 대한 추상적인 이미지만이 담겨 있기 때문이다. 이 광고에서는 두 번의 효과부가 광고의 긴장감을 더해주는데, 그 긴장감은 소비자들에게 광고에 대한 주의를 환기시켜주면서 감각적인 공감을 이루는데 도움을 줄 것으로 생각된다.

제품군 2에서 변이형은 다양한 형태로 나타나고 있으나, 가장 특징적인 것은 설명부를 사용하는 광고들이다. 효과부-설명부-주제부-명시부와 같이 감성적인 제품을 선택하는데 있어서 이성적인 기준을 제시하기 위해 설명부를 사용한 광고들을 볼 수 있다.

## ⟨'가을' 편 / 헌트⟩

| 광고언어 | 구성요소 |
|---|---|
| 가을이 되면 외출이 잦아지는 옷이 있죠? | 효과부 |
| 장식고리에, 착탈식 조끼,<br>큼직큼직한 주머니가 달린 헌트 사파리! | 설명부 |
| 돌아오는 길엔 주머니에 가득<br>가을 풍경을 담아오세요. | 주제부 |
| 헌트인의 자부심, 헌트. | 명시부 |

이는 감성적 제품이라고 해서 반드시 감성적인 광고를 해야 한다는 법칙은 없다는 것을 보여주는 것으로, 제품군 2에서 기능별 구성요소 사용의 다양성을 볼 수 있는 예라고 할 수 있겠다. 감성적 접근 일변도의 패션 광고 사이에서 어느 정도 이성적 접근을 통해 광고의 차별화를 도모할 수 있다는 점에서 가능한 방법이라고 생각된다.

### 제품군 3의 전달구조 (저관여-이성 제품군)

제품군 3의 기능별 구성요소의 사용양상에 관해 언급하면서, 다른 제품군에 비해 구성요소의 사용이 풍부하다는 것을 지적한 바 있다. 그리고 그 이유로, 저관여-이성 제품군이라는 하나의 제품군으로 포괄적으로 분류되긴 하지만, 그 안에는 다른 제품군보다 훨씬 다양한 성격을 지닌 제품들이 포함되어 있기 때문이라고 하였다. 크게 이성적이지도, 크게 감성적이지도 않은 제품들이 함께 포함되어 있어 광고의 접근방식 역시 이성적 접근이 유용한지, 감성적 접근이 유용한지가 불확실해 보였으나, 기능별 구성요소의 사용양상으로 보아서는 이성적 접근보다는 감성적 접근이 지배적이었다고 말할 수 있다.

제품군 3의 전달구조 파악 역시 그러한 관점에서 이루어져야 할 것이다. 이성적인 제품이, 이성적인 접근의 광고가 없는 것은 아니지만, 제품군 3의 방식은 기본적으로 감성적인 접근이라는 점이다. 따라서 기본형은 주제부와 명시부 등의 핵심요소와 배경부, 효과부 등의 주요소가 결합된 것으로부터 파악해낼 수 있다. 기본형 전달구조를 도식화해보면 다음과 같다.

[제품군 3의 기본형 전달구조]

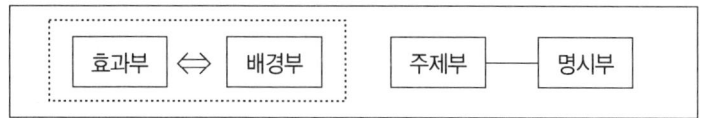

위 그림은 효과부와 배경부는 위치가 바뀔 수도 있음을 뜻한다. 이성적인 접근보다는 감성적인 접근이 지배적이라는 면에서 효과부와 배경부의 활용이 돋보이는 광고들이 많다. 기본형 전달구조에 포함된 광고들 중에는 효과부, 혹은 배경부가 사용되지 않은 경우도 있다. 그러한 전달구조도 기존의 기본형 전달구조와 큰 차이를 보이지 않는다고 보아 기본형에 포함시켰다. 예를 들어 살펴보기로 한다.

### 〈제일파프 / 제일약품〉

| 광고언어 | 구성요소 |
|---|---|
| [남펭귄] 어 - 무슨 일 있나? | 효과부 |
| [여펭귄] 허리도 아프구, 어깨두. | 배경부 |
| [Na] 근육통 타박상에 제일파프. | 주제부 |
| [남펭귄] 아-휴, 바쁘다, 바뻐. | 효과부 |

| | |
|---|---|
| [여펭귄] 역시 자기가 제일이야. | 배경부 |
| [남펭귄] 암, 내가 제일파프지. | 배경부/명시부 |
| [Na]　　제일약품. | 명시부 |

앞에서 제품군 3의 광고는 제품을 끝없이 상기시켜 습관적으로 구매하도록 유도하는 것이 유리하다고 지적한 바 있다. 이 광고는 그러한 지적에 충실한 광고로, '제일파프'라는 제품명과 '제일 바쁘다'와의 음성적 유사성, 그리고 가장 좋다는 뜻의 '제일'과 기업명인 '제일'이 갖는 중의성 등을 활용하여 만든 광고이다. 도입부에 남펭귄이 질문을 한다. 소비자들은 자연히 그 대답을 찾기 위해 광고에 귀를 기울인다. 이후 제품의 필요성과 관련된 배경부와 효용을 정확히 말해주는 주제부가 연결된다. 그리고는 제품명을 상기시켜 주기 위한 효과부와 '제일'의 중의성을 이용한 배경부들이 이어진다. 끝으로 제품명을 명시한 후 마무리된다. 즉 이 광고의 구조는 '호기심 자극→호기심 해소→효용 제시→우월감 표시→만족감 표시→제품명 제시'의 순으로 이루어져 있다. 한 편의 광고 안에서 효과부가 두 번 사용되면서 소비자들의 귀를 계속 자극하고 있다.

확장형은 기본형에 설명부가 더해진 구조이다. 전체적으로 감성적인 광고가 주류를 이룬다고 해도 이성적인 선택이 필요한 제품들이 적지 않다. 그 결과 설명부가 사용된 광고들도 적지 않게 나타나고 있다. 확장형을 도식화해보면 다음과 같다.

[제품군 3의 확장형 전달구조]

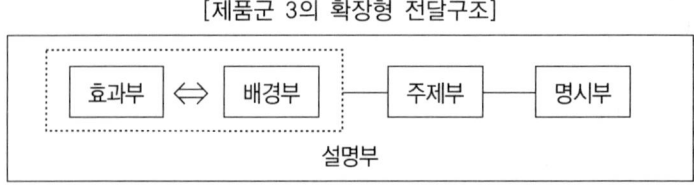

위 그림에서 설명부가 포괄적으로 위치해 있는 것은 전달구조 안에서 그 위치가 특별히 고정되어 있지 않다는 뜻이다. 광고의 맥락에 따라 적절한 위치에 등장하므로, 그 위치를 한 곳으로 정하기는 어렵다. 확장형 전달구조의 예를 들어 보기로 한다.

### 〈나래 옐로우페이지 / 나래이동통신〉

| 광고언어 | 구성요소 |
|---|---|
| [남1] 사장님, 우리 가게에 불났어요. | 효과부 |
| [남2] 뭐? 불… 불이? | 배경부 |
| [남1] 네, 전화에 불이 났어요. | 배경부 |
| [Na] 광고를 내면 전화에 불이 납니다. | 주제부 |
| 광고비는 적게, 효과는 일 년 내내, 나래 옐로우페이지. | 설명부 |
| [남1] 광고 안 한 사장님들, 속에 불날 걸요? | 효과부 |
| [Na] 나래 이동통신이 만드는 새로운 전화번호부, 나래 옐로우페이지. | 명시부 |

이 광고 전체를 끌고 가는 아이디어는 '불'의 중의성이다. 다소 코믹해 보이는 상황이긴 하지만 도입부부터 '사장님, 우리 가게에 불났어요!'라는 표현을 통해 뭔가 일이 생겼다는 것을 암시하고, 그것이 바로 소비자들이 이 광고에 주의를 기울이게 하는 계기가 된다. 여기에서 '불'은 화재사고를 말한다. 그 불에 대한 호기심은 배경부에서 '전화에 불이 났다.'는 말로 해소된다. 여기에서는 매우 바쁘다는 관용적 표현으로 '불'이 사용되고 있는 것이다. 그리고 그에 이어 바로 전화에 불이 날 수밖에 없었던 이유가 설명된다. 그것은 적은 광고비로 일 년 내내 효과를 볼 수 있기 때문이다. 그 상태에서 광고가 마무리될 수도 있으나, 다시 한 번 효과부를 사용, 이번에는 소비자의 경쟁심을 자극

한다. '광고 안 한 사장님들, 속에 불 날 걸요?'라는 표현에서 사용된 '불'은 몹시 화가 난 감정을 뜻한다. 그리고 제품명을 전달한 후 마무리된다. 즉, '호기심 자극→호기심 해소→제품효용 설명→경쟁심 자극→제품명 제시'의 구조 속에서 '불'이 갖고 있는 중의성을 적절히 사용함으로써 감성적인 접근이 가능하게 하면서도, 설명부를 사용하여 제품에 관한 명확한 정보를 제공하고 있다.

변이형 전달구조는 명시부–설명부–주제부/명시부와 같이 배경부나 효과부가 사용되지 않는 경우인데, 이는 총 분석대상 100편 중 단 2편에만 등장하는 전달구조로 다른 제품군에 비해 변이형 전달구조가 매우 적게 나타나는 것도 하나의 특징이라고 말할 수 있겠다.


## 제품군 4의 전달구조(저관여–감성 제품군)

제품군 4의 전달구조는 대체로 제품군 2의 전달구조와 유사하다. 모두 감성적인 소비가 이루어지는 제품들이므로 광고의 전달 방식은 크게 차이가 나지 않는다. 단지 광고 안에 포함되는 감성은 다른 면을 보인다. 제품군 2의 경우에는 고가의 제품이 많으므로 표현되는 감성 역시 고급감과 자존심 등에 초점이 맞춰져 있다. 하지만, 저가의 제품이 많은 제품군 4는 인상적이고 재미있는 표현들이 중심을 이루고 있다.

제품군 2와 마찬가지로, 제품군 4의 기본형은 핵심요소인 주제부와 명시부, 그리고 주요소 중 하나인 배경부와의 결합에 의해 이루어진다. 기본형 전달구조를 도식화하면 다음과 같다.

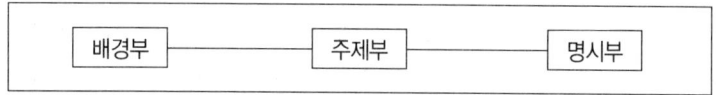

[제품군 4의 기본형 전달구조]

| 배경부 ──────── 주제부 ──────── 명시부 |

제품이 등장하는 상황, 혹은 제품이 등장하지 않더라도 에피소드를
통해 제품의 등장을 기대할 수 있는 상황들이 배경부로 사용되고 있는
제품군 4의 기본형 전달구조는 대체로 구매에 부담이 없는 제품인 만
큼 그 표현 역시 가볍고 경쾌한 느낌을 준다. 예를 들어 보기로 한다.

### 〈맛동산 / 해태제과〉

| 광고언어 | 구성요소 |
|---|---|
| [Song] 산동맛 고먹, 는있맛 티파…<br>　　　　산동맛 고먹, 운거즐 티파…<br>　　　　이맛 아좋 산동맛, 태해 산동맛… | 배경부 |
| [남]　어? 무슨 뜻이야? | 배경부 |
| [여]　거꾸로 하면 맛동산이 맛있단 소리지. | 배경부 |
| [Song] 땅콩으로 버무린 튀김과자…<br>　　　　해태 맛동산. | 주제부/명시부 |

배경부의 가사를 보면 도대체 그 의미를 알 수가 없다. 그러나 음을
들으면 금방 무슨 노래인지를 알 수 있다. 그만큼 맛동산은 우리나라
제과업계에서 장수를 누리고 있는 제품 중의 하나이며, 맛동산의 광고
노래 역시 오랫동안 사용된 것 중의 하나이다.[60] 누구나 잘 아는 노래

---

60) 맛동산은 해태제과에서 1975년에 출시되었다. 아직도 사용되고 있는 맛동산의
　　광고 노래가 언제부터 쓰이기 시작했는지는 정확하지 않으나, 제일기획에서 발행
　　한 〈제일기획 20주년 – 한국 TV광고 100선〉에 의하면 이 노래가 사용된 텔레비전
　　광고가 1076년~1980년 사이에 제작된 것으로 분류되어 있다.

이기 때문에 유리하기도 하지만, 그렇기 때문에 식상하게 느껴질 수 있다는 것이 오랫동안 쓰인 광고 노래의 장단점이다. 이 광고에서는 그러한 식상함을 거꾸로 부르기를 통해 극복하고 있다. 어떤 의미를 전달해주기보다는 늘 익숙한 멜로디와 함께 뜻도 알 수 없는 생경한 가사가 방송됨으로써 소위 인지부조화61)를 일으켜, 그 부조화를 해소하기 위해 귀를 기울이게 되는 것이다. 제품이 구매에 큰 부담이 없는 만큼, 광고 역시 가벼운 재치를 활용한 아이디어가 사용되고 있으며, 같은 감성적 접근이라고 하더라도 제품군 2에서 표현되는 감성과는 전혀 다르다. 이 광고의 전달구조는 '인지부조화 야기→인지부조화 해소→제품명 제시'의 구조를 갖는데, 단순히 호기심을 불러일으키고, 그것을 해소시킴으로써 제품의 이미지를 다시 한 번 부각하려는 의도를 담고 있다.

제품군 4의 확장형 전달구조는 제품군 2와 마찬가지로 기본형 전달구조에 효과부가 더해진 것이다. 다양한 효과의 활용을 통해 배경부와 함께 표현의 폭을 넓혀가는 구조를 말한다. 도식으로 그려보면 다음과 같다.

[제품군 4의 확장형 전달구조]

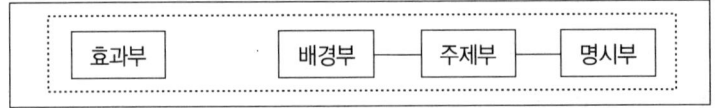

제품군 2의 확장형 전달구조와 마찬가지로, 효과부는 비교적 다양한 위치를 갖고 있다. 그 예를 들어 보기로 한다.

61) 『광고 대사전』에 의하면, 자기 자신 또는 자기 행동에 관한 모든 지식·의견 또는 신념을 인지라고 하는데, 인지부조화는 '여러 인지간의 부적합관계의 존재'이며, 그 자체가 하나의 동기부여의 요인이다. (코래드 광고전략연구소, 1996:615)

〈700-5425 2편 / (주)5425〉

| 광고언어 | 구성요소 |
|---|---|
| 아줌마 세대와 신세대의 차이점 아세요? | 효과부 |
| 발렌타인데이에 초콜릿을 주면 아줌마세대. | 배경부 |
| 그가 좋아하는 음악에 자기고백을 실어서 보내는<br>5425 음악엽서를 보내면 신세대예요. | 배경부 |
| 발렌타인데이의 새로운 사랑고백법, 700-5425. | 주제부/명시부 |
| 아직도 초콜릿 주고 있나요? | 효과부 |

도입부에서 질문을 통해 소비자들의 관심을 유도하고 있다. 그 질문은 단순히 차이점을 대답해보라는 의미는 아닐 것이다. 그것은 바르트가 말한 지시적 의미에 불과하다. 그 지시적 의미와 젊게 살고 싶어하는 이 시대의 신화가 더해져 또 다른 함축적 의미를 만들어 낸다. 그것은 '젊게 사는 방법을 아세요?'라고 말할 수 있다. 이어지는 배경부에는 아줌마 세대와 신세대를 명확하게 비교해 줌으로써 질문에서 던진 함축적 의미에 대한 답을 주고 있다. 그리고 그것이 바로 '발렌타인데이의 새로운 사랑고백법'인 것이다. 그것은 곧 젊은 사람들만의 사랑고백법이기도 하다. 따라서 700-5425를 통해 음악엽서를 보내는 것은 아줌마 세대의 구식 사랑고백이 아니라 신세대의 세련된 사랑고백임을 주장하고 있다. 그리고 마지막에 다시 한 번 '아직도 초콜릿을 주고 있나요?'라고 자존심을 자극하는 질문을 함으로써 망설이는 소비자들의 마음을 사로잡고 있다. '호기심 자극→호기심 해소→제품 명시→자존심 자극'의 구조를 갖고 있는 이 광고는 2번에 걸친 효과부의 활용이 감성적인 맛을 살려주고 있다고 하겠다.

제품군 4의 변이형 역시 제품군 2의 변이형과 마찬가지로 다양하게 나타나고 있다. 배경부를 사용하지 않고 효과부-주제부/명시부의 구조를 이루고 있거나, 효과부와 배경부를 다양하게 사용하면서도 설명부가 더해진 경우 등이 있는데, 변이형의 예로 후자의 경우를 살펴보기로 한다.

### 〈포스트 넛트 크런치 / 동서식품〉

| 광고언어 | 구성요소 |
| --- | --- |
| 나, 양미라. | 효과부 |
| 아침엔 입맛이 없다. | 배경부 |
| 너도 그렇지? | 효과부 |
| 시리얼도 아무 거나 안 먹는다. | 배경부 |
| 너도 그렇지? | 효과부 |
| 그래서 난, 새로 나온 넛트 크런치! | 명시부 |
| 해바라기 씨에 아몬드까지~ 고소하니까! | 설명부 |
| 포스트 넛트 크런치. | 명시부 |
| 너도 그렇지? | 효과부 |
| 든든한 아침, 포스트! | 주제부/명시부 |

이 광고에서 가장 중요한 아이디어는 '너도 그렇지?'와 '넛트 크런치!'라는 제품명간의 발음상 유사성이다. 따라서 '너도 그렇지?'라는 질문을 반복해서 던짐으로써 소비자들로 하여금 긴장감을 갖게 함과 동시에, '넛트 크런치'라는 제품명을 강조하고 있는 것이다. 도입부에서 모델이 양미라[62]라는 것을 밝혀 소비자들의 주목을 끌고, 그 다음부터는 '너도 그렇지?'라는 질문과 대답을 번갈아 해가며 효과부와 배경부를 다양하게 활용하고 있다. 그리고 생활 속의 문제점을 해결하는

---

62) 독특한 개성으로 젊은 층에 인기가 있는 텔레비전 광고 모델 겸 탤런트.

방안으로 제품이 등장하고 있으며, '너도 그렇지?'라는 질문을 다시 한 번 던지면서 마무리된다. '호기심 유발→문제점 제시→문제점 해소→제품명 강조'의 구조를 갖고 있는 이 광고는 제품군 4의 광고답게 재치있는 언어사용이 돋보이면서도, 한편으로는 새로 나온 제품에 대한 정보도 함께 제공하고 있다.

# 6. 제품군별 전달구조가 미디어 글쓰기에 갖는 함의

라 디 오 글 쓰 기 를 통 해 본 미 디 어 글 쓰 기

## 광고에서 전달구조가 갖는 의의

Leymore(1975, 1999:15)는 구조주의는 완전한 의미를 지닌 조화체인 광고를 그 구성요소로 분할한다고 하면서, 이는 다른 각도에서 본다면 그 구성요소들이 근본적 혹은 기본적인 메시지를 전달하는 새로운 관계를 형성한다는 것을 밝히기 위해서라고 언급하였다. 또한 Leymore(1975, 1999:51)는 구조주의는 인간의 정신이 어떻게 움직이는가를 설명하는 모델을 구축하는데 주력한다고 주장하였다.

이러한 주장은 라디오 광고 표현을 기능별 구성요소에 따라 분류하고, 그들의 구조를 살펴보는 이 책의 방법론을 뒷받침해주고 있다. 소비자들의 입장에서 볼 때, 라디오 광고 표현의 접촉과 신문 광고와 같은 인쇄 광고에 사용된 표현과의 접촉은 다른 양상을 보인다. 이를테면 신문 광고를 볼 때, 관심이 있는 부분만 읽고 그렇지 않은 부분은 건너뛸 수 있다. 시선을 옮기기만 하면, 얼마든지 자신이 보고 싶은 것만 볼 수 있는 것이다. 하지만 라디오 광고의 경우는 그렇지 않다.

. . . .

라디오가 갖고 있는 특성 중 선택성이 그것이다. 라디오는 소비자들에게 원하는 것만을 들을 수 있는 선택권을 주지 않는다. 보기 싫은 면은 넘겨버리고, 관심있는 면은 더 많은 시간을 투여하여 집중적으로 볼 수 있는 신문과 달리, 라디오는 라디오에서 전달하는 내용을 수동적으로 듣기만 해야 하는 것이다. 그것은 라디오 광고에서도 마찬가지이다. 신문에서는 관심이 없거나 보기 싫은 광고가 있으면 면을 넘겨 버리면 그만이지만, 라디오에서는 싫든 좋든 광고를 계속 들어야 한다. 그 다음에 이어질 프로그램을 듣기 위해서. 소비자들이 할 수 있는 가장 적극적인 방법은 다이얼을 돌려 다른 방송국의 프로그램을 듣는 것이겠지만, 다른 방송국에서 들을 수 있는 프로그램이나 광고 역시 소비자가 듣고 싶은 것을 선택한 것이라고는 말할 수 없다.

이런 상황에서 라디오 광고와 접촉하는 소비자들은 소극적이 될 수밖에 없다. 라디오 광고에 대해 적극적으로 접촉하려 하지 않는다는 뜻이다. 광고의 제작자들은 이런 소비자들의 성향을 극복하기 위한 방법을 갖고 있어야 한다. 관심이 없는 듯한 소비자들을 광고에 집중하게 하고, 그들에게 자연스러운 생각의 흐름을 제시해 줌으로써 전달하고자 하는 메시지를 전달할 수 있어야 한다.

여기에서 생각의 흐름에 주목할 필요가 있다. 광고는 그 목적상 광고를 듣는 소비자들의 생각의 흐름을 의도된 바대로 이끌어가야 한다. 광고를 통해 광고주의 의도를 소비자들에게 전달하고, 그것을 통해 광고주의 의도대로 소비자가 제품을 구매하도록 유도해야 하기 때문이다. 광고 안에서 생각의 흐름을 이끌어가는 것이 바로 전달구조이다. 각각의 고유 기능을 가진 요소들을 목적에 맞게 적절히 조합하여 소비자들에게 제시함으로써 자연스럽게 광고주의 메시지를 전달하고 있는 것이다.

## 제품군별 전달구조의 특성과 비교

제품군 1에서 보이는 전달구조의 기본형은 논리적인 흐름을 제시하고 있다. 관심이 없는 소비자들을 향해 효과부를 사용하여 주의를 환기시키고, 설명부를 통해 관여도가 높고 이성적인 판단이 필요한 제품에 관해 명확하게 설명한다. 그리고 주제부를 제시하여 제품이 갖고 있는 특성이나 제품에 관한 명확한 인상을 심어줌으로써 소비자에게 확신을 주고, 명시부를 통해 정확하게 제품명을 알려준다. 제품군 1의 소비자들은 제품 구매에 관해 깊이 생각하는 사람들(thinker)이기 때문에 이러한 구조가 유용하다. 먼저 제품에 관한 정보를 수집하고 분석한 뒤, 자신에게 어울리는, 혹은 필요한 것이라는 판단이 서면 구입하는 사람들이기 때문이다. 물론 논리적인 흐름을 제시하고 있다고 해서 그 내용이 반드시 건조한 것만은 아니다. 주제부의 경우, 제품에 관한 명확한 인상을 심어주는, 다시 말해 제품의 특성이 소비자들의 삶과 생활에 어떤 변화를 주는가를 알려주어 감성적인 공감을 이끌어내는 것이 많이 사용되므로 건조해지기 쉬운 논리적인 흐름을 부드럽게 만들어 주고 있다. 물론, 추상적인 주제부에 대한 뒷받침으로서 설명부는 제품의 가치를 이미지적으로 이야기하는 것보다 제품의 특성을 명확히 말해주는 것이 많다.

제품군 1의 확장형은 기본형보다 좀 더 적극적으로 소비자들에게 다가가려는 노력이 뒷받침된 형태라고 말할 수 있다. 효과부와 설명부, 주제부, 명시부로 이루어진 기본형에 배경부가 추가로 사용되었으므로 같은 시간 내에[63] 각각의 요소들이 차지하는 시간들은 줄어들게

---

63) 현행 라디오 광고들은 기본적으로 20초 단위로 방송된다.

된다. 그 과정에서 배경부가 더해진 만큼, 배경부는 효과부와 어우러져 설명부 중심의 건조한 광고를 더욱 부드럽게 만들어 준다.

제품군 1의 변이형은 배경부나 효과부가 사용되지 않은 경우, 혹은 확장형에서 효과부가 사용되지 않은 경우 등을 들 수 있는데, 변형된 형태라기보다는 기본형과 확장형에서 보이는 구조와 다르다는 면에서 변이형으로 분류된 것이다. 실제로 그 안에서 제시되는 생각의 흐름은 크게 다르지 않다고 본다.

제품군 2와 제품군 4는 같은 전달구조를 갖고 있음을 알 수 있었다. 제품군 2는 고관여 제품, 제품군 4는 저관여 제품이지만, 감성적 소비가 일어난다는 면에서 그 전달구조는 같은 것으로 나타났다. 제품군 2의 소비자는 느끼는 사람(feeler)로서 분석적인 판단보다는 감각적인 공감을 더 중요하게 여기는 성향이 있고, 제품군 4의 소비자는 반응하는 사람들(reactor)이기 때문에 광고에서 보이는 제품들에 자신의 기분에 부합하면 일단 구입하는 성향을 갖고 있기 때문에, 제품군 2와 4의 경우는 구체적인 표현의 차이는 있을 수 있지만 구조의 차이는 발견하기 어렵다고 생각된다.

두 제품군의 소비자들 모두 논리적인 설명을 통한 광고의 메시지보다는 감성적인 공감을 통해 전달되는 광고 메시지에 더 많은 관심을 보인다. 제품에 대한 소비자들의 판단이 제품군 1처럼 논리적이지 않고 감성적이기 때문이다. 제품군 2와 제품군 4의 기본형은 배경부를 통해 1차적으로 제품을 부각시킨 후, 주제부를 제시하여 소비자에게 확신을 심어주고, 그에 이어 명시부를 사용함으로써 제품명을 정확히 알려준다. 논리적인 설명에 유용한 설명부를 사용하지 않았다는 것은 이 전달구조에 내재되어 있는 생각의 흐름은 논리적인 흐름이 아니라 감성적인 흐름이라는 점을 알게 해준다.

제품군 2와 4의 확장형은 제품군 1의 확장형과 마찬가지로 소비자들에게 좀 더 적극적으로 다가가려는 노력이 뒷받침된 것이라고 말할 수 있다. 기본형에 효과부를 더함으로써 소비자들의 주의를 환기시키고, 관심을 높임으로써 소비자들이 광고에 주의를 집중하도록 유도하고 있다. 제품군 2와 4의 확장형의 경우, 효과부는 고정된 위치를 갖고 있는 것은 아니다. 필요에 따라 적절한 위치에서 사용됨으로써 광고에 내재되어 있는 감성적인 흐름을 더욱 실감나게, 혹은 독특하게 만들어줌으로써 전달력을 높이는데 기여하고 있다.

제품군 2와 4의 변이형은 설명부가 사용된 것이다. 기본형과 확장형의 경우를 볼 때, 설명부의 사용은 제품군 2와 4의 성격과 배치된다. 제품군 1의 경우 설명부의 사용을 통해 논리적인 흐름을 제시하고 있는데, 제품군 2와 4에서 제시되는 생각의 흐름은 감성적인 것이기 때문이다. 이 경우, 제품군 2와 4의 변이형은 기존의 전달구조와 다른 구성요소를 사용함으로써 전달 과정에 있어 차별성을 부각시키려 하는 노력이 뒷받침되어 있다고 생각할 수 있다.

독특한 구조를 갖고 있는 것은 제품군 3이다. 이미 기능별 구성요소의 전반적인 사용양상도 제품군 1, 2, 4와 다른 성격을 갖고 있다는 점을 언급한 바 있듯이, 전달구조 역시 다른 제품군에 비해 복잡한 구조를 갖고 있다.

제품군 3의 기본형은 제품군 2, 4의 확장형과 비슷한 구조이다. 단지 차이가 있다면, 제품군 2, 4의 확장형은 배경부, 주제부, 명시부의 위치가 비교적 고정되어 있는 상태에서 효과부가 다양하게 사용되고 있는데, 제품군 3의 기본형은 주제부와 명시부의 위치는 비교적 고정되어 있지만, 효과부와 배경부가 다양하게 위치를 바꿔가며 사용되고 있다는 점이다. 일단, 제품군 2,4에서 보이는 구조와 비슷하다는 면에서, 제품군 3의 기본형에서 제시되는 생각의 흐름은 감성적인 것이라고 말할 수 있다.

제품군 3의 확장형은 기본형에 설명부가 사용된 것이다. 이는 제품군 2와 4의 변이형과 비슷한 구조라고 말할 수 있다. 지금까지의 논의를 보면 제품군 1에서의 설명부 사용과 제품군 2,4에서의 설명부 사용은 다소 차이가 있다. 제품군 1에서는 논리적인 설득의 근거로서 설명부를 사용하지만, 제품군 2와 4에서는 논리적인 설득보다는 광고 표현의 차별화에 초점이 맞춰져 있다. 하지만, 제품군 3에서의 설명부는 제품군 1에서의 사용과도, 제품군 2와 4에서의 사용과도 다른 이유로 사용되고 있다고 생각된다. 제품군 3의 소비자는 행동하는 사람들(doer)이다. 이들은 습관적으로 제품을 구매하는 성향이 있다. 제품군 3에서의 설명부의 사용은 이러한 습관의 강화에 그 목적이 있는 것으로 생각할 수 있다. 제품군 3은 잘못된 선택했더라도 큰 부담이 없는 저관여 제품이어서 감각적인 공감만으로 제품을 구입하지만, 제품을 지속적으로 사용할 것인가에 대한 문제에는 이성적인 판단이 개입될 여지가 있다. 따라서 제품군 3의 확장형에서의 설명부의 사용은 습관화에 당위성을 부여하는 근거가 될 수 있다고 본다.

## 전달구조의 미디어 글쓰기에의 적용

전달구조를 파악하는 것은 제품군에 따라 라디오 광고의 구조가 어떻게 다른가를 비교해보는데 그 의미가 있다. 그리고 실제로 제품이 어떤 제품군에 속하느냐에 따라 그 구조가 다르다는 것이 파악되었다.

이상과 같은 전달구조의 파악은 기본적으로 라디오 광고를 분석하는 틀을 마련해준다. 그러나 더욱 유용한 것은 라디오라는 미디어를 위한 미디어 글쓰기에 대한 적용 가능성이다.

우선, 기능별 구성요소들은 라디오 광고가 어떤 기능을 갖고 있는 요소들로 구성되어 있는가를 말해준다. 따라서 미디어 글쓰기의 과정에서도 철저하게 기능적인 측면에 대한 고려가 가능해진다. 전체의 맥락에 따라 막연하게 쓰는 것이 아니라, 광고전략과 콘셉트를 기반으로 철저하게 계산된, 그래서 가장 강력한 성과를 낼 수 있는 표현들을 찾아낼 수 있을 것이다.

이러한 기능별 구성요소에 따른 전달구조는 라디오 광고의 구성이 어떻게 되어야 하는가를 말해준다. 단 20초에 불과한 라디오 광고이지만, 그것도 광고이기 때문에 사전에 구성에 대한 정교한 고려가 있어야 한다. 구성이 잘 이루어지지 않으면 그 결과물 역시 좋은 성과를 기대할 수 없기 때문이다.

물론, 이렇게 도식화된 구성이 차별화를 생명으로 하는 라디오 광고에서 유용한가라는 질문이 있을 수 있다. 그러나 반대로, 이러한 도식화된 구성을 사용한다면 평균 정도의 효과는 거둘 수 있다는 것이 저자의 생각이다. 남들보다 탁월한 효과를 거두는 킬러 콘텐츠로서의 라디오 광고를 만들 수 있다면 최선이겠지만, 모든 광고가 그런 영광을 안을 수는 없다. 오히려 대부분의 광고는 극소수의 강력한 광고에 눌려 그 존재조차 변변히 알리지 못 하는 상황인 것이다. 그런 상황에서 지금까지 파악된 전달구조는 탁월하다기보다는 평균 정도의 효과를 거두기 위한 광고를 만드는데 유용하게 사용될 수 있다고 생각한다.

또 하나, 이 전달구조가 유용한 것은 차별화의 포인트를 알려준다는 데 있다. 기존의 라디오 광고와 차별화된 광고를 만들려면, 기존의 광고가 어떤지를 알아야 한다. 그 개괄적인 모습을 전달구조가 보여주고 있는 것이다.

제6장
# 미디어 글쓰기의 실제

– 라디오 광고 글쓰기

# 1. 쓰기 전에 먼저 기획한다

## 아이디어 정리보다 생각의 정리가 먼저다 – 기획

광고란 무엇인가?

그 질문에 명쾌하게 대답하기는 쉽지 않다. 광고란 그 시작은 마케팅에서 비롯된 것이지만, 의사소통이라는 측면에서 보면 커뮤니케이션학에 속한다. 또한, 소비자의 심리를 적절하게 이용할 수 있어야 하기 때문에 심리학의 영역에 속하기도 하며, 표현 그 자체만 놓고 보면 예술의 영역에 속한다고 볼 수도 있다. 그리고 그 사회적 영향을 따져 본다면 사회학적 관점에서도 바라볼 수 있고, 최근에는 콘텐츠학의 주요한 영역으로 관심을 받고 있기도 하다.

세상의 그 어떤 것이든, 그것을 정의하기 위해서는 우선 관점의 설정이 중요하다. 위에서도 보았듯이, 어떤 관점에서 보느냐에 따라 그 정의가 달라질 수 있기 때문이다.

여기에서는 미디어 글쓰기라는 관점에서 광고를 바라본다. 글쓰기의 영역에서 광고를 바라보는 것이기 때문에 문학의 영역에 들어갈 것

같지만, 그렇지는 않다. 그야말로 기술적(技術的)인 글쓰기의 관점에서 바라보고자 하는 것이다. 그런 관점에서 보았을 때 전제되어야 할 것은 효과이다. 광고란 궁극적으로 효과를 전제로 한다. 아무런 효과를 거두지 못 하는 광고란 아무런 가치를 갖지 못 하는 광고와 같다.

광고가 거두어야 하는 효과는 다층위로 이루어진다. 우선, 제품에 대한 정보를 명확히 전달할 수 있어야 한다. 그러기 위해서는 소비자들이 그 광고에 관심을 가질 수 있도록 제작되어야 한다. 소비자의 관심을 끈 광고만이, 광고의 대상이 되는 제품의 정보를 소비자들에게 전달할 수 있기 때문이다. 세상의 모든 제품에 대해 소비자들이 모두 아는 것은 불가능하다. 그만큼 비슷비슷하면서도 각기 다른 제품들이 소비자들 주변에 엄청나게 존재하고 있을뿐더러, 또 이제까지 소비자들이 생각지 못 했던 새로운 제품들도 등장하고 있다. 제품에 적용되는 기술적 수준은 소비자들이 이해할 수 있는 정도를 넘은 것들도 많다. 이를테면 소비자들의 일상생활에서 없어서는 안 될 제품으로 자리잡은 휴대폰의 경우, 그 기술을 소비자들이 이해할 수는 없는 것이다. 그러나 어쨌든, 광고에서는 그 제품의 정보를 소비자에게 전달해야 한다. 기술 그 자체를 전달하든, 기술을 통해 소비자가 누릴 수 있는 편익을 전달하든 그것은 선택의 문제이긴 하지만, 필연적인 것은 반드시 전달해야 한다는 것이다.

그 다음으로는 소비자들이 광고를 보고 제품에 대해 호감을 가져야 한다는 것이다. 광고의 주인공은 누가 뭐라고 해도 제품이다. 영화에서 보면 알겠지만, 주인공은 그가 영웅이든 악역이든 항상 영화 속에서 가장 빛난다. 광고의 경우, 주인공인 제품이 악역으로 등장하는 법은 없다. 제품을 잘 알려 팔아야 하는 광고에서 제품이 악역으로 나온다는 것은 있을 수 없는 일이다. 그러므로 광고 속에서 제품은 가장 멋진 모습으로 소비자에게 전달되어야 한다. 그래야 소비자들은 그 제품에 대해 호감을 갖는다.

세 번째로, 광고를 본 소비자들이 그 제품에 대한 욕구를 촉발시킬 수 있어야 한다. 좋은 제품, 멋진 제품이라고 느끼는 것은 절반의 성공일 뿐이다. 중요한 것은 저 제품이 내게 필요한 제품, 저 제품이 내 삶을 업그레이드 시킬 수 있는 제품이라는 욕구를 불러일으킬 수 있어야 한다. 그 욕구가 실용성을 바탕으로 한 이성적인 것일 수도 있고, 감정적인 만족을 바탕으로 한 감성적인 것일 수도 있다. 그것은 제품이 갖고 있는 속성과 관련된 문제일 뿐이다. 광고에서는 그 속성을 가장 잘 적용하여, 그 속성으로부터 불러일으킬 수 있는 소비자들의 욕구를 극한까지 끌어낼 수 있어야 한다.

네 번째로, 광고는 소비자들이 그렇게 자신의 욕구를 자극한 제품을 명확하게 기억할 수 있도록 해야 한다. 욕구의 자극은 곧 기억도의 상승과 밀접한 관계를 갖고 있다. 소비자가 갖는 욕구가 강하면 강할수록, 그것을 충족시켜줄 수 있는 제품의 광고에 대한 기억은 깊어진다. 하지만, 세상의 모든 제품들이 소비자들의 열렬한 욕구의 성원을 받는 것은 아니다. 큰 욕구 없이 일상적으로 구입하는 제품일 수도 있고, 이제까지 없던 욕구를 촉발시키는 제품일 수도 있다. 그럴 경우 가능하면 차별화된 표현을 사용하여 소비자들의 기억 속에 깊이 각인될 수 있어야 한다.

마지막으로 광고는 소비자들이 직접 제품을 구입할 수 있도록 해야 한다. 제품의 구매촉진이야말로, 광고가 갖는 가장 궁극적인 목표이다. 제품의 판매를 이루지 못 하는 광고는 결과적으로 아무 것도 이루지 못 한 광고이다. 소비자들이 광고를 아무리 잘 기억하더라도, 그 제품을 구입하지 않는다면 그 광고는 실패한 것이다.

이 다섯 가지 층위의 효과가 소위 AIDMA의 법칙이다. '관심(attention) – 흥미(interest) – 욕구(desire) – 기억(memory) – 행동(action)' 등 다섯 단어의 머리글자를 딴 것으로, 소비자가 광고를 이해하고, 그 광고에 영향을 받아 행동하게 되는 단계를 설명한 것이다. 아주 고전 적인 법칙이긴 하지만, 그러나 아직도 여전히 유효한 것이 바로 AIDMA의 법칙이다.

여기에서 주목해야 할 것이 있다.

흔히 광고를 만든다고 하면, 좁혀서 이야기를 하면 광고를 위한 글 쓰기를 한다고 하면 소비자들의 허를 찌르는 멋진 아이디어를 만들어 내야 한다는 생각을 갖게 된다. 그렇기 때문에 어떻게 하면 차별화된 표현을, 재미있는 유행어를 만들어낼 수 있을까만을 고민하기 쉽다. 하지만, 이보다 중요한 것은 앞에서 언급한 다섯 단계를 어떻게 넘을 까를 고민하는 것이다. 그 다섯 단계를 넘지 못하면, 광고로서 발휘해 야 할 기본적인 효과를 발휘하지 못 하게 되므로, 효과를 발휘하지 못 하고 아이디어만 빛나는 광고들은 보기에는 좋아 보일 수 있으나 가치 는 없는 것일 뿐이다.

미디어 글쓰기라는 측면에서 보는 광고는 솔루션(solution)이다. 광 고가 효과를 발휘하도록 하기 위한 솔루션을 써내는 것이 광고라는 미 디어 글쓰기의 목표인 것이다.

이러한 목표를 달성하기 위해서는 단순히 아이디어의 기발함에만 의존해서는 안 된다. 먼저 어떻게 최선의 솔루션을 제안할 수 있을까 를 생각할 수 있어야 하며, 수많은 가능성의 집합 속에서 가장 강력하면서도 효율적인 생각 하나를 선택할 수 있어야 한다.

아이디어의 정리보다 생각의 정리가 필요한 것은 바로 이런 까닭이다.

그리고 그렇게 가장 강력한 하나의 생각으로 정리해나가는 과정이 기획이다.


## 광고가 가야 할 방향을 잡는다 – 전략의 수립

모든 광고는 어디에서 시작될까.

미디어 글쓰기라는 측면에서 생각해보면, 광고의 제작자가 글쓰기를 시작하는 순간부터라고 생각하기 쉽다. 그러나 그렇지 않다.

모든 광고의 시작은 전략이다. 따라서 기획의 시작은 바로 전략의 수립이다.

전략이란 무엇인가.

전략은 전쟁의 용어이다. 전쟁에서의 승리를 위해 여러 전투를 계획·조직·수행하는 방책[64]이라고 풀이되고 있는 것처럼, 전략의 목표는 승리이다. 따라서 광고에서 전략을 수립한다고 하면, 그 목표점을 광고 경쟁에서의 승리에 두어야 한다.

광고에서 전략이란, 광고를 통해 이룩하고자 하는 목표를 향해 가는 구체적인 방향이라고 말할 수 있다. 전략은 늘 상대적이어서, 같은 제품이라고 해서 반드시 같은 전략을 사용하는 것은 아니다. 우선 광고의 차별화를 위해서도 그렇고, 또 경쟁자와 다른 영역을 확보하기 위해서도 그렇다. 그 구체적인 양상을 보기 위해 다음의 예를 보자.

---

64) www.naver.com

(1)

가. [하지원] 안녕하세요, 하지원이에요.

롯데카드로 바꾸길 참 잘했죠?

롯데카드만 있으면

세일이 아닐 때도 혜택이 가득.

할인혜택.

무이자할부.

롯데 포인트.

와~ 금융서비스까지.

[Na]　연인처럼, 롯데카드

[하지원] 바꾸면 생활이 바뀝니다.　　〈롯데카드 / 롯데카드〉

나. [Na]　장동건, 다른 카드 2천만 원 쓴다면

적립금으로 면도기 하나 살 수 있다.

[남1] 간단하게 말할게.

[남2] 복잡하게 말해도 된다...

[Na]　만약 M을 쓴다면?

그 열배 스무배인 제주도 왕복항공권.

그래도 안 바꾸면 친구도 아니다.

자세한 내용은 홈페이지 참조.

[남2] 니가 가라...

[Na]　현대카드M.　　　〈현대카드M '친구'편/ 현대카드〉

다. [여]　　오늘 바쁘다면서...

[정우성] 비오니까 니가 더 보고 싶더라, 갈게.

[여]　　잠깐만, 쪽~!

이건 내 보너스야.

[정우성] 그녀의 마음을 샀다.

삼성카드 보너스 점수로.

[Na]　　쓸수록 쌓이는 삼성카드 보너스 점수.

전국 삼성 보너스 클럽 가맹점에서 현금처럼.

Good, 삼성카드.　　　　　〈보너스 포인트 / 삼성카드〉

　라. [송혜교] 어? 안녕하세요, 송혜교입니다.
　　　　　　 제가 비씨카드 새 모델이거든요.
　　　　　　 그동안 언니가 잘 해줘서 부담도 되지만
　　　　　　 열심히 한 번 해볼게요.
　　　　　　 비씨카드 쓰시는 분들,
　　　　　　 이제 제가 많이많이 도와드릴게요.
　　　[Na]　 비씨카드.
　　[송혜교] 무엇을 도와드릴까요?　　　　　〈BC카드 / BC카드〉

　같은 신용카드 광고이면서도, 세밀하게 보면 (1가)~(1라)는 각각 다른 전략을 갖고 있다. 크게 보면 (1가)~(1나)가 같은 전략이라고 볼 수 있겠고, (1다)~(1라)가 좀 다른 전략이라고도 말할 수 있다.

　(1가)의 경우에는 롯데카드를 사용함으로써 다양한 서비스 혜택을 누릴 수 있다는 점을 부각하고 있다. 할인혜택, 무이자 할부, 롯데 포인트, 금융 서비스 등 롯데카드 사용자들이 받을 수 있는 서비스들을 나열하여 들려주고 있다. 그 서비스들을 일일이 다 기억하도록 하려는 의도는 아닐 것이다. 다만, 다양하다는 것을 보여줌으로써 소비자들이 롯데카드에 가입하도록 유도하고 있는 것이다.

　(1나)의 경우는 현대카드M의 엄청난 적립금에 초점을 맞추고 있다. 잘 알려진 영화인 〈친구〉의 한 장면을 패러디한 이 광고는 다른 카드에 비해 현대카드M의 적립금이 '열배 스무배' 차이가 난다는 점을 말해주고 있다.

　(1다)의 경우는 삼성카드의 보너스 점수에 초점을 맞추고 있는 것으로 보인다. 그런데 단순히 보너스 점수가 많다, 적다의 문제를 이야기

하는 것만은 아니다. 광고 안의 상황에서 보너스 점수를 사용하는 모습을 보여주고는 있지만, 그와 함께 삼성카드를 사용하는 사람의 멋진 이미지를 만들어내고 있다. 따라서 이 광고에서 초점을 만들고 있는 것은 삼성카드의 사용자 이미지를 만들어내는 것이다. 보너스 점수를 사용하는 것이 중요한 것이 아니라, 어떻게 사용하느냐가 중요하다는 것을 말하고 있다.

(1라)의 경우는 BC카드가 갖고 있는 서비스 정신에 초점을 맞추고 있다. 모델이 새롭게 교체되었음을 알려줌과 동시에 '많이많이 도와드릴게요.', '무엇을 도와드릴까요?'와 같은 표현으로 사용자들에게 적극적인 서비스를 제공할 것을 약속하고 있다.

크게 보면 (1가)~(1나)는 각 카드사가 제공하는 구체적인 서비스에 초점을 맞추고 있고, (1다)는 사용자의 멋진 이미지 창출에, (1라)는 서비스 정신에 초점을 맞추고 있다. (1가)~(1나)는 소비자의 직접적인 편익을 드러내 보임으로써 소비자의 호감을 얻으려 하는 전략을 갖고 있다면, (1다)~(1라)는 추상적인 이미지를 전달함으로써 소비자의 마음속에 좋은 이미지로 기억되겠다는 전략을 갖고 있는 것이다.

세부적으로 따져보면, 같은 편익 중심의 전략을 펴는 (1가)와 (1나)에서도 차이가 있다. 앞에서 언급했던 것과 같이 (1가)는 서비스의 다양성을, (1나)는 타사보다 월등한 적립금에 초점을 맞추고 있다. 구체적인 편익을 말하면서도, (1가)에서는 '다양하다'를, (1나)에서는 특정 편익이 '탁월하다'는 점을 이야기하고 있는 것이다. 이미지 중심의 전략을 펴는 (1다)와 (1라)에서도 차이가 있다. (1다)는 사용자의 이미지를, (1라)는 만족스러운 서비스를 제공한다는 이미지를 추구하고 있는 것이다.

신용카드는 본질적으로 모두 같다. 현금 없이도 제품을 구매할 수 있다는 점, 그에 따른 적립금이 있다는 점, 또 각종 금융 서비스를 받을 수 있다는 점 등에서 소비자들의 인식 상에서는 큰 차이를 보이지 않는다. 그 세밀한 차이들이 있겠지만 그것들을 자세하게 아는 것은 쉬운 일이 아니다. 다만, 막연하게 알고 있을 뿐이다. 그렇기 때문에 광고를 통해 소비자에게 전략적으로 접근함으로써 나름대로 소비자의 머릿속에 자신의 포지션을 확보하려고 하는 것이다.

(1가)와 같이 편의성을 부각하는 전략을 사용하든, (1나)와 같이 타사에 비해 우월하다는 점을 부각하는 전략을 사용하든, (1다)와 같이 사용자 이미지 창출 전략을 사용하든, (1라)와 같이 기업 이미지 창출 전략을 사용하든 신용카드 광고가 어떤 전략을 사용해야 한다는 정답은 없다. 다만, 자사가 갖고 있는 비교우월적인 특성, 그리고 상대 회사들의 광고 내용등과 비교해볼 때 어디에 초점을 맞추면 좀 더 소비자들이 그 브랜드에 대해 강렬한 인상을 받을 수 있을까를 생각해봐야 한다.

그것이 바로 광고의 시작점인 전략이다. 그리고 효율적이면서도 강력한 전략을 선택하는 것은 광고가 성공하는 첫걸음이기도 하다.

아무리 강력한 전략이라도, 상대방이 이미 사용하고 있다면 소용이 없다. 이미 소비자의 머릿속에 특정한 이미지로 경쟁자가 들어가 있는데, 그것을 바꾸는 것은 쉽지 않기 때문이다. 따라서 광고 전략은 늘 3C분석을 전제로 한다. 소비자(customer), 경쟁자(competitor), 자사(company)를 종합적으로 분석하는 것이 3C분석이다. 먼저 소비자를 분석해야 한다. 소비자가 원하는 것, 소비자가 관심이 있는 것, 소비자들 사이에서 유행하는 트렌드 등등을 잘 분석해내야 한다. 그리고 경쟁자를 분석해야 한다. 경쟁자의 움직임, 시장에서의 경쟁관계, 경쟁자의 향후 동향 등을 파악하고 있어야 한다. 그리고 자사의 장단점을 객관적이면서 명확하게 파악하고 있어야 한다. 이 세 가지가 종합적으로 이루어질 때 그 안에서 광고전략이 가야 할 방향이 보인다.

광고전략에 의한 광고효과의 차이는 초기에는 그리 크게 보이지 않는다. 그러나 동일한 광고전략을 지속적으로 유지하면서 지속적인 광고활동을 펼치게 되면 그 차이는 점점 크게 벌어진다. 그렇기 때문에 자사가 좋은 방향으로 가게 될 것인가, 그렇지 않은가는 초기에 결정한 광고전략에 따라 좌우된다. 그렇기 때문에 가장 적절한 광고전략의 수립이 광고 제작과 관련된 모든 일에 우선되어야 하는 것이다.

## 주제부의 명확화로부터 시작한다 - 콘셉트의 설정

광고전략이 결정되면, 그 다음으로 해야 할 것이 콘셉트를 결정하는 것이다.

콘셉트란 흔히 '개념'이라는 의미로 사용된다. 그러나 광고에 있어 콘셉트는 단순히 개념에만 머물러 있는 것이 아니다. 콘셉트에 대해 '개념'이라는 추상적인 정의보다는 '개성이나 특성'이라는 구체적인 정의를 하는 편이 이해에 도움이 되는 것은 사실이다(김정우, 2007: 172). 따라서 콘셉트는 차별화와 직접적으로 연관이 있다. 모든 광고는 기본적으로 차별화를 추구하는데, 그 차별화는 콘셉트의 설정에서 비롯되는 것이다. 콘셉트를 통해 광고는 차별화된다. 그리고 그러한 광고만이 소비자들에게 강력한 인상을 주는 광고가 될 수 있다. 그러므로 불분명하거나 경쟁력이 약한 콘셉트를 바탕으로 한 광고는 소비자와 접촉할 가능성이 줄어든다. 정확히 말하면 접촉은 할 수 있으나,

기억될 가능성이 줄어들게 되는 것이고, 그렇게 되면 제품의 판매에도 기여할 수 없다.

여기서 중요한 것이 '차별화를 통한 접촉'이다. 광고를 차별화시키고, 그럼으로써 광고를, 그리고 나아가 제품을 소비자와 연결해주는 것이 바로 콘셉트인 것이다. 따라서 콘셉트란 소비자와 광고를 만나게 해주는 접점(接點)이다. 사람을 만날 때 첫인상이 중요하듯이, 그 접점이 얼마나 강렬한가에 따라 광고의 경쟁력도 좌우된다고 말할 수 있다.

다음의 세 광고들을 보자. 세 광고 모두 아파트 브랜드 광고이다. 이들은 기본적으로 모두 같은 광고전략을 취하고 있다. 같은 광고전략을 바탕으로 하는 광고들이 다른 콘셉트에 의해서 어떻게 차별화되는지 보도록 하자.

(2)

가. [김희애] 숲에서 살면 얼마나 좋을까?
　　[Na] 　자연의 건강한 공기를 드리고 싶어서
　　　　　 어울림은 실내공기에도
　　　　　 자연을 담겠습니다.
　　　　　 웰빙라이프, 금호건설
　　[Song] 어울림~　　　　　　　　　　　〈어울림 / 금호건설〉

나. [Na] 　그녀는 하루도 빠짐없이
　　　　　 '최화정의 파워타임'을 듣는다.
　　　　　 그녀가 들으면 모두가 따라 듣는다.
　　　　　 지금 당신도 듣고 있듯이.
　　　　　 그런 그녀가 푸르지오로 이사 가자고 한다.
　　　　　 그녀의 프리미엄.
　　[Song] 푸르지오~

       [Na]    대우건설.                      〈푸르지오 / 대우건설〉

다. [박신양] 박신양입니다.
                자기 자신보다 먼저
                당신의 마음을 헤아려주고
                당신의 꿈을 이해해주는
                그런 사람 곁에 있습니까?
                집보다 마음을 먼저 짓는
                우미건설이 있습니다.
       [Na]    우미는 집을 짓지 않습니다.
                마음을 짓습니다.
                우미이노스빌.          〈우미이노스빌 / 우미건설〉

최근 각 건설회사들이 자사의 이름을 딴 아파트를 짓는 것이 아니라, 별도의 브랜드를 만들어 분양하고 있는 추세인데, 그에 따른 3개 사의 라디오 광고들이다. 아파트라는 것이 짓는 회사에 따라 기술적으로 차이가 있을 수 있다. 공간 활용이라든지, 첨단 자재의 도입이라든지 하는 것들이 대표적인 차이이다. 물론, 그 안에는 분양가라는 변수가 작용하기도 한다.

그러나 소비자들이 일반적으로 볼 때, 아파트의 브랜드 간에는 큰 차이를 느끼기 어렵다. 왜냐 하면 평형별, 위치별로 가격대가 천차만별이기 때문이다. 지명도가 낮은 브랜드의 아파트도 지역이 어디냐에 따라 그 가격이 높아질 수 있으며, 아무리 지명도가 높은 브랜드라도 지역이 그다지 각광받는 곳이 아니라면 가격이 높아지기 어렵다. 평형대별 가격도 마찬가지이다. 그러나 그렇다고, 모든 아파트 광고를 개별 단지별로 할 수는 없는 일이다. 회사의 분양일정도 관계가 있으며, 꾸준히 광고를 통해 브랜드 이미지를 관리함으로써 전체적인 가치를 높여야 할 필요도 있다.

따라서 이 세 편의 광고들은 모두 공통적으로 기업의 이미지를 창출하겠다는 전략을 바탕으로 하고 있다. 그러나 보았다시피, 같은 광고 전략을 바탕으로 하면서도 각각의 광고는 모두 다르다. 그것이 바로 콘셉트의 차이이다.

(2가)에서는 '웰빙라이프'에 초점을 두고, 아파트가 얼마나 쾌적한 가에 대해 집중적으로 전달하고 있다. 다시 말해 '어울림 = 쾌적한 아파트'라는 인식을 소비자들에게 심어주고 싶은 것이다. (2나)의 경우는 아파트가 갖는 미래 가치에 관해 이야기하고 있다. (2나)는 특별히 '최화정의 파워타임'이라는 프로그램을 위한 광고로 제작된 것으로, 그녀가 들으면 모두가 들을 정도로 안목이 남다른 '그녀'를 등장시키고, 그런 그녀가 푸르지오로 이사 가자고 한다고 주장함으로써, '푸르지오＝미래 가치가 있는 아파트'라는 인식을 심어주고 있다. (2다)는 집보다 먼저 마음을 짓는다는 주장을 통해 '이노스빌＝소비자의 마음을 아는 아파트'라는 인식을 심어준다.

위의 세 광고를 보면, 나름대로 소비자들의 마음속에 자사 브랜드를 포지셔닝 시키기 위한 노력을 하고 있다. 포지셔닝(positioning)은 말 그대로 소비자들의 마음속에 특정한 위치를 차지하는 것을 말한다. 소비자가 아파트 브랜드들을 기억한다고 할 때, 소비자들은 단순히 그 브랜드 그 자체만을 기억하지는 않는다. 브랜드와 함께 어떤 이미지를 떠올린다. 그 이미지는 개인적인 경험에서 비롯되기도 한다. 이를테면 자신이 살고 있는 아파트라든지, 지나다니면서 많이 본 적이 있다든지 하면 친근한 이미지를 가질 것이다. 반대로 특정 브랜드의 아파트와 관련하여 좋지 않은 경험을 갖고 있다면 부정적인 이미지를 떠올릴 것

이다. 그러나 모든 브랜드를 그렇게 개인적 경험의 차원에서 기억할
수는 없다. 그렇기 때문에 광고를 통해 이미지를 부여받게 된다.

반대로 광고를 만드는 입장에서는 소비자들의 머릿속에 자사 브랜
드가 가능하면 다른 브랜드와 차별화되는 이미지로 자리 잡게 되기를
원한다. 따라서 그것이 가능하게 하는 콘셉트의 설정에 골몰하게 된다.

이상의 내용을 정리해보자.

우선 (2가)~(2다)의 뒷받침이 되는 광고전략은 공통적으로 기업의
이미지를 창출하는 것이다. 구체적인 편익을 제시하거나 경쟁사보다
우월한 면을 부각하는 광고가 아니라, 추상적이기는 해도 소비자들의
마음속에 좋은 브랜드 이미지로 남는 것을 목적으로 한다. 같은 광고전
략에서 출발하였지만, 각각의 콘셉트는 다르다. (2가)는 '어울림은 쾌
적한 아파트'가 콘셉트이며, (2나)는 '푸르지오는 미래 가치가 있는 아
파트', (2다)는 '이노스빌은 소비자의 마음을 아는 아파트'가 콘셉트이
다. 그리고 그러한 콘셉트에 의해 서로 차별화된 광고를 선보이고 있다.

광고전략과 마찬가지로, 광고의 콘셉트 역시 상대적이다. 경쟁자가
어떤 콘셉트를 사용하고 있느냐에 따라 자신이 취해야 할 콘셉트가 달
라진다. 경쟁자와는 다르되, 그보다 더욱 강력한 콘셉트를 찾아내는
것, 그것이 바로 효과있는 광고를 만드는 지름길이다. 그 다음은 그것
을 잘 표현하는 방법만을 찾아내면 되는 것이다.

# 2. 미디어 글쓰기는 계산이다

## 치밀한 구성은 긴밀한 공감의 기본

라디오 광고는 어떻게 구성되는가. 기본적으로 라디오에 맞는 형식으로 구성되어야 한다. 모든 미디어는 그 미디어가 사용자들에게 메시지를 전달하는 특유의 방법들이 있다. 이를테면, 텔레비전은 보면서 들을 수 있다. 라디오는 들을 수밖에 없다. 그렇기 때문에 오로지 듣기만 하는 라디오의 특성에 맞는 구성방식을 택해야 한다.

植條則夫(맹명관 역, 1991:165~178)에서는 라디오 광고의 구성방식으로 다음의 여덟 가지를 언급하고 있다.

1) 스트레이트 형식
2) 대화 형식
3) 드라마 형식
4) 효과음 형식
5) 노래 형식

6) 테스티모니얼 형식

7) 주고받기 형식

8) 기타 형식 : 뮤지컬 형식, 토론 형식, 인터뷰 형식, 애드리브 형식

스트레이트 형식은 말 그대로 해야 하는 이야기를 별다른 기법을 부리지 않고 직접 하는 형식을 말한다.

(3)

가. 삶에 새로운 용기가 필요할 땐
숲을 찾아가 보세요.
이룰 수 있다는 푸른 꿈도
다 잘 되리라는 푸른 희망도
다 그 안에 있으니까요.
숲이 사람을 키웁니다.
우리 강산 푸르게, 푸르게.
유한킴벌리.                          〈기업광고 / 유한킴벌리〉

나. 김모군은 디지털 카메라 값을 달달달 외운다.
이모양은 립스틱이 싼 곳을 쫘~악 꿰고 있다.
선수들이죠?
이들은 어디서 살까요?
손가락에 쥐가 나도록 LG이숍을 클릭한다.
선수들은~LG이숍.                    〈기업광고 / LG이숍〉

(3가)와 (3나)가 대표적인 스트레이트 형식의 광고이다. 주로 한 사람의 성우나 모델이 등장한다. (3가)의 경우는 숲의 유용성을, (3나)의 경우는 최저가라는 점을 이야기하고 있다. 스트레이트 형식의 라디오 광고들은 간결하고 명확하게 할 이야기를 전달할 수 있다는 점에서 장

점이 있으나, 자칫 잘못하면 재미가 없어 소비자들의 귀를 잡기가 어렵다는 단점이 있다.

대화 형식은 복수의 출연자가 나와 대화를 하는 것처럼 구성하는 것을 말한다.

(4)
가. [송대관] 동생, 고기 안 먹고 뭐해?
　　[태진아] 씹는 게 무서워서...
　　[송대관] 고기는 쫙쫙 씹는 맛이지~
　　[태진아] 형님 잇몸은 튼튼하오?
　　[송대관] 나야, 이가탄으로 튼튼하지.
　　[Na]　　 붓고 시리고 흔들리는 잇몸병엔 이가탄.
　　[송대관] 어때, 이가탄?
　　[태진아] 씹으니까 속이 다 시원하네.
　　[Na]　　 명인제약 이가탄.　　　　　〈이가탄 / 명인제약〉

나. [여]　　 주문하시겠습니까?
　　[남]　　 We will rock you 한 곡 주세요. 퀸 꺼로요.
　　[여]　　 더 필요한 거 없으세요?
　　[남]　　 어, 토익강좌도요.
　　[여]　　 가져가실 건가요?
　　[남]　　 네, 다운로드 해주세요. 다 해서 얼마죠?
　　[여]　　 140 메가바이트입니다. 감사합니다.
　　[남Na] Take out,
　　[여Na] 아이리버.　　　　　　　　〈아이리버 / 레인콤〉

자연스러운 대화를 이용하고 있다는 면에서, 앞선 스트레이트 형식보다는 훨씬 거부감이 덜하다. 광고 같은 느낌이 비교적 덜 드는 것이다. (4가)의 경우는 매우 직접적인 대화로 구성되어 있다. 잇몸이 아파 고기를 먹지 못하던 등장인물이 다른 등장인물의 권유를 받고 약을 먹은 뒤 시원하게 고기를 씹어 먹는 내용을 담고 있다. (4나)는 약간의 트릭이 숨어 있는 대화이다. 마치 판매점에서 뭔가를 구입하는 것 같은 상황 속에서 일어나는 대화로 이루어져 있으나, 마지막에서는 이것이 물건을 구입하는 것이 아니라 데이터를 다운로드 받는다는 상황으로 반전이 이루어진다. 대화 형식의 장점은 소비자가 자연스럽게 몰입할 수 있다는 점이지만, 단점은 산만해지기 쉬워서 메시지를 잘 계산해 만들지 않으면 전달이 쉽지 않다는 점이다.

드라마 형식은 광고 안에 하나의 드라마를 만들어 넣고, 그 안에서 제품을 자연스럽게 등장시키는 형식을 말한다.

(5)
가. [여] 주부습진 걸려 고생한다고
　　　　결혼 5주년 선물로 식기세척기 사들고 왔던 날
　　　　당신 돼지 저금통이 안 보여서
　　　　나 많이 울었어.
　　　　여보, 고마워!
　　　　그리고 영원히 사랑해!
　　[Na] 이복래 씨가 보내는 러브레터.
　　　　또 하나의 가족,
　　　　삼성전자가 전해드립니다.　　　　　　〈기업광고 / 삼성전자〉

나. [남] 접시에 대해선 밝혀진 게 있나요?
　　[여] 당신이 맞았어요.
　　　　암호명은 스카이라이프.
　　　　화질, 음질이 모두 디지털이에요.
　　　　아니, 아테네를 HD로 생중계하다니.
　　[남] 새로운 시대가 왔어요.

　　　　스컬리, 빨리 전화해요.
　[Song]　1588-3002
　[남]　　시대를 즐겨라.
　[Song]　스카이라이프.　　　　　〈스카이라이프 / 한국디지털위성방송〉

　(5가)는 부부간에 일어날 수 있는 따뜻한 사랑 이야기가 낭독체의 드라마 형식으로 표현되고 있다. (5나)는 텔레비전의 인기 외화 시리즈였던 〈엑스파일〉을 패러디 한 형식이다. 드라마 형식에서 중요한 것은 그 드라마의 핵심적인 내용과 제품이 일치해야 한다는 점이다. (5가)의 경우는 아내를 감동하게 한 남편의 선물이 삼성전자에서 생산하는 식기세척기이다. (5나)의 경우는, 〈엑스파일〉이 사건을 해결하는 드라마라는 점에서 착안, 사건의 초점에 제품을 등장시키고 있다. 이렇게 드라마의 핵심적인 내용과 정확하게 일치했을 때는 소비자들이 제품에 관해 좀 더 명확하게 알게 되고, 제품에 대한 관심도 더 높아질 수 있다. 그것이 드라마 형식의 장점이다. 하지만, 그렇지 못 했을 경우에는 드라마는 전달되나 제품은 전달되지 않는 단점이 있다.
　효과음 형식은 전체가 모두 효과음으로 이루어져 있는 경우도 있으나 대개 광고 아이디어의 핵심에 말보다 효과음이 있는 것을 말하며, 노래 형식은 광고 전체를 노래로 구성하는 것을 말한다. 증언식이라고도 불리는 테스티모니얼 형식은 제품을 사용해본 출연자가 자신의 체험담을 말하는 것이며, 또 주고받기 형식은 출연자가 메시지를 주고받으며 말하는 형식을 가리킨다.

　(6)
　가. [하희라] 우훗!

[SE]  삐 –

[하희라] 어? 우훗!

[SE]  삐 –

[하희라] 어?

[SE]  삐 –

[Na]  아세요? 세탁 후에도 세균이 남아 있다는 사실?

[하희라] 어머!

[Na]  6가지 세균을 더, 뉴 옥시크린.

[SE]  보글보글~

[Na]  더 강력해진 산소방울이 99.9%까지 살균한다.

[하희라] 빨래 끝!

[Song] 옥시크린~ 옥시~　　　　　　　　　〈뉴 옥시크린 / 옥시〉


나. [Song] 새~빨~간 딸기가~

　　　　　부끄러워 몸을 꿔~

　　　　　비~ 비~ 비~ 비~

　　　　　비비비비~ 비비비비~

　　　　　비틀어서 트위스트 킹~

　　　　　통! 통!

　　　　　해태 트위스트 킹.　　　　〈트위스트 킹 / 해태제과〉


다. [남] 내가 어렸을 땐

　　　　아버지가 저의 힘이 되어주셨죠.

　　　　제가 결혼했을 때요?

　　　　그땐 아내가 저의 힘이 되어주었구요.

　　　　그리고 제가 사업을 시작했을 땐

　　　　바로 이 포터2가

　　　　저의 힘이 되어주었답니다.

　　[Na]당신의 하루를 늘 희망차게,

　　　　힘을 주는 희망 1톤, 포터2.　　　〈포터2 / 현대자동차〉

라. [여]　　오~ 우리 어머니께서 늘 말씀하시길
　　[어머니] 남자를 볼 땐 겉만 보지 말고 속을 봐라.
　　[여]　　엄마, 나도 속이 궁금해~요.
　　　　　　악! (여우 잡는 소리)
　　[남]　　우리 아버지께서 늘 강조하시길
　　[아버지] 에~ 여자를 볼 땐 겉만 보지 말고 속을 봐라.
　　[남]　　아버지! 그래도 됩니까?
　　　　　　아~악~(늑대 잡는 소리)
　　[Na]　　보여주고 싶은 내의,
　　　　　　임프레션.　　　　　　　　　〈임프레션 / IMP Korea〉

　(6가)는 효과음 형식의 광고이다. 광고를 보면 텔레비전 광고를 거의 그대로 라디오 광고화 한 것처럼 보인다. 왜냐하면 앞부분의 내용은 영상적 뒷받침 없이는 이해하기가 쉽지 않기 때문이다. 광고적으로 보면 제품을 사용하지 않은 빨래에서 세균이 검출되었다는 내용을 표현하고 있다. 그것을 '삐 −'라는 효과음을 통해 나타내고 있다. 이는 세균이 검출되었다고 직접적으로 말하는 것보다 훨씬 효율적이다. 간단하게 검출여부를 알 수 있게 해주기 때문이다. 전체적으로는 내레이션과 모델의 대사가 많지만, 아이디어의 핵심에는 '삐 −'와 '보글보글'과 같은 효과음이 자리잡고 있는 것을 볼 수 있다. (6나)는 노래 형식의 광고이다. 미디어 글쓰기라는 측면에서 보면 운율도 맞춰야 하고, 메시지도 전달할 수 있어야 하기 때문에 쉬운 듯 보여도 쉽지 않은 형식이다. (6다)는 트럭을 직접 사용해본 사람이 받은 느낌을 말해주고 있다. 구체적인 제품의 장점을 들어 이야기하는 증언식 광고가 일반적이지만, 때로는 (6다)와 같이 감성적인 경험을 이야기하는 방식도 가능하다. (6라)는 주고받기 형식의 예이다. 대화 형식의 광고와 외형상

비슷하나 다른 점이 있다. 대화 형식의 광고는 일정한 스토리를 갖고 있으며, 그것을 대화의 연결을 통해 자연스럽게 표현하는 것이다. 하지만 주고받기 형식은 대화처럼 연결감이 있는 것이 아니라 전하고자 하는 메시지를 기술적으로 주고받으며 이야기하는 것을 말한다.

그리고 기타 형식이 있으나, 그에 대한 설명은 생략하기로 한다.

이와 같은 형식들만 있는 것은 아니다. 역설적으로 말하면, 광고란 늘 차별화를 염두에 두기 때문에 이렇게 규정된 형식을 사용한다는 것은 차별화를 역행하는 결과를 낳을 수도 있다. 그러나 같은 형식에서도 얼마나 세부적인 표현이 잘 되어 있는가에 따라 얼마든지 차별화는 가능하다. 그리고 기본적으로 많이 사용되는 형식에 대해 충분히 이해하고 있어야 그것과 다르게 만듦으로써 차별화 시킬 수 있는 방법을 찾아낼 수도 있다.


## 시간 계산의 성공은 광고 성공의 기본

이미 여러 번 언급한 바 있지만, 미디어 글쓰기에 있어 중요한 것은 그 미디어에 맞는 글쓰기 방법론을 찾아내는 것이다. 라디오라는 미디어는 그에 맞는 글쓰기 방법론이 있다. 그들 중의 하나가 시간의 문제이다.

라디오나 텔레비전 같은 미디어는 늘 시간이 제한되어 있다. 방송 프로그램이나 광고 역시 다 마찬가지이다. 다만 방송 프로그램은 방송국의 편성전략에 의해 다양한 길이를 갖게 되지만, 광고는 그 시간이 일정하다. 텔레비전 광고의 경우는 대부분이 15초 광고이며, 경우에 따라 20초, 30초 광고가 있다. 텔레비전과 비슷한 케이블 텔레비전의 경우에는 대개 30초 광고이다. 라디오 광고는 20초이다.

신문이나 잡지와 같은 경우에는 시간의 제약을 받지 않는다. 소비자가 시간이 있다면, 그리고 거기에 관심이 있다면 얼마든지 오랜 시간 동안 읽을 수 있다. 즉, 소비자 중심적인 시간관리가 가능한 것이다. 하지만, 라디오나 텔레비전은 그렇지 않다. 24시간이라는 범주 안에서 시간을 잘게 쪼개 프로그램과 광고를 방송해야 하기 때문이다. 그래서 라디오나 텔레비전의 시간관리는 미디어 중심적이다.

그렇다면, 이러한 미디어 상황에서의 글쓰기는 어떻게 이루어져야 하는가. 가장 간단한 방법은 일단 할 말을 다 써놓고, 시간에 따라 줄이거나 늘리는 것이다. 대체로 라디오 광고를 쓸 때 많은 카피라이터들은 스톱워치의 도움을 받는다. 다 써놓고 20초에 소화할 수 있는가를 스톱워치를 통해 측정하는 것이다. 라디오 광고는 기본적으로 20초이므로, 써놓은 광고를 읽어보면서 20초에 소화가 가능한가를 따져보고, 그렇지 않은 경우 내용의 가감을 하곤 한다. 스톱워치의 정확성에 대해서는 의심할 필요도 없으므로, 그 방법은 아주 객관적이고도 정밀한 방법이라고 말할 수 있다. 이는 주로 초심자들이 많이 사용하는 방법이다. 그렇다면 경험이 많은 사람들은 어떻게 할까.

다 써놓고 시간에 따라 넣었다 뺐다 하는 것은 간단한 일이 아닙니다. 그러다 보면 시간을 맞추기에 급급해 자신이 썼던 카피의 흐름을 망칠 수도 있습니다. 그러므로 아예 처음부터 쓸 때 시간에 맞춰 쓸 수 있도록 연습이 필요하다는 것이죠. 바로 시간을 몸으로 느끼는 것이 필요한 것입니다.

시간을 몸으로 느끼는 것은 스톱워치를 통해 객관적으로 느끼는 것과는 달리 수많은 경험에 의해 본능적으로 느끼는 것입니다. 스톱워치처럼, 이 카피가 정확히 몇 초라고 이야기할 수는 없지만, 15초나 20초라는 시간을 볼 때 그 안에 들어올 수 있는가 없는가를 직감적으로 아는 것을 말합니다(김정우, 2006b:25~26).

누구나 쓸 때는 시간을 의식하고 쓰기 때문에 나름대로 그 시간에 맞춰 쓰게 마련이다. 그러므로 자신이 써놓은 광고가 시간을 초과하거나 미달되었을 경우에는 매우 난감해진다. 특히, 초과하였을 때가 더욱 그렇다. 주제부를 통해 할 말은 정해져 있고, 그것을 전달해야 하는 배경부들도 갖추고 있는데 시간을 초과하였기 때문에 몇 자를 **빼야** 하는 것이다. **뺄** 경우 의미 전달에 큰 문제가 없다면 다행이지만, 대부분 **빼야** 할 경우에는 의미 전달에 문제가 있을 때가 많다. 그래서 때로는 시간문제를 해결하지 못해 다시 생각해야 하는 경우도 있다.

중요한 것은 미디어 글쓰기를 하는 과정에서 시간이 몸에 익어야 한다는 점이다. 위의 인용문에도 나와 있듯이, 경험에 의해 본능적으로 이 정도 분량이면 20초 안에 소화할 수 있는가 없는가를 알 수 있어야 한다. 그렇게 되면 쓰는 과정에서부터 자연스럽게 분량조절이 되며, 그 오차가 적으면 적어질수록, 빼거나 늘려야 할 글자수가 적어지게 된다.

빼거나 늘려야 할 글자수가 적어지게 된다는 것, 그것은 곧 최선을 다해 쓴 원래의 아이디어가 거의 손상받지 않는다는 것을 뜻한다. 광고전략과 콘셉트의 뒷받침을 받아 아이디어를 만들어냈는데, 그것이 시간 때문에 손상된다면 매우 아쉬운 일이다. 또 그렇게 되면 결국 광고의 전달력이 떨어지게 되고, 광고로서의 가치도 그만큼 낮아지게 된다.

좋은 아이디어를 생각하는 것도 중요하지만, 이렇게 라디오라는 미디어에 맞는, 라디오 광고라는 형식에 맞는 글쓰기의 방법을 준수하는 것도 중요한 것이다.

# 3. 라디오 광고 글쓰기를 위해 알아야 하는 것들

라 디 오 글 쓰 기 를 통 해 본 미 디 어 글 쓰 기

## 사용할 수 있는 모든 무기를 동원한다

라디오 광고를 위한 글쓰기를 할 때 동원될 수 있는 무기란 무엇일까. 그것은 라디오 광고를 이루는 형태적인 요소들을 말한다. 물론 이들은 앞에서 언급한 바 있는 기능별 구성요소와는 다른 것이다. 기능을 기준으로 분류한 요소가 아니라 외연적 형태를 기준으로 분류한 것들이다. 필요한 것이면 최대한 동원할 수 있을 때, 광고의 경쟁력은 커진다고 말할 수 있다.

## (1) 내레이션

라디오 광고에서 가장 대표적으로 사용되는 형태적인 요소가 바로 내레이션이다. 텔레비전의 경우 내레이션은 대체로 읽는 이가 화면 밖에서 내용을 보완해주는 의미로 사용된다. 하지만, 화면이 없는 라디오의 경우는 상황이나 제품에 대한 객관적인 서술인 경우가 대부분이다. 따라서 다른 요소들과는 달리 문어체의 격식을 갖춘 문장인 경우

가 많다.

내레이션이 많이 사용되는 광고는 자칫 딱딱해져서 지루해질 가능성이 있다. 하지만, 내용 전달이 명확하다는 점, 그리고 구성의 방법에 따라 얼마든지 지루해지는 것은 방지할 수 있다는 면에서 활용가치가 높은 요소라고 말할 수 있겠다.

(7)

가. [Na] 아시아나가
　　　스타얼라이언스와 함께
　　　세계 125개국을 하나로 연결합니다.
　　　더 편리한 네트워크 연결.
　　　더 빠른 마일리지 적립.

　　　아름다운 사람들의 아름다운 하모니,
　　　아시아나항공.　　　　　〈스타얼라이언스 / 아시아나항공〉

나. [김C] 김C입니다.
　　　날도 좋은데 뭐 하냐구요?
　　　안 그래도 디지털 카메라 들고
　　　사진 찍으러 갑니다.
　　　그리고 뽑아야죠, FDI에서.
　　　맡기기만 하면 되니까
　　　신경 쓸 필요 없거든요.
　　[Na] 디지털 사진 뽑을 땐, 후지FDI.
　　[김C] 아뇨, FBI가 아니라, FDI요.
　　　후지FDI.　　　　　　　　〈FDI Station / 한국후지필름〉

(7가)는 전형적인 문어체 내레이션이 사용된 경우이다. 제품의 특성상 신뢰도가 중요하기 때문에 정중하면서도 명확한 문어체 문장을 사

용하였다. 하지만, (7나)의 경우는 구어체 내레이션과 문어체 내레이션이 혼용된 경우이다. 모델에 의한 구어체 내레이션을 통해 우선 친근함을 확보할 수 있다. 잘 알려진 모델에 의한 친근함과 함께 말투에 의한 친근함이 이중으로 확보되므로, 그만큼 더 소비자들이 들을 가능성이 높아진다. 그러나 주제부의 경우는 별도의 성우가 문어체 문장으로 읽어내고 있다. 이는 두 가지 의의가 있다. 하나는 전달의 정확성을 높인다는 점이다. 아무리 유명한 모델이라고 해도 전문 성우가 갖는 음성적 전달력을 따라오기는 쉽지 않다. 그러므로 전문 성우가 내레이션을 읽도록 함으로써 전하고자 하는 핵심 메시지를 명확하게 전달할 수 있게 된다. 두 번째는 모델의 구어체 내레이션과의 차별화함으로써 주목도를 높인다는 점이다. 모델이 구어체로 이야기하는 가운데, 전문 성우의 내레이션이 나오면 아무래도 전혀 다른 톤의 음성이므로 잘 들리게 된다. 그래서 핵심 메시지는 전문 성우의 내레이션을 사용하고 있는 것이다.

## (2) 대사

대사는 등장인물들이 주고받는 말을 가리킨다. 특히 라디오는 개인적인 미디어로서, 주로 혼자 듣는 경우가 많은데, 그 경우 대사를 중심으로 한 광고가 나오면 다른 사람들의 대화를 엿듣는 듯한 느낌을 갖게 되어 한층 더 주목하게 된다. 물론, 앞에서 언급한 바가 있지만, 주고받는 대사를 듣는 가운데 자연스럽게 제품의 메시지를 이해할 수 있기도 하다.

대사는 철저히 구어체이다. 당연히도, 대사는 일상적으로 주고받는 말이기 때문이다.

(8)

가. [남] 신청곡 띄워 드립니다.

　　아니, 자동차보험 하나 바꾸는데

　　뭐 그렇게 낑낑 고민해요?

[여] 아니, 따질 게 한둘이 아니니까.

[남] 한둘이 아니니까! 교보로 해요.

[여] 뭐요?

[남] 아, 내가 괜히 재가입 했겠냐고요.

　　만족을 부르는 번호, 1566-1566.

[여] 맞아, 대한민국 다이렉트 보험,

　　교보자동차보험.

　　아이구야, 마이크 안 껐다. 〈교보자동차보험 / 교보자동차보험〉

나. [Na] 아이들 공부할 동안 주로 뭐하세요?

[아이] 어? 엄마도 책 읽어?

[Na] 부모를 닮는 아이들의 공부습관.

　　아이와 함께 책상에 앉는 시간을 늘려보세요.

[아이] 난 엄마하고 책 읽는 게 제일 좋다.

[Na] 책상, 그리고 약간의 노력.

　　공부하는 처음 습관, 눈높이.　　　　　〈기업광고 / 대교〉

　(8가)는 철저하게 구어체 대사로만 이루어진 광고이다. 라디오 방송 진행자들이 음악을 틀어놓고 사적인 대화를 나누는 상황을 연출하였다. 구어체는 여러 가지 특징이 있지만, 특히 '아니', '아'와 같은 간투사의 사용이 두드러진다. 간투사는 말하는 이의 놀람이나 느낌, 응답 같은 것을 표현하는 말로, 문어체에서는 잘 쓰이지 않는다. 그러나 일상적인 대화에서는 대화를 자연스럽게 이어가고, 개인적인 말버릇에 따라 활발하게 사용되는 것이다. 두 사람의 대화를 통해 소비자들은 자동차 보험에 대한 고민과 문제 해결의 과정을 알게 된다. 그러므로,

앞의 대사들은 단순히 대화를 위한 대사가 아니라 광고를 통해 소비자들을 자사의 가입자로 끌어들이기 위한 철저한 계산이 뒷받침된 것들이다. (8나)는 대사의 비중이 좀 적은 광고이다. '아이'의 말들만이 대사이며, 나머지는 모두 내레이션이다. 앞의 (7나)에서도 보았듯이, 구어체와 문어체의 조합은 주목도에서 상당한 성과를 거둔다. (8나)는 구어체의 대사와 문어체의 내레이션이 조합되어 있다. 전체적으로는 문어체 내레이션의 비중이 높지만, 그 문어체 내레이션의 단조로움을 구어체 대사로 극복해가고 있다. 따라서 대사와 내레이션의 적절한 조화는 소비자들에게 20초라는 짧은 시간 동안에도 변화를 줌으로써 지루함을 덜어준다.

## (3) 가사

가사는 두말할 것도 없이 광고 노래를 위해 만들어진 것이다.

우리가 노래를 들을 때 먼저 듣게 되는 것은 무엇일까. 아무래도 가사보다는 멜로디와 리듬이다.[65] 자신이 좋아하는 가요가 있다고 할 때, 그 가사 때문에 그 곡을 좋아하게 되는 경우는 많지 않다. 우선 듣기 좋은 멜로디와 리듬을 갖고 있어야 듣게 되는 것이며, 그 다음에 그 곡에 담긴 가사를 음미하게 된다.

광고 노래 역시 마찬가지이다. 우선 멜로디와 리듬을 통해 소비자의 귀를 끈다. 그러나 대부분의 광고에서는 멜로디와 리듬만으로는 광고의 메시지를 명확하게 전달할 수 없다. 음악을 통한 감성적 공감을 일으키는 감각적인 제품이 아니라면, 전하고자 하는 메시지를 명확하게 말해줄 가사가 필요하다. 그러므로 라디오 광고에 있어 가사는 두 가

---

65) 멜로디는 음의 높낮이와 관련이 있으며, 리듬은 박자와 관련이 있다.

지 자질을 갖추고 있어야 한다. 하나는 노래 가사로서의 자질이다. 멜로디와 리듬에 맞게 운율과 글자수가 잘 고려되어 작성되어야 한다. 만일 그것이 잘 정리되어 있지 않으면 멜로디를 붙이는 것부터가 어려워지고, 그것은 곧 광고 노래의 완성도에 영향을 미친다. 완성도가 높지 않은 광고 노래는 당연히 소비자들에게 호감을 줄 수 없으며, 결국 그 광고는 실패하고 마는 것이다. 두 번째는 광고로서의 자질이다. 궁극적으로 가사 역시 광고이므로 전달하려는 핵심 메시지가 잘 담겨져 있어야 한다. 그렇지 않으면 매우 공허한 노래에 불과하기 때문이다.

### (4) 효과음

앞에서 효과부가 갖는 유용성을 이야기한 바 있듯이, 효과음은 라디오 광고를 위한 미디어 글쓰기에서 매우 유용하게 활용될 수 있는 요소이다.

효과음은 크게 두 가지 면에서 유용하다. 먼저, 소비자들이 상황을 명확하게 느낄 수 있게 해준다. 상황을 눈으로 보여줄 수 없는 라디오의 특성상, 다양한 방법으로 소비자들의 상상을 이끌어내는데, 그럴 경우 효과음의 사용은 지금 방송되고 있는 라디오 광고 안에서 어떤 상황이 일어나고 있는지, 그리고 라디오 광고 속에 등장하는 사람들의 심리상태가 어떠한지 등등을 알 수 있는 것이다.

또 하나는 소비자들의 주목성을 높이는데 유용하다. 단순히 말로만 이루어진 광고보다는 적절한 순간에 효과음이 사용된 광고가 훨씬 더 높은 주목성을 확보할 수 있다. 성우나 모델에 의한 일반적인 음성과는 확실히 차별화된 소리이기 때문이다.

## 라디오의 특성, 광고의 특성을 활용한다

### (1) 주제부를 명확히 하라

앞에서 우리는 라디오 광고의 핵심요소로서 주제부를 든 바 있다. 주제부는 모든 광고에서 필수적으로 사용된다. 어쩌면 당연한 말인지도 모른다. 광고는 분명 목적을 갖고 만들어지는 것이고, 그에 따라 광고 글쓰기는 그 목적을 달성하는데 초점이 맞춰진다. 뭔가 목적을 달성하기 위해서는 전하는 바가 명확해야 하는데, 그것이 바로 주제부이다. 다시 말해 주제부가 명확히 전달되지 않으면 광고의 효과는 기대할 수 없는 법이다.

라디오 광고에서 주제부를 명확히 하는 데는 크게 두 가지 방법이 있다. 첫 번째는 내용상으로 주제부를 짧고 강렬하게 정리해놓아야 한다. 소비자들의 집중력이 신문과 같은 읽는 미디어에 비해 상대적으로 떨어지는 라디오의 특성상, 짧게 정리해야 하는 것은 필수적인 요건이다. 그러나 짧다고 해서 내용까지 부실해서는 안 된다. 짧되, 정확하고 강렬하게 전달할 수 있도록 정리되어야 하는 것이다.

두 번째는 기술적으로 주제부를 드러나게 할 방법을 찾아야 한다. 앞에서 구어체 대사와 문어체 내레이션의 조화에 관해 이야기한 바 있는데, 그것이 바로 한 예가 될 수 있다.

(9)

가. [Na] 보성의 연평균 강수량 1100미리미터 이상.
　　　연평균 기온 11도 이상.
　　　수천 수만 번 자연의 손길이 닿은 후에야
　　　동원보성녹차입니다.

보성이 키우고 동원이 담습니다.

〈동원보성녹차 / 동원F&B〉

　나. [여] 당신이 어떤 길을 가더라도 더 안전하게,
　　　　 당신이 어떤 차를 타더라도 더 행복하게.
　　[남] 차와 당신 사이에 언제나 현대 모비스가 있습니다.
　　　　 자동차와 사람을 위한 첨단 기술,
　　[Na] Inside your car
　　[남] 현대모비스.　　　　　　　　　　 〈기업광고 / 현대모비스〉

　(9가)의 주제부는 '보성이 키우고 동원이 담습니다.'이다. 우리나라
에서 질 좋은 차생산지로 유명한 보성과 브랜드 파워가 있는 음료회사
인 동원을 조합함으로써 제품에 대한 신뢰도를 높이기 위한 표현이다.
그것을 간략하게 '보성이 키우고 동원이 담습니다.'로 표현함으로써
무슨 이야기를 하는지가 쉽고 명확하게 이해된다. 보성에 대한 사전지
식이 없는 소비자들을 위해 광고의 전반부에서는 보성에 대한 정보를
나열하고 있으며, 거기에 동원을 조합시켜 표현하고 있는 것이다. (9나)
는 기술적으로 주제부를 드러나게 한 예이다. 영어를 사용하였다는
점, 외국인의 목소리를 사용하였다는 점에서 다른 내레이션과 차별화
된다. 그러한 차별성은 이 한 편의 라디오 광고 전체에서 이 부분을
가장 주목받게 하는 요인이 된다.

## (2) 간결하게 써라

　소비자들이 라디오 광고를 접촉할 때의 상황을 생각해보자. 앞에서
라디오의 특성에 관해 이야기할 때, 병행성을 지적한 바 있다. 라디오
는 매우 개인적인, 다시 말해 혼자 듣는 경우가 많은 미디어라는 장점

을 갖고 있으나, 병행성 또한 높기 때문에 밀도있는 청취가 어렵다는 단점을 갖고 있다. 쉽게 말해, 집중하기가 쉽지 않다는 것이다. 가뜩이나, 눈으로 읽는 미디어에 비해 귀로 듣기만 하는 라디오는 소비자가 집중력을 발휘하기가 어려운데, 거기에 병행성까지 더해지면 라디오 광고의 전달력은 매우 떨어지게 되는 법이다.

그러나 그렇다고 해서 라디오라는 미디어가 갖고 있는 태생적 한계를 탓할 수만은 없다. 그것을 극복하기 위한 방법론을 개발해내는 것이 최선이다.

가장 중요한 것은 간결하게 쓰는 것이다. 긴 문장 하나보다, 짧은 문장 여러 개를 사용하는 것이 효과적이다. 그리고 문장에서도 형용사나 부사의 사용을 최소화하는 것이 좋다. 형용사나 부사는 말의 표현을 풍부하게 해준다는 장점이 있다. 하지만, 형용사와 부사의 사용이 많아지면 문장이 길어지고 복잡해진다. 좋은 원재료로 만들면 양념을 많이 하지 않아도 음식이 맛있는 것과 같다. 양념이 원재료의 맛을 더해주는 것은 사실이지만, 그로 인해 원재료의 맛을 잊게 된다면 그것은 양념의 사용이 과다했기 때문이다. 라디오 광고 역시 마찬가지다. 형용사와 부사를 적절히 사용하는 것은 필요하지만, 그 정도가 지나치면 곤란하다. 특히, 귀로 듣기만 하기 때문에 집중력이 떨어지는 상황에서는.

(10)
가. [SE]  매장 소음.
　　[여1]  유기농 쌀, 유기농 채소, 유기농…
　　　　　 어머, 전부 유기농으로만 사셨네.
　　[여2]  가족들 때문에…

[여1] 근데 두부는?

[여2] 예? 두부요?

[Na] 이제 두부도 유기농입니다.

풀무원 유기농콩두부.

[여2] 음~ 고소해!

[Song] 바른 먹거리, 풀무원.　　　　　　　〈유기농콩두부 / 풀무원〉

나. [남] 내 기획서는 토씨까지 트집 잡는 김 이사.

늘 한발 앞서 승진하는 입사동기 최 부장.

6시면 사라지는 강 대리, 무섭다.

하지만 이겨야 한다.

오늘도 나를 응원해준 아홉 살 딸이 있기 때문이다.

[Na] Climb the life, K2.　　　　　　　　　〈기업광고 / K2〉

(10가)의 경우는 매우 간결한 대사를 보여주고 있다. 주부들의 대화 상황이기 때문에 호들갑스럽거나 산만하기 쉬운데, 그렇지 않고 간결하게 해야 할 말만을 하고 있다. 유기농 제품을 산 것을 확인하였으나, 두부는 그렇지 않다는 것을 말해줌으로써 제품이 갖고 있는 특성을 극적으로 드러내고 있다. (10나)의 경우는 매우 간결한 내레이션을 보여주고 있다. 매우 침착한 느낌을 주는 내레이션으로, 등장하는 인물들에 대한 군더더기 없는 묘사, 그리고 자신이 이겨내야 하는 이유에 대한 명확하고 자신감 있는 표현을 통해 전하고자 하는 메시지를 확실하게 전달하고 있다.

간결하다는 것은 단순히 길이의 문제만이 아니다. 간단하면서도 짜임새가 있는 것이 간결한 것이다. 그러므로 짧게 쓰면서도 그 안에서 해야 할 말은 모두 다, 그리고 명확히 할 수 있어야 한다.

## (3) 길게 써야 할 때는 맛있게 써라

간결하게 쓰는 것이 유용한 것은 사실이지만, 모든 광고가 다 간결하게만 쓸 수는 없다. 때로는 긴 문장을 사용해야 하는 경우도 적지 않다. 간결한 문장에 비해 긴 문장은 듣기만 하는 라디오에서 불리하다는 것은 부인할 수 없다. 그러나 반드시 그런 것만도 아니다.

(11)
가. [남]   누구나 나이를 먹지만,
           아무나 어른이 되는 건 아니다.
           누구나 아이를 낳지만
           아무나 아버지가 되는 건 아니다.
           누구나 산을 이야기하지만,
           아무나 산을 오르는 건 아니다.
    [Na]   Climb the Life, K2.            〈기업광고 / K2〉

나. [여]   세상에서 가장 성공한 사람보다
           가장 따뜻한 사람,
           세상에서 가장 부자인 사람보다
           가장 자상한 사람,
           당신이 진짜 남자입니다.
           사랑합니다.
    [Na]   파크랜드.                      〈기업광고 / 파크랜드〉

(11가)와 (11나)는 공히 광고 속에 긴 문장이 사용되었다. 그러나 이 문장을 귀로 듣는다고 생각해보자. 길이에 비해 쉽게 들을 수 있음을 알 수 있다. 그것은 왜 그럴까. 공통적으로 대구법이 사용되었기 때문이다.

문장을 쓸 때 수사법을 활용하는 이유는 전하고자 하는 내용을 좀 더 강렬하게 전달하기 위해서이다. 같은 표현도 수사적인 기법이 개입된 것과 그렇지 않은 것 사이에서는 엄청난 차이가 있다. 그러므로 수사적인 기법을 통해 문장의 듣는 맛을 더해준다면 긴 문장을 사용하더라도 전달력에서 큰 문제가 발생하지 않는다.

수사법에는 수많은 종류가 있지만, 특히 라디오와 같이 귀로 듣기만 하는 미디어의 경우에는 대구법이 매우 효율적이다. 리듬감, 운율 등이 명확하여 귀에 쏙쏙 들어오기 때문이다. 은유법이나 직유법과 같이 의미에 기대는 수사법에 비해 대구법과 같이 문장의 형태를 활용한 수사법이나 두운법·각운법 등과 같이 소리의 묘미를 활용한 수사법들은 라디오 광고에서는 훨씬 유용하다.

### (4) 듣기에 적합하도록 써라

소비자들은 생경한 것에 잘 반응하기도 하지만, 반대로 친숙한 것에 잘 반응하기도 한다. 광고에서 유명한 모델을 활용하는 것이 그 대표적인 예이다. 누구나 잘 아는, 거기에 자신이 좋아하는 모델이라면 일단 그 광고를 친숙하게 느낀다. 그래서 광고에 쉽게 몰입하게 된다.

라디오 광고에서도 마찬가지이다. 유명한 모델을 등장하는 경우에는 초반부에 자신이 누구임을 밝히는 경우가 많다. 그래야 누가 등장하는 광고인지 알 수 있으며, 그런 유명한 모델이 등장하는 광고에 좀 더 귀를 기울이게 되기 때문이다.

그러나 모든 광고가 다 유명한 모델을 기용할 수는 없다. 유명한 모델을 기용하는 대가가 너무 크기 때문이다. 그렇다면 다른 방법을 찾아야 한다. 그 중의 하나가 소비자 언어를 사용하는 것이다.

소비자 언어는 소비자들이 제품을 사용하면서 자연스럽게 쓰는 말을 가리킨다. 일상생활에서 제품을 사용하다보면, 그리고 그 제품에 만족하게 되면 소비자들의 입에서는 자연스럽게 감탄의 말이 나온다. 그것이 바로 소비자 언어인 것이다. 그런데 유의해야 할 점이 하나 있다. 구어체의 대화와 소비자 언어에는 차이가 있다는 점이다.

> 구어체 대화는 그야말로 자연스러운 대화입니다. 대화가 아니라 내레이션이라고 해도, 문어체 내레이션에 비해서는 훨씬 자연스러운 것이 사실이지요. 거기까지인 것이 구어체 대화라고 저는 생각합니다. 광고 안의 상황에 맞게, 그리고 광고가 소비자들에게 좀 더 자연스럽게 받아들여질 수 있도록 사용된 자연스러운 말들, 이런 것들이 구어체 대화입니다.
> 그러나 소비자 언어는 반드시 제품과 관련된 말이어야 합니다. 소비자 언어란 제품을 사용하면서 소비자들이 무의식중에 하는 말이기 때문입니다. 제품을 쓰면서 나도 모르게 좋아서 탄성이 나왔다든지, 제품을 갖게 되어 너무 기쁜 나머지 소리를 지른다든지 하는 것들이 소비자 언어의 범주에 들어가는 것들입니다. 즉, 제품의 효용, 가치, 혜택 등과 직접적으로 관련이 있는 것들을 말합니다(김정우, 2006b:156).

따라서, 소비자들이 제품을 사용할 때 어떤 말을 하는지를 적극적으로 수집하는 것이 중요하다. 책상에 앉아 상상만으로는 쓸 수 없는 것이 소비자 언어이기 때문이다.

(12)
가. [여] 어~ 관절에 착~ 붙네?
　[남] 트라스트 패치.
　[여] 약효도 쭉~ 가네?
　[남] 트라스트 패치.
　[여] 아~ 이제 관절걱정 없는 거예요?

[남] 그럼, 트라스트 패치.
[여] 아~ 좋아좋아, 관절에 착! 약효가 쭉~
[남] 관절패치 트라스트.
　　관절엔 트라스트 패치! 〈트라스트 / SK제약〉

나. [차태현] 왜 이렇게 안 와...
　[여] 　　오빠, 오빠! 나 라디오에 나왔다.
　　　　　아까 한남대교 위에 고장난 차, 그거 나왔다.
[차태현] 에이, 자랑이다.
　　　　　그래서 어떻게 했는데.
　[여] 　　그냥 꼼짝도 못했어.
　　　　　차들은 빵빵대지, 쳐다보지.
　　　　　정말 아무 생각도 안 나더라고.
[차태현] 차에 무슨 일이 생기면
　　　　　무조건 하이카라니까.
　　　　　다 알아서 해주잖아.
　[Na] 　현대해상, 하이카. 〈하이카 / 현대해상〉

　(12가)에서는 '관절에 착~ 붙네?'와 '약효도 쭉~ 가네?'가 소비자
언어라고 말할 수 있다. 흡착력이 강해 관절에도 문제없이 붙는다는
것, 그리고 약효가 오랫동안 지속된다는 것을 '착~', '쭉~'과 같은 구
어적 표현을 통해 소비자 언어화 시켰다. 왜 잘 붙는지, 그리고 정확하
게 얼마나 더 오래 가는지는 중요하지 않다. 소비자들이 그 제품을 선
택할 때 생각하는 두 가지 포인트를 정확히 집어내어, 그것을 실감나
게 표현하면 되는 것이다. 정확히 왜 잘 붙고, 몇 시간이나 지속되는지
는 실제로 사용해보면 아는 것이다. 그것을 구체적으로 다 담다보면
오히려 듣는 사람에게 혼돈만을 줄 뿐이다. 이렇게 소비자 언어로 표
현함으로써 소비자들에게 실감을 더해주는 효과를 낸다. (12나)에서

는 '차에 무슨 일이 생기면 무조건 하이카라니까. 다 알아서 해주잖
아.'가 소비자 언어이다. '무조건', '다 알아서 해주잖아'를 통해 딱딱
하게 설명하지 않고 자연스러운 구어체로 설명하고 있다. '무조건'을
통해 브랜드에 대한 신뢰도를, '다 알아서 해주잖아'를 통해 서비스의
품질을 말해주는데, 제품에 대한 자세한 설명보다 훨씬 쉽게, 그리고
명확하게 제품의 좋은 점을 느낄 수 있게 해준다.

### (5) 상상성을 최대한 활용하라

라디오는 태생적으로 보여줄 수 없다. 그러나 그렇다고 해서 보지
못 한다고 느끼지도 못 하는 것은 아니다. 바로, 라디오가 갖는 상상성
때문이다.

라디오를 듣는 사람들은 그 이미지를 상상한다. 인간에게 있어 말
은, 말 그 자체로 받아들여지는 것이 아니라 말과 관련된 이미지로 받
아들여진다. 그래서 '장미'라는 단어를 보았을 때 아름다움이라는 이
미지(사람마다 그 기준은 다를 수 있지만)가 함께 떠오르는 것이다.
생전 처음으로 보는 단어가 생소하게 느껴지는 것은 그 표기 자체가
생소한 것이 아니라 떠오르는 이미지가 없기 때문이다. 라디오를 통해
전해지는 말도 마찬가지이다. 말을 들으면서 사람들은 그 말이 그려내
는 이미지를 상상한다. 따라서 텔레비전은 텔레비전 화면에서 보여줄
수 있는 만큼만을 보여줄 수 있지만, 라디오는 직접 보지는 못 하더라
도 훨씬 더 많은 것을 자신의 체험에 빗대어 상상할 수 있게 해준다.

라디오 광고라고 해서 그것을 포기할 이유는 아무 것도 없다. 당연
히 상상성을 자극하여 실제 눈으로 보는 것보다 더 실감나게 느낄 수
있게 해줄 수 있다면 당연히 그렇게 해야 한다. 그것이 바로 광고의

효율성을 높이는 길이기 때문이다.

(13)
가. [아버지]　　잡는다, 잡는다… 잡았다!
　　[할아버지]　아이구, 울 손자가 통장 잡았네!
　　　　　　　대구은행이네!
　　[아버지]　　이 녀석, 실속있는 은행을
　　　　　　　척~ 고르는 걸 보니
　　　　　　　아빠보다도 자~알~ 살겠네!
　　[사람들]　　하하하하~
　　[Na]　　　고객과 함께 커가는
　　　　　　　우리 고장, 우리 은행~
　　[Song]　　DGB 대구은행~　　　　　　〈기업광고 / 대구은행〉

나. [Na] 아세요?
　　　　아름다운 우리 들꽃 눈색이꽃은
　　　　한겨울 눈과 얼음 사이에서만 피어난다는 사실.
　　　　우리 들꽃의 생명력을 닮고 싶은 마몽드.
　　　　우리 들꽃 사랑, 마몽드가 함께 합니다.
　　　　마몽드.　　　　　　　　　　　　〈마몽드 / 태평양〉

(13가)는 한눈에 어디에서 이 상황이 벌어지고 있는지를 알 수 있다. 돌잔치이다. 돌잔치를 하게 되면 항상 돌을 맞은 아기에게 돌잡이를 하게 한다. 무엇을 잡느냐에 따라 아기의 미래를 점치는 풍습 때문이다. 광고에서는 아기가 통장을 잡은 상황을 연출하였고, 그것을 대구은행과 결합시켜 고객의 미래를 든든히 지키는 은행이라는 메시지를 전달하고 있다. (13나)는 상황의 묘사에 집중한 (13가)와는 달리, 대상에 대한 묘사에 집중하고 있다. 아마도 광고 안에서 등장하는 눈색이

꽃이 어떤 모양의 꽃인지를 자신있게 이야기할 수 있는 사람은 많지 않을 것이다.66) 그러나 '한겨울 눈과 얼음 사이에서만 피어난다는 사실'이라는 말 한 줄 때문에, 그 꽃이 어떤 모양인지는 정확히 몰라도 그 꽃이 피어 있는 모습은 상상할 수 있는 것이다. 사실, 그 꽃의 모양이 어떤지는 중요하지 않다. 더 중요한 것은 일반적으로 꽃이 피지 않는 눈과 얼음으로 뒤덮인 겨울에 피어난다는 것이다. 그 장면 하나만을 상상하더라도 그 꽃이 갖고 있는 생명력을 느낄 수 있으며, 그것을 제품에 전이시켜 피부에 생명력을 전해주는 화장품이라는 메시지를 전하고 있는 것이다.

## (6) 곁에서 대화하듯이 써라

라디오라는 미디어가 텔레비전이라는 후발 미디어에 비해 많은 한계점을 갖고 있는 것은 사실이다. 더군다나 후발 미디어인 텔레비전은 드라마, 뉴스, 토크쇼, 다큐멘터리 등 라디오에서 개발된 프로그램 포맷들을 그대로 영상화시켜 방영함으로써 라디오의 입지를 더욱 좁게 만들었다.

그러나 그럼에도 불구하고 라디오가 아직도 그 막강한 위력을 유지하고 있는 것은 텔레비전과 비교되는 한계점들을 극복할 수 있었기 때문이다. 라디오가 텔레비전과의 경쟁에서 나름대로의 영역을 차지할 수 있었던 것은 근본적으로 텔레비전과는 전혀 다른 프로그램 포맷을 개발해낸 데 있다. 그것은 바로 퍼스낼리티 프로그램이다. 퍼스낼리티

---

66) 눈색이꽃은 흔히 복수초라고 불리는데, 우리나라의 대표적인 겨울 들꽃 중의 하나이다. 노란색 꽃이 눈과 얼음을 뚫고 피어나, 많은 사람들에게 자연의 경외감을 느끼게 해준다.

프로그램은 진행자의 개성에 따라 달라지는 프로그램을 말한다. 대표적인 퍼스낼리티가 DJ이다. DJ의 진행방식, 음악선곡, 청취자들의 반응 등에 의해 프로그램의 성격이 달라진다. 물론 청취율도 달라진다.

이는 물론, 라디오가 가족 미디어에서 개인 미디어로 변화하게 된 것과도 밀접하게 관련이 있다. 라디오는 텔레비전과 마찬가지로 매우 수동적인 미디어이다. 텔레비전이 그렇듯이, 라디오에서 나오는 내용들을 청취자들은 일방적으로 들을 수밖에 없다. 그러나 그것이 개인적인 미디어로 바뀌게 되면 일방적으로 듣는다는 것에는 변함이 없지만, '내게' 말해주는 듯한 느낌을 갖는다는 것이 텔레비전과 다른 점이다. 그런 면에서 보면 라디오는 2인칭 미디어이다. 라디오 진행자의 입장에서는 '여러분-진행자'의 관계로 진행하는 것이 아니라, '당신-진행자'의 관계로 진행하는 것이다. 그러한 라디오에서 방송되는 광고 역시 그러한 관계로부터 벗어날 필요는 없다.


(14)
   가. [여]  이런 적 한번쯤 있으시죠?
           밤에 외딴 국도를 가다가
           갑자기 연료등에 빨간 불이 들어왔을 때
           그때 제일 먼저 어느 주유소가 떠오르세요?
    [Na]  누구나 마음속엔 SK주유소가 있습니다.
           마음속의 주유소, SK.        〈SK주유소 / SK주식회사〉


   나. [Na]  삶에는 두 가지 길이 있다.
           마음으로 보이는 길과 눈으로 보이는 길.
           중요한 건, 그 길을 가는 열정과 태도다.
           빛나는 당신을 위해 렉서스 ES330.

완벽을 향한 끊임없는 추구, 렉서스.
〈렉서스 ES330 / 한국토요타자동차〉

(14가)는 정말로 마주 앉아 속삭이는 듯한 말투로 작성되어 있다. 비록 그 내용은 광고주가 일방적으로 이야기하는 것이지만, 말투에서 그러한 느낌을 대폭 완화시키고 있다. 라디오가 1대1의 미디어라는 특성을 잘 활용하고 있는 것이다. (14나)는 말투로만 보면 매우 건조하고 딱딱하다. (14가)와 같이 곁에 앉아 말을 거는 듯한 느낌은 주지 않는다. 그러나 여기에서 주목해야 할 것은 '빛나는 당신을 위해'이다. 청취자를 '당신'으로 호칭하고 있는 것이다. 일상적인 대화에서는 '당신'이나 '너'와 같은 호칭이 생략되는 경우가 많다. 그러나 라디오와 같은 매스 미디어의 메시지에서도 생략되면 그것은 누구를 지칭하는지 알 수 없게 된다. 불특정 다수를 향해 내보내는 메시지이기 때문이다. 그러나 거기에 '당신'이라는 호칭이 들어가면, 형식상으로는 불특정 다수에게 보내는 메시지이지만, 그것을 받아들이는 청취자들은 라디오와 1대1로 앉아 있기 때문에 자신에게 하는 것처럼 느끼게 된다. 그래서 구체적으로 '당신'을 지적하였을 때, 라디오 광고에 좀 더 귀를 기울이게 되는 것이다.

## (7) 소비자의 감성을 건드릴 수 있도록 써라

광고란 늘 소비자와의 심리 싸움을 벌인다. 광고를 만든다는 것은 본능적으로 광고에 대한 경계심을 갖고 있는 소비자들의 심리를 역이용하여 소비자들의 마음속에 안착하려고 하는 노력이라고 말할 수 있다. 그러한 노력이 성과를 거둔다면, 소비자들의 굳은 마음의 문을 열고 들어가 소비자와 대화를 나눌 수 있는 것이다. 만일 그렇지 못 하면 굳게 닫힌 마음의 문 앞에서 돌아 나와야 하는 신세가 된다.

소비자의 마음의 문을 여는 방법 중 가장 유용한 것은 사람이라면 누구나 갖고 있는 일반적인 감정에 호소하는 방법이다. 그것이 진실되게 느껴지면 누구나 자연스럽게 마음의 문을 스스로 열게 된다. 다음의 예들을 보자.

(15)

가. [여] 아들은 2년 후 제대할 날만 생각하지만,
　　　　어머니는 제대 후 2년을 준비합니다.
　　　　20만원부터 시작하는
　　　　충성신고합니다 펀드.
　　　　진정한 남자가 된 아들에게 준
　　　　어머니의 첫 선물이 됩니다.
　　[남] 충성! 신고합니다.
　　　　비과세 적립식 펀드, 동원증권.
　　　　　　　　　　　　　　　　　〈충성신고합니다펀드 / 동원증권〉

나. [여] 어? 오뚜기에서 쌀이 나왔네.
　　[Na] 오뚜기 씻어 나온 맛있는 쌀.
　　[여] 씻지 않고 밥을 한다고?
　　[Na] 슈퍼 지프라이스 방식으로
　　　　 오뚜기가 깨끗하게 씻었습니다.
　　　　 오뚜기 씻어 나온 맛있는 쌀.
　　[여] 깨끗하니까 더 씻지 마세요!　　　〈맛있는 쌀 / 오뚜기〉

(15가)는 누구를 대상으로 하는지가 명확하다. 자식을 군대에 보낸 부모들에게, 군대를 다녀온 2년 후를 생각해서 지금부터 적립식 펀드

에 가입하라는 것이다. 더군다나 펀드의 이름도 '충성신고합니다펀드'
이다. 자식을 군대에 보낸 뒤, 마음이 편한 부모는 아무도 없을 것이
다. 그러한 부모들의 마음에 호소하는 것이 이 광고이다. 만일, 자식
의 2년 후를 위해 뭔가 준비를 해야겠다는 마음을 갖고 있던 부모라
면, 이 광고에 금세 솔깃해지지 않을 수 없다.

(15나)는 철저하게 제품의 특징 중심으로 전개되고 있다. 이 광고의
핵심 포인트는 '씻어 나온 쌀'이라는 점이다. 그 쌀의 품종이 어떤 것
인지, 얼마나 좋은 것인지는 알 수 없다. 다만, 오뚜기라는 잘 알려진
브랜드에서 생산한 것이니 일정 수준 이상은 될 것이라고 짐작할 수
있다. 따라서 '씻어 나왔다'는 특징만을 부각하고 있는 것이다. 그런데
이것이 왜 소비자의 감성을 건드린 광고인가.

소비자는 철저히 이기적이다. 자신에게 아주 작은 이익이라도 없으
면 절대 움직이지 않는다. 일부러 매장까지 가서 제 주머니에서 돈을
꺼내어 제품을 구입하는 소비자가 아무런 이익도 없이 움직이지는 않
는다. 이 광고에서는 '귀찮게 씻지 않아도 된다'는 점을 적극적으로 부
각하고 있다. '씻어 나왔다'는 것을 소비자의 관점으로 전환시키면 '씻
지 않아도 된다'는 것이다. 그만큼 귀찮은 일이 하나 준 것이다. 그렇
기 때문에 '씻어 나왔다'를 집중적으로 이야기하고 있는 것이다. 이기
심 많은 소비자의 감성을 충족시키기 위해서.

## (8) 중요한 것은 반복하라

광고에서 전하고 싶은 중요한 메시지를 단숨에 완벽하게 전달할 수
있다면 그보다 더 좋을 수는 없다. 하지만, 소비자들은 광고에 그리 큰
관심을 갖고 있지 않으므로, 그런 일은 있기 힘들다. 더군다나 라디오처

럼 병행성이 높아 다른 일을 하면서 접촉하는 경우에는 더더욱 그렇다.

그럴 경우, 반복하는 것이 상책이다. 전하고 싶은 것을 반복함으로써, 반복해 들은 소비자들의 마음속에 강제로 안착시키는 것이다.

(16)

가. [Song] 하늘 가득히 사랑을,

　　　　사랑을, 사랑을, 사랑을~

　　　　얼굴 가득히 미소를,

　　　　미소를, 미소를, 미소를~

　　　　하늘 가득히 사랑을~

　　[Na] 　하늘과 당신 사이에 대한항공이 있습니다.

　　[Song] 대한항공. 　　　　　　　　　　〈기업광고 / 대한항공〉

나. [Na] 방금 들으신 뉴스는 다 털어내고

　　　　지금부터 하나만 생각하십시오.

　　　　10년 후 잘 자란 아이들의 모습

　　　　하나만 생각하십시오.

　　　　하나만 생각하면

　　　　삶의 스케줄이 편안해집니다.

　　　　내 삶의 스케줄, 하나은행. 　　　　〈기업광고 / 하나은행〉

(16가)에서는 '하늘 가득히', '사랑', '미소' 등이 반복되고 있다. 항공사라는 특성상 하늘을 빼놓을 수는 없다. 그리고 광고에서 전하고자 하는 핵심 메시지는 고객에 대한 서비스 마인드이기 때문에 고객에게 보내는 가장 대표적인 코드인 '사랑'과 '미소'가 사용되었다. 이것을 단순히 내레이션으로 처리한다면 매우 재미없는, 당연하면서도 뻔한 광고가 될 것이다. 그러나 이것을 노래로 처리함으로써, 일반 내레이션에 비해 훨씬 자연스럽게 핵심어들이 반복되고 있다. (16나)에서는 '하

나'가 반복되고 있다. 그런데 여기에서 하나는 기업명인 '하나'인 동시에 유일한 대상이라는 뜻의 '하나'이기도 하다. 중의적인 표현을 반복함으로써 궁극적으로는 기업명인 '하나'를 좀 더 쉽게 명확하게 기억할 수 있게 해준다.

### (9) 훅(hook)을 찾아라

김원규(1993:169)에서는 라디오 광고를 쓸 때 훅을 찾아야 한다고 주장하고 있다. 훅(hook)은 갈고리, 낚시바늘 등을 뜻하는 말이다. 즉, 뭔가에 걸어 매달리게 하거나 잡아챌 수 있도록 하는 도구이다. 라디오 광고에서의 훅은 소비자의 귀를 단숨에 잡을 수 있는 표현을 뜻한다. 그러한 표현을 통해 소비자들이 빠른 시간 안에 광고에 관심을 갖게 되는 것이다.

김원규(1993:169)에서는 이러한 역할을 하는 훅을 반드시 말로 된 표현에만 국한시키지는 않았다. 하지만, 여기에서는 미디어 글쓰기에 관해 논의하고 있으므로 말로 된 훅의 예들을 살펴보기로 한다.

(17)

가. [Song] 보고 싶다.
　　　　내가 미워질 만큼.
　　　　울고 싶다.
　　　　죽을 만큼 보-고-싶다.
　[Na] 정말 보고 싶을 땐
　　　　변비 비켜! 비코그린.
　[여] 변비 비켜!　　　　　　　〈비코그린 / 코오롱제약〉

나. [딸] 엄마, 나 세탁기는 꼭 하우젠으로 사줘.

[엄마] 아유~ 좋은 건 알아가지고...
[딸]   니트, 색깔옷, 이불까지 삶지 않고 살균되잖아.
       그리고... 나중에 애기 옷도.
[Na]   은나노가 물에 녹아 살균에서 항균까지.
       하우젠 드럼 세탁기.
[엄마] 엄마 것부터 바꿔 볼까?
[딸]   엄마!                  〈하우젠 드럼세탁기 / 삼성전자〉

(17가)에서는 '변비 비켜!'를 훅으로 볼 수 있다. 이 훅은 두 가지 목적을 갖고 있다고 생각된다. 첫 번째는 '비코그린'이라는 제품명을 잘 기억시키기 위해 사용된 것이고, 두 번째로는 변비에 효과가 좋다는 것을 말해주기 위해 사용된 것이다. 이 두 가지 목적을 이 훅은 동시에 잘 달성해내고 있다. 그만큼 제품명을 알려주는데도 유용하며, 말 자체가 자극적이라서 주목도도 높다. (17나)에서는 역시 마지막의 '엄마 것부터 바꿔볼까?', '엄마!'를 훅으로 볼 수 있다. 딸의 혼수품을 사러 나온 엄마가 제품이 너무 좋은 나머지 자신의 것을 먼저 바꿀까 라는 생각이 드는 상황이다. 전체적인 상황을 반전시키는 훅이다. 이러한 훅은 광고적인 재미를 더해주기 때문에, 광고를 듣는 소비자들로 하여금 좀 더 귀를 기울이게 만든다.

### (10) 효과음 및 음악을 잘 활용하라

라디오는 말로 이루어진 미디어이지만, 말로만 이루어진 것은 아니다. 말과 함께 각종 음향이 사용된다. 음향은 건조하게 느껴질 수 있는 라디오 광고에 생기를 더해준다. 그리고 음악은 단숨에 라디오 광고의 분위기를 생성하는 역할을 한다.

효과음이야말로 라디오 CM의 초강력 무기다. 초대형 태풍에 나무가 휘청거리고 집이 들썩이는 장면을 필름에 담으려면 얼마나 돈을 들여야 할까? 그러나 라디오 CM이라면 문제가 없다. 녹음실에서 인공적으로 태풍 소리를 만들거나, 아니면 직접 태풍소리를 녹음한 효과음 하나만 있으면 된다.(중략) BGM은 음성, 효과음과 함께 라디오 CM을 구성하는 3대 요소다. 특히 감성 소구가 필요한 경우 메시지 전체에 우아한 느낌을 더해주며 부드럽게 청취자 마음에 다가가게 한다(김동규, 2003:513~514).

그렇기 때문에 라디오 광고를 쓴다는 것은 단순히 말에 대한 지식 이외에도 음향과 음악에 대한 지식을 갖추고 있다는 것을 의미한다.

그러나 그에 못지않게 중요한 것은 얼마나 이 세 요소들을 조화롭게 사용하느냐 하는 점이다. 상호간 강약조절을 통해 부각시킬 것은 적절히 부각시키고, 약화시킬 것은 약화시켜야 각각의 특성이 잘 드러나는 법이다. 예를 들어 말의 양이 많은 광고의 경우 음향과 음악을 약화시켜야 말이 잘 들린다. 그러나 음향과 음악도 함께 부각시키려고 하면, 결국은 서로를 방해하는 클러터 현상이 일어나 아무 것도 들리지 않게 된다. 그러므로 각각에 대한 지식 못지않게 그들을 함께 사용할 때 필요한 지식도 함께 갖추고 있어야 한다.

강대인 · 김우룡 · 홍기선(1991), 『방송제작론』, 서울:나남.

강준만(1991), "라디오의 특성과 가능성.", 『라디오방송제작론』(문화방송 라디오국), 25~51.

고영근(1999), 『텍스트 이론-언어문학통합론의 이론과 실제』, 서울:아르케.

교재편찬위원회(1998), 『다매체 시대의 글쓰기』, 부산:세종출판사.

구명철(2001), "광고문에 나타난 언어유희적 특성.", 『한국광고학보』(한국광고교육학회) 3-1, 62~87.

구현정(2002), 『대화의 기법』, 서울:경진문화사.

국립국어연구원(1992), "광고와 언어", 『새국어생활』2-2, 2~128.

김동규(2003), 『카피라이팅론』, 서울:나남.

김명환(1999), 『광고문의 텍스트 언어학적 분석 - 〈SPIGEL〉지에 게재된 ICROSOFT 사의 광고 텍스트분석을 중심으로.』, 서울대학교 외국어교육과 석사학위 논문.

김민환 · 김광수(2001), "한국 방송광고의 발달사.", 『한국방송광고의 역사와 문화』(한국방송광고공사), 21~147.

김병희(2000), 『광고와 대중문화』, 서울:한나래.

김성규(1998). 『이런 말 실수, 저런 글 실수 -광고 언어편』, 문화관광부 연구보고서.

김세중(1992). "신문광고와 외래어." 『새국어생활』(국어연구원) 2-2, 50~64.

김소림(1964), 『Radio CM』, 부산:삼협출판사.

김양훈(1998). "독일의 광고텍스트에 대한 언어학적 연구.", 『인문연구』(인하대학교 인문과학연구소) 27, 249~269.

김영선(1977), "커머셜 송 20年史.", 『CM라이브라리』(한국광보문화연구원), 367~371.

김영욱 외 3인(1998), 『라디오 방송 저널리즘의 현황과 가능성』, 서울:한국방송개발원.

김일수(1991), "라디오 방송의 실제.", 『라디오방송제작론』(문화방송 라디오국), 99~144.

김원규(1993), 『카피, 카피라이터, 카피라이팅』, 서울:나남.

김정선(1998), "텔레비젼 광고 텍스트의 구조와 대화.", 『한양어문』15, 19~41.

김정식(1986), "라디오 CM의 크리에이티브 기법.", 『사보 엘지애드』(엘지애드) 50, 31

~35.

김정우(2003a) "광고 언어의 시대적 사용양상-70년대와 90년대 라디오광고를 중심으로." 『제26차 한국어학회 전국 학술대회 발표집』(한국어학회), 187~203.

김정우(2003b), "제품에 따른 광고언어의 구조.", 『광고언어연구』(서울:박이정), 49~116.

김정우(2003c), "광고 언어의 전달구조 연구 - 라디오 광고 언어를 중심으로", 고려대학교 대학원 응용어문정보학과 박사학위 논문.

김정우(2004), "라디오 광고 언어사용의 변천양상", 『사회언어학』(한국사회언어학회)12-2, 75~104.

김정우(2006a), 『카피연습장1』, 서울:커뮤니케이션북스.

김정우(2006b), 『카피연습장2』, 서울:커뮤니케이션북스.

김정우(2007), 『문화콘텐츠 제작, thinking and writing』, 서울:커뮤니케이션북스.

김진범(1992), "라디오CM연구 - 상상력, 잠재의식의 진솔한 맞선자리.", 『사보 제일기획』(제일기획) 199, 56~59.

김충기(1981), "불황에 강한 라디오 광고.", 『광고정보』(한국방송광고공사) 4, 38~39.

김충기(1995), "광고 매체의 어제와 오늘.", 『한국의 광고』(나남출판), 175~234.

김형주·김병홍(2001), 『디지털시대의 언어문화』, 부산:동아대학교출판부.

김혜숙(1997), "신문 광고 문안(文案)의 결속구조 고찰-텍스트언어학적 적합성을 위하여.", 『동국어문학』(동국대학교) 9, 45~68.

김혜숙(2000), 『현대 국어의 사회적 모습과 쓰임』, 서울:월인.

김혜숙(2001), "광고 언어의 국어 교육적 수용 방안과 실제 - 특히 문법 교육에 광고 언어를 적용하기 위하여.", 『국어교육』(한국국어교육연구회) 105, 1~35.

남인용(2002), "광고사 연구의 현황과 과제.", 『한국광고홍보학회 제6회 컨퍼런스 자료집』(한국광고홍보학회), 1~7.

리대룡·이명천 편(1986),『현대사회와 광고』, 서울:나남.

맹명관(1999), 『광고의 바다 헤드라인 건지기』, 서울:살림출판사.

맹명관(2000), 『초보자와 함께 하는 광고노트』, 서울:더난출판사.

문화방송라디오국(1991), 『라디오방송제작론』, 서울:나남.

박갑수(1998), 『신문·광고의 문체와 표현』, 서울:집문당.

박광성(1986), "뛰어난 도달 효과 지닌 청소년 시장의 유일한 광고매체.", 『연합광고』(연합광고) 83, 15~19.

박경자 외 7인(2001), 『응용언어학 사전』, 서울:경진문화사.

박길숙(2006), 『라디오 시대 라디오 작가되기』, 서울:세시.

박대성(2002), 『꼭 익혀야 할 광고표현』, 서울:소담출판사.

박영준(2002), "광고언어 연구의 동향과 과제-언어학적 연구를 중심으로.", 『한국어학』

(한국어학회) 17, 267~300.

박영준·김정우(2007), 『광고언어창작론』, 서울:집문당.

박영준 외(2003), 『광고언어연구』, 서울:박이정.

박영준 외 3인(2006), 『광고언어론』, 서울:커뮤니케이션북스.

박재현(1998), "라디오 주력매체로 명쾌한 메시지 전달.", 『광고정보』(한국방송광고공사) 209, 23~27.

박정규(2001), "해제", 『미디어의 이해』, 서울:커뮤니케이션북스, 511~531.

방송위원회(1996), 『라디오방송발전연구회 종합보고서』.

배광수(2002), 『라디오광고 배경음악의 특성과 메시지 정보량이 광고길이 지각 및 효과에 미치는 영향』, 전북대학교 대학원 심리학과 석사학위논문.

서은아(2003), 『신문광고와 언어』, 서울:역락.

손권식(1986), "민방라디오의 CM제작", 『광고정보』(한국방송광고공사) 58, 32~37.

손 룡(1989), "라디오 방송의 발전.", 『사보 엘지애드』(엘지애드) 50, 4~5.

신선경(2000), "TV 광고의 텍스트 언어학적 특성 – 발화 단위와 형식을 중심으로–"『텍스트언어학』(텍스트언어학회) 7, 117~140.

신용삼(1992), "카피", 『광고연감』(제일기획), 340~354.

신인섭(1980), 『카피라이팅』, 서울:세원문화사.

신인섭(1992), "우리나라 광고 언어의 변천사.", 『새 국어생활』(국립국어연구원) 2-2, 2~19.

신인섭(1995), "광고카피의 변천–1960년대에서 현재.", 『한국의 광고』(나남출판), 289~344.

오리콤 라디오CM부(1988), "라디오 광고의 활성화방안.", 『사보 오리콤』(오리콤) 105, 4~7.

오의상(1998), "라디오 매체현황과 전략적 운용.", 『광고정보』(한국방송광고공사) 209, 7~11.

오장근(1999). "광고텍스트의 전략적 이해."『독어학』(한국독어학회) 1, 287~311.

오장근(2000). "광고와 언어학 – 광고언어의 분석을 위한 텍스트언어학적 인 제안."『독일어문학』(한국독일어문학회) 12, 355~385.

오창일(2002), 『아무나 크리에이티브 디렉터가 될 수는 없다』, 서울:청림출판.

원용진(1994), "광고는 어떻게 의미를 내는가.", 『광고연구』(한국방송광고공사) 23, 41~72.

원용진(1997), 『광고 문화 연구』, 서울:한나래.

유희종(1990), "우리 모두 상사병에 걸리자.", 『대홍보』(대홍기획) 73, 10~11.

이기운(1996), 『라디오에 대해 알고 싶은 27가지 이야기』, 서울:미래글.

이낙운(1986), 『광고의 기본원리』, 서울:나남.

이낙운(1988), 『광고제작의 실제』, 서울:나남.

이동수(1998), 『광고 제대로 만들기』, 서울:한국광고연구원.

이동춘(1993), "라디오는 살아있다. - 라디오 광고의 특성과 효과.", 『광고정보』(한국 방송광고공사) 151, 38~40.

이두원(2002), 『라디오 프로그래밍』, 서울:커뮤니케이션북스.

이만재(1987), 『實戰카피論 1』, 서울:나남.

이만재(1989), 『實戰카피論 2』, 서울:나남.

이만재(1990), 『카피라이터 입문』, 서울:고려원.

이명훈(1989), "라디오 광고 활용의 활성화를 위한 제언.", 『사보 오리콤』(오리콤) 117, 24~26.

이병규(1991), "라디오 방송기술.", 『라디오방송제작론』 (문화방송 라디오국 편), 483~526.

이석주 외 5인(2002), 『대중 매체와 언어』, 서울:역락.

이성구(1999), 『광고 크리에이티브론』, 서울:나남출판.

이용주(1978), "廣告文章의 意味論的 分析 硏究", 『서울대학교 사대논총』(서울대학교 사범대학) 17, 63~103.

이윤복(1999), 『라디오 광고의 배경음악 유형과 성우의 유명도에 따른 광고효과』, 중앙 대학교 신문방송대학원 석사학위논문.

이은희(2000), "광고 언어의 생략현상.", 『국어교육』(한국국어교육연구회) 103, 165 ~184.

이정민·배영남·김용석(2000), 『언어학사전』, 서울:박영사.

이정춘(1996), 『현대사회와 매스미디어』, 서울:나남.

이진민(1990), "라디오 매체의 특질과 표현.", 『사보 다이아몬드 애드』(금강기획) 23, 30~33.

이태영 외 5인(2000), 『언어와 대중매체』, 전라북도:신아출판사.

이현우(1998), 『광고와 언어』, 서울:커뮤니케이션북스.

임지룡(1992), 『국어 의미론』, 서울:탑출판사.

장경희(1992), "광고언어의 유형과 특성.", 『새국어생활』(국립국어연구원) 2-2, 65 ~80.

장소원(1999), "광고 카피의 언어학적 분석-문법적 층위에서의 검토-", 『한국방송통신 대학교 논문집』(한국방송통신대학교) 27, 97~114.

장소원 외 3인(2002), 『말의 세상, 세상의 말』, 서울:월인.

전병용(1999), 『디지털 시대의 광고와 언어』, 서울:글로벌.

전세린(1999), 『독일 광고언어의 특징 - 슬로건의 다의성(Mehtdeutigkeit)을 중심으로』, 연세대학교 독어독문학과 석사학위 논문.

전영우(1996), 『현대광고학』, 서울:참미디어.

정남해(1993), 『라디오 커머셜의 배경음악 효과』, 중앙대학교 대학원 신문학과 석사학
　　위논문.

정동규(2001), "광고언어의 언어학적 활용 방안 연구.", 『독어학』(한국독어학회)4,
　　181~204.

정영탁(1998), "너, 그 라디오 광고 들어봤니? - 처음부터 다시 생각해보는 라디오 광
　　고.", 『사보 다이아몬드 애드』(금강기획) 90, 4~7.

정재은(2003), "광고 임시어에 관한 연구", 『광고언어연구』(서울:박이정), 145~170.

정한기(1991), "카피연구", 『남도문화』(순천향대학 남도문화연구소) 3, 99~159.

제일기획(1992), 『광고연감』, 서울:제일기획.

조병량(1989), "외국 라디오 광고의 실상과 특성.", 『사보 엘지애드』(엘지애드) 50,
　　10~11.

조선국(1995), "라디오! 아직도 할 일은 많다!", 『사보 오리콤』(오리콤) 198, 46~48.

조성식(1985), "우리나라 라디오 광고의 역사와 현 과제." 『대홍보』(대홍기획) 15,
　　36~39.

조천영(1981), "라디오는 사양매체인가.", 『광고정보』(한국방송광고공사) 7, 52~53.

조천영(1993), "라디오는 살아있다. - 라디오 매체의 어제와 오늘.", 『광고정보』(한국
　　방송광고공사) 151, 33~37.

채동근·한국환(1989), 『라디오·TV CM제작론』, 서울:현암사.

최명원(2001), "독일의 광고언어에 반영된 시대정신과 그 변화." 『독일어문학』(한국독
　　일어문학회) 16, 363~385.

최병광(1986), "라디오는 살아있다. - 라디오의 특성과 라디오 CM 제작
　　　요령.", 『대홍보』(대홍기획) 21, 16~19.

최상진 외 3인(2003), 『언어 이야기』, 서울:경진문화사.

崔聖德(1997), 『신문 광고의 문체 연구』서울여대 대학원 국어국문학과 석사학위논문.

최종수(1984), 『매스커뮤니케이션 이론』, 서울:전예원.

최창섭(1985), 『한국방송론』, 서울:나남.

최현철·한진만(2004), 『한국라디오 프로그램에 대한 역사적 연구』, 서울:한울아카데미.

코래드 광고전략연구소(1996), 『광고대사전』, 서울:나남.

한성대학교 교재 편찬위원회(2006), 『사고와 표현』, 서울:한성대학교출판부.

황지영(2000), "라디오 광고의 역설적 표현 연구.", 『한국광고학보』(한국광고홍보학
　　회)2-2, 220~249.

한국광고업협회(1990~2002), 『한국광고 작품연감』, 서울:한국광고업협회.

한국광보문화연구원(1977), 『CM라이브러리』.

한국광보문화연구원(1978), 『한국광고연감』.

Barthes, Roland(1957), "*Mythologies.*", 이화여자대학교 기호학연구소 역, 『현대의 신화』, 서울:동문선.

Berko, Roy M., Wolvin, Wolvin, Carlyn R.(1998), "*Communicating.*", 이찬규 역 (2003), 『언어 커뮤니케이션』, 서울:한국문화사.

Fiske, John(1990), "*Introduction to Communication Studies.*", 강태완 · 김태완 역 (2001), 『커뮤니케이션학이란 무엇인가』, 서울:커뮤니케이션북스.

Flusser, Vil m(1987), "*Die Schrift : Hat Schreiben Zukunft?*", 윤종석 역, 『디지털 시대의 글쓰기』, 서울:문예출판사.

Fornatale, Peter & Mills, Joshua(1980), "*Radio in Television Age.*", 임선희 역 (1984), 『TV시대의 라디오』, 서울:한국방송사업단.

Harris, Richard J.(1989), "*A Cognitive Psychology of Mass Communication.*", 이창근 · 김광수 역(1991), 『매스미디어 심리학』, 서울:나남.

Harris, Roy(1988), "*Language, Saussure and Wittgenstein-How to play games with words-*", 고석주 역(1999), 『소쉬르와 비트겐슈타인의 언어』, 서울:보고사.

Hayakawa, S. I.(1964), "*Language in Thought and Action.*", 김영준 역(1967), 『의미론』, 서울:현암사.

Jakobson, Roman(1963), "*Essais de Linguistique G n rale 1. Les fondations du langage, Traduit et pr fac par Nicolas Ruwet. (Les ditions de Minuit)*", 권재일 역(1989), 『일반언어학 이론』, 서울:민음사.

Jakobson, Roman, 신문수 편역(1989), 『문학 속의 언어학』, 서울:문학과지성사.

Leymore, Varda Langholz(1975), "*The Hidden Myth.*", 이수범 역(1999), 『숨겨진 신화』, 서울:참미디어.

Mcluhan, Marchall(1964), "*Understanding Media ; The Extension of Man.*", 박정규 역(2001), 『미디어의 이해』, 서울:커뮤니케이션북스.

Panati, Charles(1991), "*Panati's Parade of Fads, Follies, and Manias.*", 이용웅 역(1997), 『문화와 유행상품의 역사 2』, 서울:자작나무.

Péninou, Georges(1972), "*Intelligence de la publicité étude sémiotoque.*", 김명숙 · 장인봉 역(1998), 『광고기호읽기』, 이화여자대학교 출판부.

Rushkoff, Douglas(1994), "*Media Virus*", 방재희 역(2002), 『미디어 바이러스!』, 서울:황금가지.

Sanders, Carol (1979), "*Cours de Linguistique Génèrale de Saussure.*", 김현권 역, 『소쉬르의 일반언어학 강의』, 서울:어문학사.

山田理英, 유진형 역(1999), 『광고표현의 과학화』, 서울:한국언론자료간행회.

西尾忠久(1963), "効果的なコピー作法", 안준근 역(1989), 『효과적인 광고카피』, 서울:오리콤 마케팅 커뮤니케이션 연구소.

植條則夫, "Uejo's Advertising Copywriting Seminar", 맹명관 역(1991), 카피교실』,
　　　서울:들녘.
동아일보 2002년 4월 1일자.
www.adchannel.co.kr
www.adic.co.kr
www.bizwe.com
www.imbc.com
www.karb.or.kr
www.mammaplus.com
www.naver.com
www.nongshim.com
www.ottogi.co.kr.
www.pdpsale.co.kr
www.samyangfood.co.kr
www.vegimil.co.kr
www.yakult.co.kr

• 저자 •

## 김정우

한성대학교 한국어문학부 교수
고려대학교 국어국문학과 졸업
고려대학교 언론대학원 광고홍보학과 졸업(문학석사)
고려대학교 대학원 응용어문정보학과 졸업(문학박사)
LGAd 카피라이터, NOCA Creative Director 역임
우리어문학회 / 한국어학회 이사
한국광고학회 / 한국광고홍보학회 회원
kkk1223@hansung.ac.kr

### 저서

〈광고, 소비자와 통하였는가(공저)〉,
〈카피연습장 1〉, 〈카피연습장 2〉,
〈문화콘텐츠 제작, thinking and writing〉 外 다수

라디오 글쓰기를 통해 본
# 미디어 글쓰기

초판 1쇄 발행 _ 2007년 5월 18일

저  자 _ 김정우
발행인 _ 김흥국
펴낸곳 _ 도서출판 보고사
등  록 _ 제6-0429
주  소 _ 서울시 성북구 보문동7가 11번지 2층
　　　　전화  922-5120~1(편집) 922-2246(영업)
　　　　팩스  922-6990
　　　　메일  kanapub3@chol.com
　　　　www.bogosabooks.co.kr

정 가 _ 13,000원
ISBN _ 978-89-8433-564-6